ALI MAHLODJI

UND WAS MACHST DU SO?

VOM FLÜCHTLING UND SCHULABBRECHER ZUM INTERNATIONALEN UNTERNEHMER

Econ

Econ ist ein Verlag der Ullstein Buchverlage GmbH
ISBN: 978-3-430-20234-3
© der deutschsprachigen Ausgabe
Ullstein Buchverlage GmbH, Berlin 2017
Alle Rechte vorbehalten
Gesetzt aus der Scala OT
Satz: Pinkuin Satz und Datentechnik, Berlin
Druck und Bindearbeit: CPI books GmbH, Leck
Printed in Germany

*Auf Whatchado zeigen wir tausende von Lebensgeschichten –
ich werde immer wieder nach meiner gefragt. Hier ist sie.
Gewidmet ...*

*... all den ungehörten Geschichten, die es zu erzählen gilt. All den
unverstandenen Genies, deren Fesseln darauf warten, gesprengt zu
werden. All den Unangepassten, die kein Fehler im System sind.
All den Visionären, deren einzige Realität ihre Phantasie ist.
All den Menschen, denen Freundschaft und Zuneigung wichtiger
sind als ein Leben voller Ruhm und Geld. All denjenigen, deren
Puzzlestück nur scheinbar nirgends passt.
Ihr macht die Welt zu dem bunten Haufen, der sie ist.*

Inhalt

2. RESTART

3. BREAKDOWN

4. EINE ZWEITE CHANCE

DIE GESCHICHTE VON WHATCHADO

1. WHATCHADO, EIN TRAUM

2. FIRST THINGS FIRST

3. KEEP IT SIMPLE, STUPID

UND WAS MACHST DU SO? – DIE SIEBEN WHATCHADO-FRAGEN

DANK

Vorwort

»Vom Tellerwäscher zum Millionär«, so lautet der Ausspruch, der zum Leitsatz der Aufsteiger des vergangenen Jahrhunderts geworden ist. Von ganz unten nach ganz oben. Das war nicht nur Henry Ford's Erfolgsgeschichte. Das war auch die Verwirklichung des *American Dream*: Jeder hat die Chance, sich auf Kosten anderer durchzusetzen, Macht und Einfluss zu erlangen und natürlich Geld, sehr viel Geld anzuhäufen.

Die Welt ist nicht so geblieben, wie sie damals war. Doch in den Köpfen sehr vieler Menschen vollzieht sich dieser Wandel erheblich langsamer. Ihre aus dem letzten Jahrhundert stammenden Vorstellungen scheinen dort oben, in ihren Gehirnen, regelrecht einzementiert. »Ausländer sind gefährlich«, »Muslime wollen die Welt beherrschen«, meinen manche. Andere glauben, dass sie ihre Kinder antreiben müssen, damit sie es zu etwas bringen, und halten all jene für Versager, die weder ein Abiturzeugnis noch einen akademischen Abschluss vorweisen. Manchen kommt sogar die Haltung »*Yes, we can*« so suspekt vor, dass sie lieber einen Anführer wählen, der vorgibt, alles für sie regeln zu können. Es mag sein, dass diese Personen mit ihren fest im Hirn verankerten Überzeugungen noch eine Zeitlang in der Lage sind, Einfluss auf das zu nehmen, was in der Welt geschieht. Aber die Richtung, in die sich unsere Welt verändern wird, bestimmen sie nicht. Denn für die zukünftige Welt brauchen wir andere Ideen und andere Ansätze als jene aus dem letzten Jahrhundert. Und damit sich diese neuen Vorstellungen ausbreiten und eine Wirkung entfalten können, brauchen wir Beispiele dafür, dass es geht und wie es geht. Nicht in der Theorie, sondern in der Praxis.

Dieses Buch von Ali Mahlodji ist solch ein leuchtendes Beispiel. Ali erfüllte alle Vorurteile: Flüchtling, Schulabbrecher, schwer erziehbar mit einer ADHS-Diagnose, an ein Studium war für ihn nicht zu denken, und einen »richtigen« Beruf hatte er auch nicht erlernt. Aber er beschreibt in diesem Buch, was alles geht: Er hat ein Unternehmen gegründet, das inzwischen international aufgestellt ist. Es hilft jungen Menschen, ihre Talente und Begabungen zu entdecken und sich damit auf eine sie erfüllende Weise einzubringen. Aber seine Geschichte »Vom Flüchtling und Schulabbrecher zum internationalen Unternehmer« ist völlig anders als die von Henry Ford. Ali Mahlodji hat nicht andere als Objekte für die Durchsetzung seiner eigenen Ziele und Interessen benutzt. Mit seinem Unternehmen whatchado (abgeleitet von »*What do you do?*«) bietet er jungen Menschen Gelegenheit, ihren Weg zu einem sinnerfüllten Leben oder wenigstens zu einem für sie passenden Job zu finden.

Wie er das geschafft hat, beschreibt er in diesem Buch. Weshalb ihm das gelungen ist, steht hier eher zwischen den Zeilen. Es hat viel mit den Schubladen zu tun, in die er vor allem als Schüler gesteckt worden ist, mit den Vorurteilen, die ihm als Flüchtling entgegengebracht wurden. Manche verzweifeln daran und steigen aus. Er hat den anderen Weg gewählt und ist eingestiegen. Seine wahrscheinlich schon während der Kindheit gewachsene Überzeugung, dass jeder Mensch wertvoll ist und Potentiale in sich trägt, die es zu entfalten gilt, hat er sich nicht rauben lassen. Sie wurde für ihn zum entscheidenden Motiv und verlieh ihm die Kraft, sich dafür einzusetzen, dass junge

Menschen, denen es oft ähnlich gegangen war wie ihm selbst, endlich Mut fassen, sich aus ihren Objektrollen zu befreien und die Gestaltung ihres Lebens wieder in die eigenen Hände zu nehmen.

Begegnet bin ich Ali Mahlodji erst vor ein paar Jahren, als sich die von ihm gegründete Berufsorientierungsplattform schon zu einem sehr erfolgreichen Unternehmen entwickelt hatte. Er gehört nicht zu denen, die sich auf dem einmal Erreichten ausruhen. Er wollte weiter und suchte nach Möglichkeiten, um Heranwachsende nicht erst nach dem Schulabschluss, sondern bereits während ihrer Schulzeit zu ermutigen, an sich selbst zu glauben und ihren Traum von einem selbstbestimmten Leben zu verwirklichen. Ich habe gemerkt, dass es ihm damit ernst war, und vielleicht konnte ich ihm als Mentor auch den einen oder anderen hilfreichen Hinweis geben. Aber umgesetzt hat er dieses Vorhaben aus eigener Kraft und mit einem starken Team. WhatchaSKOOL heißt die dafür aufgebaute Initiative. Etwa 50 000 Schüler aus ganz Europa hat er mit seinem Team im letzten Jahr in ihren Schulen besucht. Ali Mahlodji ist inzwischen zum Jugendbotschafter und Anwalt der Jugend der EU ernannt worden und hilft nun auch europaweit im Rahmen von Lehrerfortbildungen, seinen Ansatz zur Wiedererweckung der Lernlust und der Gestaltungsfreude von Schülerinnen und Schülern an das pädagogische Fachpersonal weiterzugeben.

Ich bin froh, dass Ali Mahlodji als »Expert Fellow« inzwischen zu einem wichtigen Mitglied der Akademie für Potentialentfaltung geworden ist. Aber noch glücklicher macht es mich, dass er nun endlich dieses Buch geschrieben hat und seine Erfahrungen an Sie, als Leserinnen und Leser, weitergibt.

Denn voneinander lernen und miteinander gestalten heißt das neue Leitbild für das 21. Jahrhundert. Ali Mahlodji zeigt in seinem Buch, wie das künftig deutlich besser als bisher gelingen kann und dass es dabei auf etwas ganz anderes ankommt als auf das, was Henry Ford vor hundert Jahren noch für maßgeblich hielt.

Göttingen, im Juni 2017   Gerald Hüther

Prolog

Als mein Zug im Wiener Westbahnhof stehenblieb, sah ich die Menschenmassen auf den Bahnsteigen. Ich trat hinaus und hörte überall laute und hektische Stimmen in Sprachen, die ich nicht verstand. Was war hier los? Über dem ganzen Bahnhof lag eine angespannte Atmosphäre, und in den Augen der Menschen sah ich eine Mischung aus Neugierde und Angst.

Ich kam gerade aus Tirol vom Europäischen Forum Alpbach, bei dem ich eingeladen war, um mit dem jetzigen Bundeskanzler Christian Kern über Start-ups und das Potential von Umbrüchen in Europa zu sprechen. Nach einer anstrengenden Rückreise freute ich mich, dass meine Freundin Anna mich am Gleis abholte. Wir waren gerade mal ein Jahr zusammen, und ich war glücklich, sie wiederzusehen.

Während sie mir entgegenkam, erkannte ich auf ihrem Gesicht einen Ausdruck von Sorge und Traurigkeit. Mein erster Gedanke war: »Oh Gott, was ist passiert? Hoffentlich macht sie nicht Schluss mit mir.« Anders konnte ich mir nicht erklären, warum sie mit Tränen in den Augen auf mich wartete. Doch in derselben Sekunde wurde mir durch die kollektive Stimmung am Bahnhof bewusst, dass es etwas anderes sein musste. Hier geschah etwas, das alle Menschen beschäftigte.

Am 3. September 2015 war der Westbahnhof in Wien voll.

Voller Menschen, die schon vor Wochen vor der untragbaren Situation in Syrien geflohen waren und nun mit letzter Kraft als Flüchtlinge Österreich erreichten. Anna war am Bahnhof drei jungen Männern begegnet, die ihr erzählt hatten, dass sie bereits vor Wochen aus Syrien geflohen waren. Viel konnten sie in ihrem Zustand nicht sagen. Sie waren erschöpft, ihre Augen sprachen Bände. In Wien angekommen, hatten sie keinen Cent mehr in den Taschen und nur noch eine Flasche Wasser. Anna gab ihnen ihr letztes Geld und begleitete sie zum Notfallsstand der Caritas, die am Bahnhof wochenlang half, dass die ankommenden Flüchtlinge versorgt wurden. Von Lebensmitteln und Schlafplätzen bis hin zu Fahrkarten für die Weiterreise kümmerte sich die Caritas um alles, was wichtig war. Da es die Möglichkeit gab, der Caritas vor Ort Geld zu spenden, das direkt für die Versorgung der Flüchtlinge eingesetzt wurde, hoben Anna und ich insgesamt 600 Euro vom Geldautomaten ab – mehr ließ unser Tageslimit nicht zu. Als wir das Geld spendeten, waren wir den Caritas-Mitarbeitern sehr dankbar dafür, dass sie den Menschen, die ankamen, ein Gefühl von Sicherheit vermittelten.

Die Bereitschaft der Menschen zu helfen war in diesen Tagen überwältigend. Sie hat mich auch deshalb sehr berührt, weil ich selbst mit meinen Eltern als Flüchtling nach Österreich gekommen bin. Ich wünschte, meine Eltern hätten bei ihrer Ankunft eine solche Willkommenskultur erlebt.

Nach der Flucht meiner Familie aus dem Iran bin ich in Österreich in Sicherheit und Freiheit aufgewachsen. Doch wie viele andere Jugendliche fühlte ich mich orientierungslos, und ein Ausländer zu sein, der stottert, war kein Vorteil.

Trotzdem wollte ich wissen, wie man seinen eigenen Weg geht. Dabei half mir die Inspiration, die ich in den Geschichten anderer Menschen fand, wenn sie mir von ihrem Leben und ihrem Werdegang erzählten. Als Kind wünschte ich mir deshalb ein Handbuch mit Lebensgeschichten. Ein Buch, in dem Menschen aus der ganzen Welt erzählen sollten, wer sie waren und wie sie ihren Weg gegangen sind. Es sollte ein Ort der Inspiration und Orientierung sein, für all diejenigen, die nicht wussten, wie ihre Zukunft aussieht.

Einen Schulabbruch und vierzig Jobs später wurde daraus whatchado, eine Webseite, die monatlich über eine Million Menschen erreicht und ihnen hilft, ihren Berufsweg zu finden. Tausende Menschen aus der ganzen Welt erzählen auf dieser Videoplattform ihre Lebensgeschichte. Heute beschäftigt whatchado über fünfzig Mitarbeiter aus über zehn Nationen, die zwanzig Sprachen sprechen. Mit der whatchaSKOOL-Initiative besuchen wir jährlich über 50 000 Schüler und Schülerinnen und geben Inspiration, wo oft nur Angst vor der Zukunft herrscht.

Wir möchten Schüler motivieren, von denen gesagt wird, dass sie nicht lernen wollen oder können. In den vergangenen Jahren habe ich nicht einen Schüler gesehen, der nicht wollte. Was ich aber oft sah, waren junge Menschen, die das Gefühl hatten, nicht gut genug zu sein. Ich sprach mit vielen Jugendlichen, die dachten, sie müssten repariert werden, weil mit ihnen etwas nicht stimme – weil sie nicht so funktionierten wie der Rest. Diesen jungen Menschen möchten wir Mut machen und ihnen neue Perspektiven zeigen.

Als Kind war ich ein Fehler im System. Jetzt bin ich genau das, was der Arbeitsmarkt braucht. Das gilt für alle Schüler, wenn man ihr Potential nur sieht und fördert. Und das gilt insbesondere auch für diejenigen Menschen, die nach ihrer Flucht in Europa angekommen sind. Ein Flüchtling ist perfekt für den Arbeitsmarkt. Wenn man Vorstände oder Arbeitsforscher fragt, was der Arbeitsmarkt aktuell braucht, dann sind das Menschen, die sich auf unterschiedliche Kulturen einlassen können und die mehrsprachig und flexibel sind. Ein Flüchtling, der sich integriert, spricht mehrere Sprachen, kann mit verschiedenen Kulturen umgehen und besitzt die Flexibilität, sich auf neue

Situationen einzulassen. Deswegen – und aus Gründen der Menschlichkeit – muss man diesen Menschen Orientierung und Chancen geben. Wenn wir das schaffen – dann retten wir zwar nicht die ganze Welt – aber die Welt dieses einen Menschen.

MEINE GESCHICHTE

1.
NUR NOCH SCHNELL DIE WELT RETTEN

Flucht

Wie ich einen Soldaten um den Finger wickelte

Ich war zwei Jahre alt, als meine Eltern Hals über Kopf aus Teheran, meiner Geburtsstadt, fliehen mussten. 48 Stunden zuvor hatten sie an einer Demonstration gegen das Khomeini-Regime teilgenommen, das seit der islamischen Revolution 1979 im Iran herrschte. Das Khomeini-Regime versetzte das Land Stück für Stück zurück in die islamische Steinzeit und missbrauchte den Islam als Mittel der Unterdrückung. Demonstrationen waren deshalb an der Tagesordnung, immer mehr Menschen gingen auf die Straßen, um gegen die Praktiken des Regimes zu protestieren.

Meine Eltern lebten – wie viele ihrer Generation – als weltoffene und liberale Menschen und sahen die Demonstrationen als einen friedlichen Weg, ihrer Stimme Gehör zu verschaffen. Auch an jenem Tag im Jahr 1983 wollten sie ein Zeichen gegen das diktatorische Regime setzen, von dem sie in ihrer Freiheit eingeschränkt wurden. Dass dieses Zeichen der Auslöser für unsere lange Flucht sein würde, hatten sie im Leben nicht erwartet. Denn als Reaktion auf den Widerstand fing die Regierung an, Kritiker in ausufernden Verhaftungswellen aus dem Weg zu räumen.

Wir fuhren nach Nordwesten Richtung Türkei, als wir an einer Straßenkontrolle bei Täbris von Soldaten aufgehalten wurden. Sie suchten nach Dissidenten. Meine Eltern gaben vor, auf dem Weg zu einer Hochzeit zu sein. Doch unter dem Schleier meiner Mutter lagen all unsere wichtigen Dokumente verborgen. Wenn die Soldaten die Reisepässe meiner Eltern dort entdeckten, würde sofort auffliegen, was wir vorhatten. Da im Zuge der damaligen Verhaftungswellen auch die Anzahl der Hinrichtungen im Iran stieg, war das Risiko groß, dass meine Eltern die Konsequenzen dieser Straßenkontrolle nicht lebend überstehen würden.

Unter den Soldaten befand sich keine Frau, weshalb meine Mutter nicht gleich einer Leibesvisitation unterzogen wurde. Die Männer wandten sich zuerst meinem Vater zu, der mich in seinen Armen trug. Er sollte seine Jacke, seinen Pullover und seine Schuhe ablegen. Deswegen bat er den Kommandanten der Truppe, mich zu halten. Meine Eltern haben es mir oft erzählt: Statt verängstigt zu weinen, fing ich schnurstracks an, mit dem Bart des Soldaten zu spielen. Er war jetzt mein »Onkel«. So nannte ich wohl zu jener Zeit jeden Erwachsenen, der einen Bart hatte. Meine Eltern waren schweißgebadet, weil sie damit rechneten, jede Sekunde aufzufliegen, doch ich hatte meinen Spaß.

Während mein Vater sich langsam seiner Sachen entledigte, begann auch der Oberkommandant lustige Gesichter für mich zu ziehen. Meine Eltern beobachteten überrascht, wie innerhalb weniger Minuten der zweite grimmig aussehende Soldat plötzlich zum nettesten »Onkel« wurde und es genoss, mit mir herumzualbern. Als er sah, dass meine Eltern sehr müde waren, befahl er seinen Kollegen, sich lieber um echte Grenzgänger zu kümmern und so eine nette Familie mit so einem lieben Kind in Ruhe zu lassen: »Sie können weiterfahren. Genießen Sie die Hochzeit!« Mein Vater zog sich seine Sachen wieder an und nahm mich verdutzt in die Arme, während meine Mutter schon in das Auto stieg. Hinter der nächsten Ecke hielten sie kurz an und atmeten tief durch. Von ihren Wangen flossen Tränen der Freude und Erleichterung. Vor wenigen Minuten noch waren wir drauf und dran gewesen, verhaftet zu werden, jetzt hatten wir ein zweites Leben geschenkt bekommen. Seit diesem Tag sagten mir meine Eltern immer wieder, dass ich ihr Leben rettete. Ich war damals zwar gerade mal zwei Jahre alt und habe nicht gewusst, was ich tat, doch es war das Richtige gewesen.

Mit der Hilfe von Schleppern – mein Vater hatte sie auf illegalem Wege aufgetrieben – schafften wir es in einer Nacht- und

1982 feiere ich meinen ersten Geburtstag mit meinen Eltern in Teheran.

Nebelaktion, die grüne Grenze zur Türkei zu erreichen. Nun standen meine Eltern in der Dunkelheit am Grenzübergang Nähe Urmai im west-aserbaidschanischen Teil des Iran. Sie hatten mich im Arm und vor sich eine Zukunft, die sie zunächst durch die Wälder und dann hoffentlich in die Türkei bringen würde. Meine Mutter blickte noch einmal auf die mondbeschienenen Hügel zurück. Es war an der Zeit, sich von der Heimat zu verabschieden. Kurz zuvor hatten uns die Schlepper unsere Dokumente abgenommen und versprochen, sie uns auf der anderen Seite wiederzugeben. Außer Hoffnung besaßen wir jetzt keine Währung mehr, die wir dem entgegenhalten konnten – unser ganzes Geld hatten sie ja schon.

Was danach auf meine Eltern zukam, davon hatten sie zwar gehört, konnten es sich aber nicht vorstellen. Schließlich waren beide in geordneten Verhältnissen aufgewachsen. Meine Mutter Minoo Mirkhani war das Kind einer Lehrerin und eines Spitzenbeamten. Sie war die Älteste von vier Geschwistern, zwei weiteren Mädchen und einem Jungen, der wohl oder übel als jüngstes Kind unter der Herrschaft seiner Schwestern litt (zumindest erzählt mein Onkel das regelmäßig bei Familienfeiern). Kindheit und Jugend meiner Mutter standen unter dem Stern der liberalen Politik des Shah Pahlavi, und ihre Beine tanzten zur Musik der Beatles. Die Heimat meiner Eltern war im Vergleich zu den anderen Ländern der Region schon früh von westlichen Einflüssen geprägt, auch wenn das heutige Mullah-Regime alle Relikte dieser Zeit gerne verschwinden lassen würde. Ja, der Iran war mal richtig hip, und genau da lernte meine Mutter meinen Vater kennen. 1951 in der Stadt Kermanschah geboren, war Mohsen Mahlodji das zweitälteste von fünf Kindern eines Orthopäden und einer Hausfrau. Mein Vater war in vielerlei Hinsicht ganz anders als meine Mutter, und genau deshalb hatten mein Bruder und ich eine tolle Kindheit. Wir wurden von zwei inspirierenden

Menschen umsorgt, die uns tagtäglich neue Sichtweisen auf die Welt eröffneten.

Während meine Mutter Betriebswirtschaft studierte, zog es meinen Vater zum Studium der Mathematik und Computerwissenschaften. Meinen Eltern war die politische Lage ihres Landes immer wichtig, und so kam es, dass sich die beiden Studenten bei einer liberalen politischen Kundgebung kennenlernten. Ein Jahr später heirateten sie. Kurz darauf war ich bereits im Anmarsch. Meine Eltern wählten den Namen Ali – weil das der Name eines Heiligen ist, dem Schwiegersohn des Propheten Mohammed. Und auch, weil der Name meiner Mutter einfach gefiel. Und ja, meine Eltern gaben mir nur diesen einen Vornamen, auch wenn alle Menschen im Westen immer glauben, dass man mehr als einen haben müsste. Nur Ali, leicht zu merken und kurz genug, um auf jedes Nummernschild zu passen. Heute zudem verdächtig genug, um bei jeder Flugreise in die USA zum »zufälligen« Sicherheitscheck am Flughafen gerufen zu werden.

Auf unserer Flucht wurden wir von einem der Schlepper begleitet, der uns immer wieder anwies, ruhig zu sein und uns im Dickicht zu verstecken. Die Grenzen waren teilweise stark bewacht, und doch gab es immer wieder Waldstücke, wo man Chancen hatte, unbemerkt in die Türkei zu gelangen. Der Himmel und die Wälder strahlten eine trügerische Ruhe aus, die sich mit jedem Schatten im Wald in den Umriss einer Grenzpatrouille verwandeln konnte.

Aufgrund der Strapazen hatte ich eine starke Augeninfektion und große Schmerzen. Damit ich nicht laut wurde, gab man mir Valium. Schon damals bemerkten meine Eltern etwas, das mir die Ärzte viele Jahre später wieder attestierten: In akuten Stresssituationen zeigen Beruhigungsmittel bei mir manchmal keine Wirkung. Ich spürte die Angst meiner Eltern, und die daraus resultierende Abwehrreaktion meines Körpers verhin-

*Auf der Flucht mit meinem
Vater Mohsen an der
Grenze zur Türkei.*

derte die Wirkung des
Valiums. Ich war wach,
hellwach. Meine Eltern
mussten mir regelmäßig
den Mund zuhalten, da-
mit wir nicht auffielen.
Manchmal weinte ich
vor Furcht – und manch-
mal lachte ich laut los, wenn der Sternenhimmel klar war und
ich Sternschnuppen sah.

Während wir durch die Wälder unterwegs waren, hatten
meine Tanten und Onkel alles Menschenmögliche in Bewegung gesetzt, um internationale Hilfsorganisationen auf unsere
Flucht hinzuweisen. Wir waren nach dem geglückten Grenzübergang in der türkischen Provinz Hakari von Grenzschutz-
polizisten angehalten und festgenommen worden. Man wollte
prüfen, ob man uns zurückschicken sollte. Wir wurden mit vielen anderen Flüchtlingen in einem Haus untergebracht, das den
Spitznamen »Hotel Hakari« trug, obwohl es eher einer größeren Lagerhalle glich. Im gesamten Gebäude gab es nur eine
Dusche, und es war den Menschen anzumerken, dass niemand
freiwillig hier war. Von Tag zu Tag wuchs die Angst, da niemand
wusste, wie es weitergehen sollte. Es kursierten immer wieder
Gerüchte, dass demnächst die Registrierung der Flüchtlinge

beginnen würde, doch es vergingen Tage, und nichts passierte. Es waren Amnesty International, das Flüchtlingshilfswerk der Vereinten Nationen (UNHCR) und das Österreichische Innenministerium, die uns aus unserer Internierung befreiten und die Möglichkeit gaben, in Österreich um Asyl anzufragen. Das UNHCR brachte uns nach Istanbul, wo wir mit Unterstützung der anderen Hilfsorganisationen einige Tage unterkamen und dann mit dem Flugzeug nach Wien gebracht wurden.

Die ersten Wochen verbrachten wir in Traiskirchen, einem Flüchtlingsheim vor den Toren Wiens. Ich fragte meinen Vater oft, wie es dort gewesen war. An seinem Schweigen merkte ich, dass es sich wohl um eine der schmerzhaftesten Erinnerungen seines Lebens handelte. Zusammengepfercht mit fremden Menschen zu wohnen, die alle ihr Zuhause zurückgelassen haben und nun nicht wissen, wie es weitergeht, übersteigt wohl die Vorstellungskraft eines jeden Menschen, der wohlbehütet im Herzen einer Demokratie aufwächst.

Der beste Ratschlag der Welt
Warum ich über vierzig Jobs ausprobierte

Wenn wir geboren werden, sind wir ein Stück Hardware ohne Software. Wir können nicht gehen, nicht sprechen, nicht mal unseren Kopf selbst halten und brauchen jemanden, der uns füttert, wärmt und uns Dinge beibringt – kurz gesagt, dafür sorgt, dass wir überleben. Erst später folgt die Phase unseres Lebens, in der wir uns selbst durch andere Menschen kennenlernen. Im Alter von einem Jahr fangen wir an, uns selbst im Spiegel zu erkennen und zu verstehen, wen meine Eltern meinen, wenn sie hundert Mal am Tag »Ali« sagen.

Wenn wir auf die Welt kommen, haben wir absolut keine

Ahnung, was wir dürfen und was nicht – und was »normal« ist und was nicht. Erst durch die Interaktion mit anderen Menschen begreifen wir nach und nach, wie die Welt ist und wie sie in den Augen der Gesellschaft sein sollte.

Eine eindrückliche Lektion darin bekam ich auf einem Feriencamp der Wiener Kinderfreunde, einem Verein, der einkommensschwache Familien unterstützt. Wir spielten dort jeden Tag Tischtennis, und ich trug diesen einen grünen Pullover, den ich über alles mochte. Mein Vater hatte ihn mir gekauft, und ich wollte ihn gar nicht mehr ausziehen. Auf der Brust stand in großen Lettern das Wort »EVENT«. Ich verstand zwar nicht, was es bedeutete, doch ich fand es sehr, sehr cool. Als ich den vierten Tag in Folge im selben Pullover auftauchte, fragte mich ein Junge, ob ich denn keinen anderen Pullover hätte. Ich setzte gerade zu einer Erklärung an, da wurde ich von den Worten – »Wahrscheinlich habt ihr auch kein Geld« – unterbrochen. Ich war völlig von den Socken und verstand nicht, was er meinte. Bis zu diesem Zeitpunkt war ich gar nicht auf den Gedanken gekommen, dass meine Familie arm sein könnte. Ich hatte ja alles, was ich brauchte.

Viele Dinge, die ich damals besaß, waren secondhand von Wohltätigkeitsorganisationen oder von Schulkollegen. Für mich war es das Paradies! Ich bekam so viele verschiedene Dinge geschenkt. Und jedes erzählte durch sein Vorleben eine eigene Geschichte. Die coolsten Sachen vererbte mir Michael Riedling, mein bester Freund. Er war zwar zwei Köpfe größer als ich – keine wirklich gute Voraussetzung für einen Kleidertausch –, wusste aber, was cool war (zumindest dachten wir das damals). Er war so ziemlich in allen Dingen einer der Besten. Er spielte ausgezeichnet Fußball, konnte super Schlittschuh fahren und war richtig gut in Deutsch. Alles Dinge, wo ich eine Niete war. Beim Basketball hatten wir jedoch immer jede Menge Spaß zusammen – dieser Sport ist bis heute meine größte Leidenschaft.

Ich muss wohl recht lustig in den viel zu großen Klamotten ausgesehen haben, und trotzdem fühlte ich mich total lässig und cool. Wie Michi eben.

Als ich zehn Jahre alt war, waren wir bereits dreizehn Mal umgezogen, aber erst bei der letzten Wohnung in dieser langen Reihe befand sich die Toilette nicht auf dem Hausflur. Kommt man als Flüchtling in ein Land, kann es schon sein, dass die ersten Wohnungen wie »Löcher« wirken – was sie auch sind. Und doch sind diese »Löcher« immer noch besser als nichts. Das Schöne war: Die Wohnungen wurden immer größer und der »Luxus« mehr. In diesem Fall bestand unser Luxus aus einer Toilette in der Wohnung. Bis dahin war eben der Gang auf den Hausflur unausweichlich, wenn ich mitten in der Nacht mal wieder »musste«.

Dass meine Familie – zu diesem Zeitpunkt waren wir bereits zu viert (mein Bruder Erfan wurde geboren, als ich fünf Jahre alt war) – immer noch in einem Zimmer zusammenwohnte und schlief, war für uns selbstverständlich und schweißte uns als Familie sehr stark zusammen.

Kurz bevor ich eingeschult wurde, schenkten mir meine Eltern zu meinem sechsten Geburtstag einen wunderschönen kleinen Schreibtisch mit einem Holzhocker. Beides hatten wir dank der Caritas aus zweiter Hand erhalten. Ich liebte diese zwei Möbelstücke wie verrückt. Nun hatte ich zum ersten Mal meinen eigenen Platz, um zu schalten und zu walten. Bereits im Alter von sechs Jahren war mir dieser Ort wichtig – dass das Bedürfnis nach Selbständigkeit der rote Faden meines Lebens sein sollte, spürten meine Eltern schon damals.

Unsere Wohnsituation und die Art und Weise, wie ich neue Klamotten oder Spielzeuge bekam, waren für mich wunderbar – ich wusste nie, welches Abenteuer als Nächstes um die Ecke biegen würde. Und wie alle Kinder liebte ich es, Dinge zu entdecken.

Die Probleme begannen erst, als andere Kinder mich darauf ansprachen, ob wir denn arm seien. Denn in meiner damaligen Weltsicht waren nur diejenigen Menschen arm, die kein Heim hatten, unter einer Brücke schlafen mussten und keine Ahnung hatten, wie sie den nächsten Tag überleben sollten. Für österreichische Kinder dagegen, für die eine schöne Wohnung, neue Klamotten und Geschenke zu Weihnachten zum Alltag gehörten, war klarerweise alles, was unter ihrem Niveau lag, arm oder bemitleidenswert.

Anfangs irritierte es mich, als »arm« wahrgenommen zu werden. Glücklicherweise spürte ich in diesem Moment, dass das Urteil der anderen Kinder nicht »die Wahrheit« war. Ich hatte nämlich recht früh lernen müssen, mir meine eigene Meinung zu bilden, da es damals wenig gab, auf das meine Familie und ich in Österreich zurückgreifen konnten. Wir hatten keinen österreichischen Freundeskreis und auch sonst wenig Zugang zur sogenannten Mehrheitsgesellschaft und all ihren Annehmlichkeiten. Später wurde mir klar, dass meine Klassenkameraden eine »gesellschaftliche Meinung« nachgeplappert hatten, die sich letztlich auch nur aus den Weltbildern verschiedener Menschen, in erster Linie denen ihrer Eltern, speist. Schlimm ist, wenn diese Weltbilder vielleicht nichts mit der eigenen Realität zu tun haben, man aber trotzdem nicht dagegen gefeit ist, sich die Sichtweise der Gesellschaft überstülpen zu lassen. Das Schöne ist – es sind die Weltbilder anderer Menschen. Wenn wir eine davon abweichende Sichtweise haben, dürfen wir daran festhalten und zu unserer Realität stehen.

Als ich mit meinen Eltern darüber sprach, erklärte mir meine Mutter: »Wir haben momentan weniger Geld als die meisten Österreicher, aber das wird sich mit der Zeit bessern. Es ist nicht so wichtig, wie viele Pullover man besitzt. Wichtig ist, dankbar zu sein, für das, was man hat.« Tatsächlich stellte ich damals fest, dass nicht ich bemitleidenswert war – ich hatte ja alles –, sondern die Leute, die alles hatten, aber nicht verstanden, wie reich ihr Leben eigentlich war. Sie besaßen alles, was ein Mensch für ein gutes Leben braucht, und erachteten das als völlig normal. Sie hatten nie die Chance, die Dankbarkeit zu fühlen, die es mit sich bringt, wenn diese banalen Dinge nicht als Selbstverständlichkeit gesehen werden.

Später verstand ich, dass Menschen, die von Anfang an mit diesen Privilegien ausgestattet sind, unbewusst sehr oft Verlustängste in sich tragen. Sie fühlen sich unfrei, weil sie ständig Angst haben, ihren hohen Lebensstandard zu verlieren. Sie sind nicht in der Lage, sich vorzustellen, wie das Leben ohne diese Sicherheiten ist. Sicherheiten, die geborgt sind – wir werden ohne sie geboren und können sie nicht mit ins Grab nehmen.

Für meine Familie und mich war seit unserer Flucht die Unsicherheit eine tägliche Konstante und wurde zu unserem besten Freund. Kennt man nur ein Leben voller Sicherheiten, stürzt man bei Unsicherheit ins Bodenlose. Kennt man allerdings die Unsicherheit als Konstante des Lebens, trifft es einen nicht so schwer, wenn sich die eigene Welt plötzlich verändert.

Unsicherheit war für mich deshalb selten mit Angst verbunden, sondern eher mit der Tatsache, dass ich mich vom Leben überraschen ließ. Wenn etwas gut lief, freute ich mich mehr als alle anderen um mich herum, und wenn etwas schlecht lief, war es für mich einfacher, dies zu akzeptieren.

Da ich zum Glück ganz regulär in die Schule gehen durfte, lernte ich die deutsche Sprache sehr schnell und sprach bald »schöner« Deutsch als alle österreichischen Kinder. Als ich zehn Jahre alt war, verkündete meine Lehrerin ganz stolz vor der Klasse, dass ich das einzige Kind sei, das das Wort »Baum« richtig schön und hochdeutsch aussprechen könne. Dazu muss man wissen: Ich bin im Arbeiterbezirk Simmering aufgewachsen – einem wahren Hotspot des Wiener Dialekts, wo das Wort Baum eher »Baaam« ausgesprochen wird. Hier der Einzige mit einer hochdeutschen Aussprache zu sein, war nicht wirklich schwer. Trotzdem hatte sich in den Augen meiner Lehrer gerade ein kleines Wunder mit persischem Touch ereignet.

Zu Hause galt die Regel, Deutsch zu sprechen, damit wir uns besser integrieren. Meine Eltern sagten mir immer, dass wir – als Fremde in einem fremden Land – die Sprache besser lernen müssten als jeder Österreicher, da wir es aufgrund unseres Aussehens und unserer Herkunft immer schwerer haben würden. Meine Eltern behielten recht. Kannst du mal die Sprache, kommst du mit allem klar – kannst du sie nicht, ist jede Art der Integration schon fast zum Scheitern verurteilt. Denn in den Augen vieler bist du dann »der Ausländer, der sich nicht integrieren will«. Doch wir haben auch immer wieder Persisch gesprochen. Im Alter von fünf Jahren ging ich samstags in einen Persischkurs und lernte die Sprache lesen und schreiben. Heute spreche ich so gut Persisch wie ein Österreicher, der gut Persisch gelernt hat – mit einem österreichischen Dialekt.

Wann immer mein Vater mir Ratschläge geben wollte, tat er das, während er mit mir spielte oder wir uns eine meiner Lieblingsserien im Fernsehen ansahen. Mit ihm Zeit zu verbringen, empfand ich als Abtauchen in eine fremde Welt voller Phantasie. Die gemeinsame Zeit endete zumeist darin, dass wir miteinander zeichneten oder Geschichten erfanden. Er nutzte diese Augenblicke, um mir ohne Druck Lebensweisheiten mitzugeben, von denen er wusste, ich würde sie eines Tages gut brauchen können. Als ich zehn Jahre alt war, gab mir mein Vater einen Rat mit, der mein Leben später stark prägte und dazu führte, dass ich über vierzig verschiedene Jobs ausprobierte.

Wir hatten gerade eine Runde UNO – mein absolutes Lieblingsspiel – beendet, als ich meinen Vater fragte, bei welchem seiner Jobs er am meisten gelernt hätte. Er erzählte mir, dass er in allen seinen Jobs etwas mitgenommen hatte, wollte mir aber keinen als den besten empfehlen, um meine Sichtweise

Mein Vater und ich hatten mehr Gemeinsamkeiten, als ich dachte.

auf die Zukunft nicht einzuschränken. Er warnte mich vor, dass ich bestimmt irgendwann gefragt werde, was ich später mal machen möchte. Als Kind kenne man jedoch sehr selten schon alle Berufe, die einem später einmal passieren werden. Außerdem gehöre es auch zum Standardrepertoire aller Erwachsenen, den Kindern zu sagen, was man dürfe und was nicht oder was man könne und was nicht. All das solle ich nicht zu ernst nehmen und mich davon nicht stressen lassen.

Ich höre heute noch seine Stimme, wenn ich daran denke, was er dann sagte. Sein Ton wurde ganz ruhig, damit ich das, was er mir vermitteln wollte, auch verstand.

»Ali, wir als deine Eltern lieben dich über alles, und wir geben dir die Ratschläge mit, von denen wir glauben, dass sie dir helfen werden. Und viele von diesen Ratschlägen sind sicher gut. Doch kein Erwachsener weiß, wie die Welt in zehn Jahren aussehen wird, und alle Ratschläge, die man dir weitergibt, sind im Grunde nichts anderes als ein Wissen aus der Vergangenheit dieser Personen. Doch dieses Wissen hat wahrscheinlich nichts mit deiner Zukunft zu tun, auch wenn Erwachsene gerne glauben, die Zukunft aufgrund ihrer Vergangenheit voraussagen zu können. Höre Menschen, die dir helfen wollen, gut zu. Doch hinterfrage alles, und überlege, ob das auch für dich und die heutige Zeit gilt. Wenn du wissen willst, was da draußen in der Welt wirklich vor sich geht und welche Möglichkeiten dir offenstehen, dann geht das nur, wenn du dich in Bewegung setzt, da rausgehst und es für dich selbst ausprobierst.«

Und so kam es, dass ich recht früh begann, in meiner Freizeit arbeiten zu gehen. In Österreich war das gesetzlich ab dem Alter von 14 Jahren erlaubt. In den Sommerferien jobbte ich auf Baustellen, in den Winterferien bei einer Fastfoodkette, an den schulfreien Samstagen in einem Supermarkt und am Sonntag in einem Kino.

Dabei lernte ich – wenn auch ungewollt – relativ früh, was es bedeutet, sich zu wehren. Einer meiner ersten Jobs war ein sechswöchiges Praktikum auf einer Baustelle. Die Arbeit machte Spaß, ich war an der frischen Luft und konnte erleben, wie etwas Neues entsteht. Zum ersten Mal sah ich auch die Unterschiede zwischen den Menschen in der »harten« Arbeitswelt. Mir gefiel es, mich an einem Tag mit dem Malermeister zu unterhalten und am nächsten Tag dem Architekten bei der Begutachtung der neuen Innenräume zuzusehen. Zu dieser Zeit wuchs in mir der Wunsch, eines Tages Architekt zu werden und Dinge zu bauen.

Steve Jobs hat nach seinem Rausschmiss bei Apple einmal festgestellt, dass wir uns zu wenig klarmachen, dass alles, was uns umgibt, von Menschen gebaut wurde, die auch nicht smarter sind als wir. Wer dies einmal verstanden hat, ist nicht mehr derselbe. Als ich auf der Baustelle arbeitete, war das der Moment, in dem ich begriff: Fast alles, was uns umgibt, ist eines Tages als Gedanke im Kopf eines Menschen entstanden. Architekt zu sein schien mir die ultimative Ausprägung des Schöpferischen und eine Arbeit zum Wohle von Menschen, die schließlich immer ein Dach über dem Kopf brauchen.

Am Ende des Praktikums stellte ich jedoch fest, dass ich weit weniger verdient hatte, als mir mündlich zugesagt worden war. Und das lag nicht an den Steuer- und Sozialabgaben. In mir stieg Wut auf – ich hatte das Gefühl, die Baufirma wolle mich über den Tisch ziehen. Nicht mit mir! Ich war zwar noch jung, aber angriffslustig, und so engagierte ich bei der Österreichischen Arbeiterkammer einen Anwalt. Die Arbeiterkammer war schließlich eine Vertretung aller Arbeiter, und ich konnte als angestellter Praktikant auf ihre Dienste zurückgreifen. Auch ich mit meinen 14 Jahren hatte schließlich Rechte – und diese forderte ich ein. Okay, meine Mutter half mir etwas – na ja, viel. Am Ende der Verhandlungen bekam ich die gleiche Menge an Gehalt noch einmal überwiesen und eine Entschuldigung von der Baufirma obendrauf. Ich wünsche keinem 14-Jährigen, dass er sich jemals mit solchen Themen herumschlagen muss, doch so schnell hätte ich sonst wohl nie gelernt, wie viel man bewegen kann, wenn man sich wehrt.

Im Laufe meiner Jugend erlebte ich außerdem, wie blockierend die eigene Herkunft für das eigene Vorankommen sein kann. Als ich in einem amerikanischen Fastfoodrestaurant als Putzmann arbeitete, war ich dafür zuständig, Toiletten, Küche und Lobby sauber zu halten. Ein anstrengender, aber auch cooler Job, da ich sehr viel über die Gewohnheiten und Manieren von Menschen lernte: Wie man sich dem Putzpersonal gegenüber verhält, verrät nämlich eine Menge über das eigene Menschenbild. Manche grüßen und sind dankbar, dass jemand diese Arbeit macht, andere behandeln einen wie das Inventar des Gebäudes und sind entsetzt, wenn man sich dagegen wehrt.

Eines Tages kam ich mit der damaligen Filialleiterin des Restaurants ins Gespräch. Bis dahin hatte ich nie die Gelegenheit gehabt, mit ihr zu reden. Im Laufe unserer Unterhaltung merkte ich, dass sie total überrascht von mir war. »Herr Mahlodji, Ihr Deutsch ist ja total super, wo haben Sie das so gut gelernt?« Und plötzlich ging es auf der Karriereleiter rasant nach oben: »Möchten Sie an die Kasse wechseln?«

Ich erklärte ihr, dass ich seit meinem zehnten Lebensjahr die österreichische Staatsbürgerschaft habe, in Österreich bereits im Kindergarten war und es eine Schande wäre, wenn ich nicht perfekt Deutsch könnte. Der aufsteigenden Röte und Scham in ihrem Gesicht zu entnehmen, begann sie wahrscheinlich gerade ihr bisheriges Bild von Ausländern, die 90 Prozent ihres Personals ausmachten, zu hinterfragen. Vielleicht hatte sie womöglich das Potential ihrer Mitarbeiter bis dato nur am Aussehen oder ihrer Arbeitsuniform festgemacht. Als mir das klar wurde, fühlte ich eine tiefe Kränkung. Ich fühlte mich, als würde ich stellvertretend für alle Ausländer, deren Potential man nur an der Hautfarbe festmacht, die Stellung halten. Jahre später noch stieg dasselbe Gefühl von Kränkung in mir auf, wann immer ich sah, dass einer Minderheit unrecht getan und sie hinter ihren Möglichkeiten gehalten wurde.

In all meinen Jobs, egal wie mühsam oder aus Sicht der Gesellschaft »niedrig angesiedelt«, gab es etwas, das in meinen Augen echt cool war. Die Alternative – den Job langweilig zu finden – kam für mich nie in Frage. Das sah ich als Verschwendung meiner Lebenszeit an: mich während der Arbeit schon auf die Freizeit zu freuen und die Arbeitszeit nicht zu »genießen«.

In jedem Job, ob wir wollen oder nicht, verbringen wir Stunden damit, etwas zu machen, das man von uns erwartet. Es gibt Menschen, die auch beim Bodenputzen versuchen, ihren Vortagesrekord zu schlagen, und wissen, dass ein gutgeputzter Boden die beste Visitenkarte eines Unternehmens ist. Und dann gibt es Menschen, die sagen: »Ich bin ja nur Putzmann, das ist das Letzte.« Man kann sich vorstellen, dass ich zu Ersterem tendierte, weil ich – aus rein egoistischer Sicht – nicht bereit war, mir meine Laune verderben zu lassen. Die Arbeit war immer die gleiche mühsame Schinderei, aber wie ich darüber dachte und damit mein eigenes Seelenleben steuerte, konnte ich jeden Tag aufs Neue entscheiden.

Alle meine Nebenjobs besaßen ein Ablaufdatum, da ich immer mehr probieren und sehen wollte. Im Nachhinein betrachtet, hätten meine Jobs unterschiedlicher nicht sein können. Und doch hatten sie eine Sache gemeinsam: Sie griffen alle in das Leben von Menschen ein, entweder direkt oder indirekt. Diese Entdeckung war es, die mir klarmachte, dass in Wirklichkeit so ziemlich jeder Job auf seine Weise das große Ganze beeinflusst – wir nehmen das nur zu selten wahr. Und so gesehen, gibt es nichts Schöneres, als so viele Jobs wie möglich auszuprobieren – und all die Wege zu erkunden, auf denen das eigene Handeln einen positiven Einfluss auf die Welt haben kann. Wenn man bedenkt, dass es 100 000 verschiedene Berufe auf der Welt gibt, sind meine über vierzig Jobs deshalb gar nicht so viel, wie manche Menschen mir weismachen wollten:

Apothekenhelfer // Babysitter // Basketballtrainer // Bauarbeiter // Baukalkulation // Baustellenaufsicht // Briefträger // Botenfahrer // DJ // Fastfoodkoch // Fließbandbetreuer bei einem Kaffeeproduzenten // Flüchtlingsbetreuer // Fotograf // Geologie-Assistent // Geschäftsführer // Integrationsbotschafter // IT-Betreuer // Jobcoach // Kassierer // Kinomitarbeiter // Kundenberater // Lagerarbeiter // Lehrer // Maler // Management Consultant // Maurer // Möbelbauer // Nachhilfelehrer // Programmierer // Projektmanager // Putzmann // Redakteur für ein Jugendmagazin // Securitymann // Sportartikeltester // Start-up-Gründer // Straßenverkehrszähler // Systemadministrator // Technischer Mitarbeiter bei Sozialprojekten // Verkäufer // Vortragsredner // Zeitungsausträger // Zimmerer.

Superheld in spe
Weshalb Stottern meine größte Stärke wurde

Als mein Bruder und ich von der bevorstehenden Scheidung
unserer Eltern erfuhren, waren wir beide derart geschockt, dass
wir aufhörten zu sprechen. Wir konnten einfach nichts mehr
sagen, so unwirklich war die Vorstellung, bald nicht mehr zu
viert zusammenzuleben. Unsere Kindheit war bis dahin durch
die Flucht und die anhaltende Ausgrenzung schwierig gewesen,
doch wir hatten immer uns als Familie gehabt. Das war nun
Geschichte. Es war, als würde man mir den Boden unter den
Füßen wegziehen. Das einzige Fundament eines sehr jungen
Lebens zerbrach. Es dauerte einige Tage, bis mein Bruder und
ich wieder zu sprechen begannen, doch wir stotterten – beide.

Die Flucht hatte einen tiefen Graben in die Partnerschaft
meiner Eltern gerissen. Wo Liebe und Vertrauen eine Ehe
unter guten Umständen zusammenhalten, hatten Angst vor
der Zukunft und völlig unterschiedliche Perspektiven sie aus-
einandergebracht. Nach der Flucht mussten meine Eltern diverse Hilfsjobs annehmen, um unsere kleine Familie über Wasser
zu halten. Obwohl meine Mutter im Iran einen Universitäts-
abschluss und Top-Jobs gehabt hatte, begann sie als Putzfrau zu
arbeiten. Sie sah das als eine gute Möglichkeit, in ihrer neuen
Heimat Fuß zu fassen, und war dankbar dafür, ihr eigenes Geld
verdienen zu können. Zudem lernte sie die Sprache schnell und
fand in den anderen Frauen ihres Deutschkurses erste Kontakte.

Mein Vater war im Iran Manager gewesen und hatte an der
Universität unterrichtet. In Österreich gelang es ihm nicht, Teil
der Gesellschaft zu werden, und er lernte die Sprache auch bei
weitem schlechter als meine Mutter.

Menschen, die auf der Flucht waren, sind häufig traumatisiert.
Studien gehen davon aus, dass fast die Hälfte aller Flüchtlinge

*Basketball war mein Leben
und mein Bruder Erfan
immer mit dabei.*

Posttraumatische Belastungsstörungen (PTBS) entwickeln, die unter anderem dazu führen können, dass Betroffene Gedächtniseinbußen ihrer Flucht erleiden. Je größer die Angst, nicht zu überleben, umso größer das Trauma.

Mein Vater hatte so ein Trauma. Er schwankte zwischen Angstzuständen und Panikattacken. Unsere Verfolger aus dem Iran tauchten auf Wiens Straßen auf, obwohl sie klarerweise nur in seinem Kopf zu Hause waren. Eine Wahnvorstellung, die aus der Sicht seiner Psychologen nachvollziehbar war, für viele Menschen jedoch einem »er will sich ja nicht integrieren« gleichkam. Sein Trauma und die Tatsache, dass meine Eltern seit der Flucht nur noch funktionieren mussten, trieben einen immer größeren Keil zwischen meinen Vater und meine Mutter und führten schließlich zu ihrer Scheidung – da war ich zwölf Jahre alt.

Ab diesem Zeitpunkt nahmen meine schulischen Probleme zu, weil ich nun neben dem Druck, der Fremde zu sein, auch der war, »der nicht mal richtig sprechen konnte«. Schon zwei Jahre zuvor hatte ich die Schule gewechselt, weil ich an Panikattacken und Angst vor dem Unterricht litt. Ich tat mich irrsinnig schwer, mit schulischem Druck umzugehen. Das fing schon an, wenn ich vor der gesamten Schulklasse etwas vorrechnen musste, und intensivierte sich, wenn eine Prüfung anstand.

Eine Psychiaterin, die mich damals untersuchte, nahm an, dass dies Ausdruck eines so genannten Sekundärtraumas war: Das Trauma und die Angst meiner Eltern hatten sich auf mich übertragen. Jedes Mal, wenn ich Druck spürte, reagierte ich mit Angst. Deshalb wechselte ich von einem Gymnasium, das in den Augen der Schulberater viel zu schwer für mich war, in einen weniger anspruchsvollen Schulzweig, auf den man in der Regel nur Kinder schickte, die es in anderen Schulen nicht geschafft hatten.

Doch Schule ist Schule, und wenn man Angst hat und stottert, trägt jeder Klassenraum das Potential, die Angst weiter zu schüren. Wann immer wir in der Klasse etwas vorlesen mussten, war ich es, der kurz bevor er dran war, den Raum verließ und erst wiederkam, wenn das Vorlesen vorbei war. Offiziell musste ich schnell auf die Toilette oder raus wegen meines Asthmas. Kurze Zeit zuvor hatten mir die Ärzte nämlich akutes Asthma diagnostiziert. Der Asthmaspray wurde zu meinem besten Freund. Plötzlich besaß ich etwas, an dem ich mich festhalten konnte, wenn die Schüler und Lehrer sahen, dass ich beim Lesen und Sprechen nach Luft rang.

Nach und nach begannen meine Lehrer zu verstehen, wo das eigentliche Problem lag. Durch Gespräche mit meinen Eltern wurde ihnen klar, dass ich aufgrund der Scheidung noch weniger als zuvor in der Lage war, mit Druck umzugehen. Die Lehrer ließen mich deshalb in der Regel in Ruhe, gerade wenn wir Referate halten mussten.

Das Stottern begrub mein Selbstvertrauen unter dem Mantel mehrerer körperlicher Symptome, sowohl positiver als auch negativer Ausprägung. Neben der Kurzatmigkeit war nun auch noch ein dauerndes Zwinkern mein ständiger Begleiter. Außerdem fühlte ich einen enormen Drang nach Bewegung, wodurch ich in fast allen Sportarten immer einer der Besten war. Zurück im Klassenzimmer war ich trotzdem wieder »der Ali, der nicht mal reden kann«. Meine Gefühle rasten deshalb zwischen großer Begeisterung und tiefer Traurigkeit hin und her, fast immer angetrieben durch meine Angst, ohne dass ich dies bewusst wahrnehmen konnte. Es dauerte Jahre, bis ich in der Lage war, meine körperlichen Symptome den jeweiligen Gefühlen zuzuordnen.

Im Leben heißt es immer, Übung macht den Meister. Doch bei mir wurde es mit jedem Vorlesenmüssen schlimmer und schlimmer. Meine Scham darüber wirkte sich auf meine anderen Leistungen aus, so dass meine Lehrer meinen Eltern rieten, ich solle später einen eher einfachen Job ergreifen, da ich mich mit allen komplexen Tätigkeiten, die viel Nachdenken erfordern, sehr schwertun würde.

Zum Glück haben meine Eltern darauf so reagiert, wie ich es jedem anderen Kind der Welt wünschen würde: »Ali, hör nicht auf die Menschen, die dir sagen, was du kannst und was nicht. Du kannst alles schaffen, solange es die Dinge sind, die du wirklich willst. Und alles, was dir im Leben widerfährt, hat auf lange Sicht immer einen Sinn.« Dafür bin ich meinen Eltern heute noch dankbar. Doch immer wenn ich damals stotterte, fühlte ich mich schwach und sah überhaupt keinen Sinn darin. Was bitte sollte mir *das* im Leben bringen?

Dann traf ich mit 14 Jahren Gerhard, den Lehrer, der mein Leben für immer veränderte. Gerhard Bila war unser neuer Lehrer in Biologie und Physik. Von der ersten Stunde an war klar, dass er der coolste Lehrer sein würde, den wir je hatten. Er war witzig, wortgewandt und einfach locker.

Leider stand Deutsch auf dem Stundenplan. Und wer wurde ausgewählt, um aus dem Gedicht »Der Zauberlehrling« vorzulesen? Vor der Klassengemeinschaft zu stottern ist schon erniedrigend – vor einem fremden Lehrer diesen ersten Eindruck zu hinterlassen, eine Tragödie, um die mich Shakespeare beneidet hätte. Als die Schulstunde vorbei war, hatte ich öffentlich vorgeführt, wie es ist, wenn man nach dem zweiten gesprochenen Satz einen Schweißausbruch in Kombination mit Atemnot bekommt. Da sah ich, dass Gerhard mich zu sich winkte.

Allzu oft hatten Erwachsene versucht, mir gut zuzusprechen. »Ist doch nicht so schlimm.« Und doch machte mich das jedes Mal noch trauriger, weil es mir vorkam, als nähme mich niemand ernst. »Es ist verdammt noch mal schlimm genug für mich«, dachte ich mir. »Wieso müsst ihr das auch noch schönreden?« Als ich bei Gerhard ankam, wartete ich nur auf die Worte der Tröstung, die zum Repertoire eines jeden Erwachsenen gehören, doch diese kamen nicht.

Gerhard sah mich an. »Ich habe mitbekommen, dass du stotterst.«

Als ich ansetzte, um mich zu entschuldigen und ihm meine familiäre Situation und die Sache mit dem Asthma zu erklären, unterbrach er mich: »Weißt du, Ali, ich habe auch mein halbes Leben lang gestottert.«

Plötzlich wich meine innere Anspannung und Scham einem Gefühl der Neugierde. Wie war das möglich? Gerhard arbeitete doch als Lehrer und sprach jeden Tag vor Schülern – und das seit Jahren. Er erzählte mir, wie das Stottern in seiner Kindheit begonnen hatte und er erst im Laufe seines Lebens herausfand, warum:

»Ali, du hast irre viel Energie in dir, und dein Gehirn denkt so schnell, dass dein junger Körper damit nicht klarkommt. Deswegen stotterst du, wenn du deine Gedanken aussprechen willst. Du hast viel mehr Kraft in dir als alle anderen Kinder um dich herum – du musst deinem Körper und dir selbst nur Zeit geben, sich an deine Superkraft anzupassen. Dann kannst du damit im Leben alles erreichen, was du willst.«

Im Grunde sagte mir Gerhard also, dass ich eine Art Superheld mit viel zu viel Kraft im Körper eines Kindes sei und daher stotterte. Er erklärte mir das mit einer Leichtigkeit und Selbstverständlichkeit, als sei es das Logischste der Welt. So absurd Gerhards Erklärung aus der Sicht der Gesellschaft auch klang, für mich fasste er das Problem auf eine Weise, die in mein Weltbild passte und es erweiterte.

Wann immer ich heute mit Jugendlichen arbeite, die stottern und nach offizieller Diagnose ein Aufmerksamkeitsdefizit haben, packe ich Gerhards Ansatz aus dem Koffer. Ich gebe ihnen dann eine Erklärung, die aus ihrer Sicht nachvollziehbar ist. Doch wichtiger noch als Gerhards Erklärung war die Selbstverständlichkeit, mit der er mich als »ganz normales Kind« wahrnahm. Er gab mir das Gefühl, nicht repariert werden zu müssen, sondern im Gegenteil ein Rennauto zu sein, das noch nicht aus der Garage gelassen wurde.

Der Typ hat mich damals beinhart angelogen und mir damit meine Zukunft gerettet. Glücklicherweise erzählte er das Ganze auch meinen Eltern, die das Spiel mitspielten. Und so wuchs ich, der stotternde Flüchtlingsjunge, im Glauben auf, in Wirklichkeit ein Superheld zu sein. Und daran glaube ich auch heute noch.

Ein Kindheitstraum
Wie ich auf die Idee kam, die Welt zu retten

Es gibt in der Schule ein wichtiges und gleichzeitig tragikomisches Schauspiel, das sich Berufsorientierung nennt. Wenn es so weit ist, drehen alle Lehrer und anderen Erwachsenen durch und möchten von dem armen Kind plötzlich wissen, was es später mal im Leben machen möchte.

»Welchen Job willst du denn?«

»Möchtest du studieren oder gleich arbeiten gehen?«

»Mit oder ohne Ausbildung?«

»Warum weißt du immer noch nicht, was du willst? Der Nachbarsjunge weiß es doch auch schon.«

»Du musst doch endlich wissen, was du später mal machen willst.«

Und das fragt man ein Kind, das gerade mal 14 Jahre alt ist.

Es erschien mir immer paradox: Zwar hatte mich niemand gefragt, wer meine Eltern sein sollen oder wo ich aufwachsen möchte, aber plötzlich wollte jeder wissen: »Wo siehst du dich in 15 Jahren?« Und während man diese richtungsweisende Entscheidung trifft und sich dabei dem »Du musst langsam erwachsen werden«-Druck stellt, soll man gleichzeitig immer noch die Lehrkraft um Erlaubnis bitten, wenn man in der Schulstunde auf die Toilette muss, so nach dem Motto »Entscheide dich für deine berufliche Zukunft, aber willst du auf Toilette, entscheiden andere für dich«.

Ich wurde recht schnell als »schwieriges und rebellisches Kind« bekannt, da ich mich weigerte, dieses Spiel mitzuspielen. Wenn man zu oft Bestehendes hinterfragt, dann gilt man schnell als »schwierig« – vor allem als Kind. In meinem Fall war es mein täglicher Sport, Dinge zu hinterfragen. Also löcherte ich meine Lehrer, ob sie denn eine Liste aller Jobmöglichkeiten auf der Welt hätten, damit ich daraus auswählen könne. Natürlich erntete ich mit meiner Bitte nicht viel mehr als ein müdes Lächeln. »Wie stellst du dir das vor? Es ist unmöglich, alle Berufe der Welt zu kennen.« Ich war empört. Und unter diesen Umständen sollte ich mich für einen Beruf entscheiden?

Da kam ich auf die Idee mit den Freundschaftsbüchern.

In der Schule besaßen fast alle Kinder Freundschaftsbücher, auch Poesiealbum genannt. Darin konnten sich die Mitschüler verewigen, indem sie Fotos einklebten und persönliche Fragen beantworteten: Sie gingen von »Was ist deine Lieblingsfarbe?« über »Was ist dein Lieblingssong?« und endeten meist mit

»Was ich mir wünsche ...«. Das Coole daran war einfach, dass alle Kids dieselben Fragen auszufüllen hatten und man sich beim Umblättern schon auf die ein oder andere Lieblingsfrage freuen konnte. Ich schrieb bei Lieblingsmusiker immer Michael Jackson und bei Lieblingsessen »alles von Mama«. Das mit dem Essen hatte ich mir bei meinem besten Freund Michael abgeschaut und fand es total originell, dass wir beide jedes Mal dieselbe Antwort gaben. Weil meine Lieblingsfarbe Orange war, waren auch meine Freundschaftsbücher orange. Auf der ersten Seite zeichnete ich immer den Umriss meiner linken Hand, damit ich im Falle eines Diebstahls beweisen konnte, dass es mein Buch war. Auf die Idee, dass die potentiellen Diebe – nämlich die anderen Kinder – genauso große Hände besaßen wie ich, kam ich trotz meiner Superheldenqualitäten nicht ...

Mehr Durchblick bewies ich, als ich das Prinzip der Freundschaftsbücher auf mein Problem bei der Berufsfindung übertrug. Ich dachte mir das so: Alle berufstätigen Menschen weltweit sollten sich zehn Minuten Zeit nehmen und in einem Freundschaftsbuch Fragen ausfüllen. Doch anstatt einzutragen, wer ihr Lieblingsmusiker ist, würden sie Fragen zu ihrem Leben, ihrem Karriereverlauf, ihrem Job, ihren Hoffnungen, Träumen und Ratschlägen beantworten. Alle mussten unbedingt dieselben Fragen bekommen – wie in den »echten« Freundschaftsbüchern. Ich wollte beweisen, dass alle Menschen auf einer ganz grundlegenden Ebene gleich sind: Alle müssen sich mit denselben Lebensfragen herumschlagen – unabhängig davon, wer sie sind und woher sie kommen.

»Wenn die ganze Welt mitmacht und zwar egal, ob Präsident, Lehrling oder meine Mutter, dann kommt ein Handbuch mit Lebensgeschichten heraus«, dachte ich ganz naiv. Ein Ort der Inspiration für all die Menschen, die nicht wissen, was sie aus ihrem Leben machen möchten. Denn egal, ob ich 14 Jahre oder 74 Jahre alt bin, diese Frage taucht im Leben immer wieder

Wir waren jung, gutaussehend, und ich hatte noch Haare – doch keine Ahnung von der Arbeitswelt. Die zukünftigen whatchado-Gründer Jubin (Vierter von rechts) Stefan (Erster von rechts) und Ali (Dritter von links), 1997.

auf. Und das Handbuch der Lebensgeschichten wäre dann die Landkarte, die zeigt, was alles möglich ist – und vielleicht auch, was zu mir passt. Meine Lehrer hatten mir nämlich oft erklärt, dass ich zu viele Interessen habe und ihnen kein Job einfiele, der genau zu mir passen würde. Auch deshalb wünschte ich mir das Handbuch. Hier wollte ich denjenigen berufstätigen Menschen finden, der genauso tickte wie ich. Da ich wenig Freunde hatte und mich in Österreich als Fremder fühlte, sehnte ich mich nach der Zuversicht, mit meinen Interessen und Wünschen auf dieser Welt nicht alleine zu sein.

Einige Lehrer, denen ich vom Handbuch der Lebensgeschichten erzählte, fanden die Idee zwar nett, belächelten mich aber, weil sie nicht an ihre Umsetzbarkeit glaubten. »Eine sehr schöne Idee, lieber Ali, aber leider vollkommen unrealistisch.«

Jubin und ich im Jahr 2000, bevor wir uns für viele Jahre aus den Augen verloren.

»Völlig unmöglich, mit allen Menschen auf der Welt in Kontakt zu treten!« »So einen Schinken zu drucken ist überhaupt nicht finanzierbar!« Ihr bestes Argument war jedoch: Falls die Idee wirklich so gut wäre, hätte sicher jemand anders sie schon umgesetzt. Sie konnten es sich einfach nicht vorstellen.

Das Ding war nur, ich konnte es mir sehr gut vorstellen. Ich konnte fühlen, dass es dieses Handbuch eines Tages geben würde, in dem Menschen von den Geschichten anderer Menschen lernen und so ihren Weg finden. Ich war mir zu tausend Prozent sicher: Die Welt braucht so ein Buch. Hier ging es nicht nur um mich, sondern auch um all die anderen Kinder.

Zwei meiner besten Freunde, Jubin Honarfar und Stefan Patak, hatten genau dieselben Probleme, und ich wusste, dass dieses Buch auch für sie eine gute Hilfe sein würde. Ich hatte Jubin beim Fußball kennengelernt. Stefan und er besuchten dieselbe Schule, und so wurden wir drei damals gute Freunde.

Keiner von uns ahnte natürlich, dass wir später einmal gemeinsam whatchado gründen würden.

Ja, ich war bereit, die Welt zu retten, und sei es nur die eines einzigen anderen Kindes, das so orientierungslos war wie ich. Allein das zu schaffen, würde bedeuten, dass ich die Zukunft dieser einen Person für immer verändert hätte und damit auch die Welt – für diese eine Person. Und manchmal reicht es schon, die Welt einer Person zu retten, um die Zukunft besser zu machen.

Für mich war die Idee eines Handbuchs mit Lebensgeschichten die perfekte Lösung. Ein Handbuch, das in jeder Schule dieser Welt aufliegt und in dem alle Menschen, die einen Job haben, anhand derselben Fragen über ihre Arbeit, ihren Werdegang und ihr Leben erzählen. Und außerdem sollte es durch das Buch möglich sein, die Geschichte von dem Menschen zu finden, der genauso tickt wie man selbst. Der perfekte Berufsratgeber war geboren. Leider vorerst nur in meinem Kopf.

Willkommen in der Statistik
Warum manchmal etwas zerbrechen muss, bevor etwas Neues entsteht

Allein die Vorstellung war mir zu viel: mein Stottern als Highlight der mündlichen Abschlussprüfung vor den Augen fremder Prüfer und meiner Mitschüler. Zu wissen, dass ich mich meiner größten Angst stellen müsste, brachte mich zu der einzig logischen Schlussfolgerung – ich schmiss die Schule hin. Na, wunderbar: Vorname Ali, Nachname unaussprechlich, Flüchtling, Ausländer ... und jetzt auch noch der Titel »Schulabbrecher« in der Trophäensammlung.

In meiner ganzen Schullaufbahn hatten es mir das Stottern

und meine Herkunft nicht leichtgemacht, mich zu integrieren. Ich konnte die Zahl meiner Freunde an den Fingern meiner linken Hand abzählen. Uns war es egal, woher wir kamen, wie unsere Namen lauteten, und auch, dass ich stotterte. Nur leider waren wir in der Minderheit. Der Großteil meiner Schulklasse orientierte sich an seinen Eltern, deren Zuneigung für Fremde sich in Grenzen hielt. Obwohl viele Zuwandererfamilien in unserem Bezirk lebten, war die Gegend bekannt dafür, dass Ausländer nicht immer gerne gesehen waren.

Kinder sind wie Schwämme und saugen auf, was sie hören und sehen. Die meisten meiner Mitschüler kopierten die Haltung ihrer Eltern unhinterfragt, und manchmal musste ich das dann ausbaden. Wenn wir in der Klasse Streit hatten, konnte es schnell passieren, dass ich als »Brauner« oder »Neger« bezeichnet wurde. Regelmäßig wurde mir gesagt, dass ich ja wieder zurückgehen könne, wo ich hergekommen war. Einmal bot mir ein Mitschüler auch »eine Dusche auf Staatskosten« an, wobei ich erst verstand, was er damit meinte, als wir im Geschichtsunterricht den Nationalsozialismus unter die Lupe nahmen.

Mit 15 Jahren wechselte ich dann auf eine Höhere Technische Lehranstalt für Hoch- und Tiefbau. Die HTL war bekannt dafür, dass sie mehr Jungs als Mädchen anzog. Doch das war aus meiner Sicht kein Grund, warum es zur Normalität gehörte, dass wir von unseren Lehrern beleidigt wurden und dass Schüler sich im Unterricht gegenseitig so lange ärgerten, bis einer weinte oder zuschlug. Mit meinem Stottern war ich klarerweise auf der unterlegenen Seite. Es reichte schon, wenn mein Name zum Vorlesen aufgerufen wurde. Dann ging das Gekicher los, und ich hörte wieder einmal von einem unserer Klassenstars eine dumme Aussage à la »Ach, der Ali, der kann ja nicht mal reden«. Abgerundet wurde das mit dem Lachen der anderen harten Jungs. Ich wollte nie einer der harten Jungs sein. Ich wollte meine Ruhe.

Die HTL führte nicht nur zur Matura, sondern beinhaltete auch eine Ausbildung in einem speziellen Berufsbereich, in meinem Fall dem Bauwesen. Doch wir lernten nicht die schöne Kunst der Architektur, sondern wurden mit der harten und schmutzigen Realität des Baugewerbes konfrontiert. Trotzdem genoss ich es, zum Maurer und Zimmerer ausgebildet zu werden. Ich bekam zwei handwerkliche Fähigkeiten vermittelt, bei denen ich meine Vorstellungskraft und meine Hände einsetzen konnte.

Durch die duale Ausbildung besaß die HTL den Ruf, ein Jobgarant zu sein, war aber sehr anspruchsvoll. Deshalb hatten meine Schulberater mir dringend davon abgeraten. Der eigentliche Grund jedoch, warum ich auf die HTL ging, war mein bester Freund Michi. Und Michi ging auf die HTL, weil die Schule gegenüber seiner Wohnung lag. Ja, das war damals unsere Art der Berufsorientierung.

Wenn man etwas tief in sich drin nicht will, kann man es sich zwar schönreden, doch jede Zelle des Körpers wird sich dagegen wehren. Und so kam es, dass ich im Laufe der Zeit die meisten Fehlstunden der Klasse ansammelte und mir der Ruf vorauseilte, die Unterschrift meiner Mutter besser als sie selbst zu beherrschen. Außerdem hatte ich einen Trick auf Lager, für den Fall, dass ich früher gehen wollte: das »nervöse Auge«. Ich brachte mein linkes Auge so zum Zittern, wie es sonst nur eine starke Stressreaktion hervorruft. Wenn ich das zu stark machte, konnte es schon mal passieren, dass ein Lehrer den Arzt rufen wollte. Doch so weit ließ ich es nicht kommen. Ich wollte ja kein Drama, sondern nur früher nach Hause.

Außerdem dachte ich, ich wäre ein Meister darin, mir auszurechnen, wie oft ich fehlen durfte, damit ich das jeweilige Fach trotzdem irgendwie schaffte. Manchmal ging es gut, oftmals total daneben. Spätestens dann, wenn meine Mutter vom Elternsprechtag nach Hause kam, sich eine Stunde in Ruhe in ihr Zimmer setzte und ein Gespräch mit mir wollte. Dann wusste ich, dass ich wieder einmal aufgeflogen war und mir ihren völlig berechtigten Frust anhören durfte.

Einmal trieb ich es zu weit und musste eine Klasse wiederholen. Ich hatte mich geweigert, mich voll reinzuknien, um die Kurve zu kratzen. Mir war meine Zeit beim Sport und mit meinen wenigen Freunden wichtiger gewesen. Wo andere die Krise bekamen und dachten, sie verlieren ein Jahr ihres Lebens, lernte ich von meinen Eltern, die Ehrenrunde zu genießen, da ich später sowieso genug Jahre zum Arbeiten haben würde. Das Jahr war für meine persönliche Entwicklung sehr bereichernd und, da ich den ganzen Schulstoff schon kannte, durchaus gemütlich. Meine Eltern hatten recht, ein Jahr des Wiederholens hilft der eigenen Reife. Gleichzeitig waren sie froh, dass ich diese Erfahrung nicht jedes Schuljahr aufs Neue machen wollte.

Wie man es auch drehte und wendete, die Schule machte mir keinen Spaß. Niemand konnte mir erklären, warum ich all diese Dinge lernen musste, und auch der Umgang zwischen Lehrern und Schülern war nicht der herzlichste. Doch es gab Ausnahmen. Obwohl ich vom islamischen Religionsunterricht abgemeldet war und eine Freistunde hätte genießen können, setzte ich mich freiwillig in den katholischen Religionsunterricht, weil ich es dort spannend fand. Professor Gmoser, unser Religions- und Mathelehrer, verstand es wie kein Zweiter, die Sprache der Klasse zu sprechen. Statt große Distanz durch falschen Respekt aufzubauen, gab er auch mal zu, Dinge nicht zu wissen. Bevor wir in Mathematik ein neues Gebiet durchnahmen, diskutierte er mit uns aktuelle Themen, von denen sich der Stoff ableiten ließ – sei es, dass wir Zeitungsartikel über Staudämme lasen oder über die neuesten 3-D-Computerspiele sprachen. Damit gelang es ihm, uns neugierig zu machen – denn hinter dem Staudamm und der Physik der Computerwelt steckten komplexe Kurvendiskussionen, die wir dann nachrechneten. Er gab sich jedes Mal richtige Mühe und sagte uns regelmäßig, dass es ihm wichtig sei, die gemeinsame Zeit auch zu genießen, und nicht nur zu ackern.

Vielleicht war es gar nicht die Schule, die keinen Spaß machte? Vielleicht war es die Haltung der meisten Lehrer, die jeden Lichtblick immer wieder im Keim erstickten. Wann immer wir etwas hinterfragen oder anders machen wollten, um die Welt besser zu verstehen, wurden wir mit dem Hinweis, dass dies hier nichts zu suchen habe, an unsere Grenzen erinnert. Hätte ich nur solche Lehrer wie Professor Gmoser gehabt – ich hätte nicht eine Stunde gefehlt. Und obwohl ich eigentlich mit der Schule auf Kriegsfuß stand, brachten mich Lehrer wie Professor Gmoser auf die verrückte Idee, eines Tages vielleicht selbst als Lehrer zu arbeiten.

Als sich die Schule dem Ende näherte, begann der Matura-Wahnsinn. Uns wurde damals weisgemacht, dass erst nach der Matura, also dem österreichischen Abitur, »das wahre Leben« beginnt. Deshalb drehte sich alles nur noch um die Frage, wie die Abschlussprüfung zu schaffen sei. Keiner von uns hat kapiert, dass wir als Schüler mitten im Leben standen und nicht im Vorbereitungskurs dafür. Heute wünschte ich, unsere Lehrer hätten uns damals mehr Gelassenheit vermittelt und uns mit Mut unterstützt, statt mit Angst zu leiten.

Es kam immer wieder vor, dass wir mitten im Unterricht plötzlich vom Stoffgebiet abwichen und nur über die Matura und ihre buntesten Ausprägungen sprachen – so sehr packte uns das Thema, und so sehr hatten wir Angst davor. Im Laufe eines dieser Gespräche erwähnte unser Klassenvorstand Herr Nowak nebenher, dass einige Teile der Matura mündlich sein würden. Ich merkte, wie meine Alarmglocken schrillten, und sah mich in Gedanken schon schweißgebadet und wortlos vor allen versammelten Zuhörern versagen.

»Ich kann die Matura auf keinen Fall mündlich machen.«

Herr Nowak sah mich etwas ungläubig an. Er versicherte

mir vor der versammelten Klasse, dass ich keine Extrawurst bekommen würde. Ich gab nicht klein bei und fragte ihn in seiner Sprechstunde erneut, was ich tun müsste, um die gesamte Matura schriftlich zu machen.

»Das geht nicht, der Gesetzgeber schreibt vor, dass mindestens ein Fach mündlich absolviert wird«, war seine recht lapidare Antwort – ein Stich mitten ins Herz.

Ich fragte mich, wie es sein konnte, dass andere Kids in ähnlichen Situationen wie die Coolness selbst wirkten. Ich war eher der heiße Kochtopf, dessen Deckel jede Sekunde wegfliegen könnte. Den Todesstoß verpasste mir Herr Nowak jedoch, als er hinzufügte, dass bei den mündlichen Prüfungen auch fremde Prüfer anwesend seien und sich theoretisch alle Mitschüler der Schule ebenfalls in die Prüfung setzen konnten. Nicht mit mir, ich konnte unmöglich bei meiner Abschlussprüfung stotternd vor die Leute.

Ich weiß noch, wie ich nach der Sprechstunde mit Herrn Nowak nach Hause kam und die Bombe platzen ließ. »Mama, ich hab die Schule geschmissen.« Meine Mutter war besorgt, traurig, und die Verärgerung stand ihr ins Gesicht geschrieben. Doch letztlich überwog ihr Verständnis. Für mich, der ich einen Ärger sondergleichen erwartet hatte, war das eine Überraschung, die mich durchatmen ließ.

Meine Mitschüler, allen voran unser Klassenstreber Walter, hatten mir großspurig klargemacht, dass mein Schulabbruch die falsche Entscheidung sei. Ich war nun nicht viel mehr als eine Zahl in einer Negativstatistik. Aus der Sicht meiner Mitschüler und meiner Lehrer rannte ich in Richtung Verderben.

Was in den Augen anderer Menschen mein Ende war, war für mich der Beginn meines wahren Lebens. Eines selbstbestimmten Lebens, das mit meiner ersten erwachsenen Entscheidung begann. Im Nachhinein betrachtet, hätte ich die Schule einfach abschließen sollen – was ich dann später nachholte.

»Ali, das ist die erste erwachsene Entscheidung deines Lebens. Es ist deine Entscheidung, dass du die Schule nicht fertigmachen willst. Entscheidungen ziehen Konsequenzen nach sich, und für dich bedeutet das, dass du auf eigenen Beinen stehen musst. Du hast einen Monat lang Zeit, dir einen Vollzeitjob zu suchen. Wenn du dann keinen Job hast, schmeiße ich dich raus.«

Die Worte meiner Mutter und der damit verbundene Auftrag waren eindeutig. Und es gab noch einen weiteren Grund, warum ich dringend einen Job brauchte: Meine Mutter wollte noch einmal heiraten und stand kurz davor, mit meinem Bruder nach Schweden auszuwandern. Obwohl ich mit dem Gedanken gespielt hatte, mitzukommen, hatte ich mich letztlich dafür entschieden, in meiner Heimat Wien zu bleiben. Nun musste ich alleine klarkommen.

Durch meine Nebenjobs war ich, was das Arbeiten anging, kein völliges Greenhorn mehr. Doch als Schulabbrecher mit dem falschen Nachnamen wird einem recht schnell klargemacht, wo man in der Gesellschaft steht. Es ist nun einmal nicht so, dass irgendjemand sagt: »Hey, Sie sind Flüchtling, Ihren Nachnamen kann ich nicht aussprechen, und jetzt haben Sie auch noch frisch die Schule hingeschmissen … wow, Sie haben sicher Potential, kommen Sie zu uns!« Nein, das passiert nicht mal in Hollywoodfilmen und in Mitteleuropa schon gar nicht.

Ich bewarb mich pro Woche sicher hundert Mal und bekam nur von einem Bruchteil eine Antwort. Was ich damals lernte – jede Absage ist besser als gar keine Antwort. Am Schluss war ich bereit, jeden Job anzunehmen, der es mir ermöglichte, selbständig mein Leben zu leben.

Ich war gerade 19 Jahre alt, hatte zwei gesunde Hände, sprach gut Deutsch, hatte keine Kinder und keine Schulden bei der Bank. Ich stand komplett mit dem Rücken zur Wand, hatte aber nichts zu verlieren – und genau deshalb konnte ich nur gewinnen.

2.
RESTART

Der schlimmste Job der Welt
Und wie gerade er mich dazu brachte, groß zu träumen

Bereits beim Vorstellungsgespräch fiel mir auf, wie gespalten das Unternehmen war. Auf der einen Seite die Lieblinge des Chefs, auf der anderen Seite das Fußvolk, genauso austauschbar wie die Chargennummern der verkauften Produkte.

Während ich die im Eingangsbereich ausliegenden Zeitungen durchblätterte, nahm ich bei der Dame am Empfang eine Mischung aus Widerwillen und Angst wahr. Sobald ich dann mit der Personalchefin in einem Meetingraum saß, dauerte es keine Minute, bis sie in Bezug auf die Empfangsdame erwähnte, wie langsam und anstrengend einige Mitarbeiter seien. Ich fragte mich unweigerlich, wie sie wohl über mich reden würde, wenn sie abends ihren Freunden über den Tag erzählte.

Der Betrieb war ein typisches Familienunternehmen alter Schule, das immer noch vom Gründer und seiner Frau geführt wurde. Die beiden hatten sich auf die Produktion von Homöopathie, Tierprodukte und die Zubereitung von Traditioneller Chinesischer Medizin (TCM) und Ayurveda-Präparate spezialisiert.

Zum »Firmen-Imperium« gehörten auch einige Apotheken, mit denen später einmal die Kinder des Ehepaars versorgt werden sollten. Damit einher gingen all die Probleme, die man aus Familiendramen à la Hollywood kennt: der rebellierende Sohn, der Drogen nimmt, der Zwist der Schwestern um die Vorherrschaft als liebste Tochter und ein Patriarch, der versucht, all das zusammenzuhalten, indem er Druck auf die Mitarbeiter ausübt. Ach ja, ich vergaß … eine Ehefrau, die gerne auch mal vor dem Frühstück das eine oder andere Bier mit dem Kaffee verwechselte.

Ich wurde als Lagermitarbeiter in der Wiener Innenstadt eingestellt. Jawohl, nun hatte ich meinen Vollzeitjob und damit meine Einkommensquelle. Obendrein arbeitete ich im Herzen Wiens, wo normalerweise nur Banken oder Anwaltskanzleien zu finden waren, und träumte davon, eines Tages hier auch wohnen zu können. Die Arbeit war allerdings weit weniger glamourös: Es gingen Bestellungen per Fax ein, diese wurden durch ein fünfzehnköpfiges Team in Kartons verpackt und dann verschickt. Eine recht banale und körperlich anstrengende Aufgabe, die in wenigen Jahren wahrscheinlich nur noch von Robotern erledigt werden wird. Unter dem Regime des damaligen Lagerleiters und seiner Ausdrucksweise war der Job manchmal auch ziemlich fragwürdig.

Keiner der Mitarbeiter hatte den Mut, das Wort zu erheben und seinen beleidigenden Tonfall in Frage zu stellen. Zu groß war die Angst, damit den letzten Arbeitstag einzuläuten. Zu präsent war das Bewusstsein, wie wenig man selbst in der Hand hatte. Ausnahmslos alle Mitarbeiter hatten einen Migrationshintergrund, keinen Schulabschluss und sprachen oft schlecht Deutsch. Mit diesen Voraussetzungen anderswo einen besseren Job zu ergattern, war wenig aussichtsreich. Und so arbeiteten alle vor sich hin und versuchten die Beleidigungen und Schikanen runterzuschlucken.

Nach der ersten Woche wurde ich in das Labor einer der Apotheken versetzt. Ab jetzt war ich für die Zubereitung von TCM-Präparaten zuständig. Per Fax gingen Bestellungen von chinesischen Ärzten ein, nach deren Rezeptur ich jeden Tag Pulver zusammenmischte und in kleine Kapseln zu je 0,3 Gramm füllte. Einige der Kapseln musste ich mit einem speziellen Lack überziehen, der in der Produktionsphase so giftig war, dass ich mir Hautverätzungen an den Fingern zuzog. Auch mein Asthma verschlimmerte sich radikal.

Obwohl das Arbeitsinspektorat es mehrmals anmahnte, wurde kein neues Abluftsystem installiert. Anstatt zu klagen, war ich froh, nicht im Lager die Kisten schleppen zu müssen und den Launen des Lagerleiters ausgeliefert zu sein. Dafür hatte ich es jetzt mit der Ehefrau, den Töchtern und dem Chef persönlich zu tun, was einem Drahtseilakt gleichkam.

Mit Atemschutzmaske als Laborant in einer Apotheke.

Auch in meinem neuen Arbeitsbereich verdrängte die Angst jeglichen Optimismus. Die oberste Regel lautete, sich den Launen der Familie zu beugen und das Spiel mitzuspielen. Was das bedeutete, erlebte ich bereits in den ersten Wochen, und zwar mit einem Paradebeispiel für die Kunst des »Management by Angst«.

Es war einer der Tage, wo alle Labormitarbeiter fast zeitgleich in einem großen Raum mit ihren Tätigkeiten beschäftigt waren. Es war auch mein einmonatiges Jubiläum, ich hatte die Probezeit überstanden und zur Feier des Tages eine Torte mitgebracht. Nach dem Mittagessen kam der Boss zu uns ins Labor, sah sich etwas um, aß ein Stück von der Torte und sagte dann vor versammelter Mannschaft:

»Ali ist jetzt seit genau einem Monat bei uns. Was würden wir nur ohne ihn machen.«

Ich merkte, wie in mir eine Mischung aus Stolz, Freude und Demut aufkam.

»Ja, dann hätten wir halt jemand anderen.«

Das Tortenstück, das ich gerade noch genossen hatte, fühlte sich jetzt an wie meine Henkersmahlzeit. Die Freude und der Stolz verwandelten sich in Irritation und Angst. Pure Angst, den Job zu verlieren, und Angst, die eigene Existenz durch einen Fehler zu gefährden.

Klar weiß ich, dass man als Arbeitnehmer theoretisch immer ersetzbar ist – das ist auch ein Merkmal eines gut organisierten Unternehmens, das beim Ausfall eines Mitarbeiters trotzdem irgendwie funktionieren muss. Doch vor versammelter Mannschaft als »austauschbar« diffamiert zu werden, brachte ans Tageslicht, dass hier jemand ganz genau wusste, wie er Menschen steuern konnte.

Existenzangst aufgrund von Jobunsicherheit, gepaart mit Alternativlosigkeit, ist ein Gefühl, das ich keinem Menschen auf dieser Welt wünsche. Es ist ein Gefühl, das einen erstarren lässt und den Glauben fördert, man sei nicht gut genug und hänge nur von der Gnade eines anderen ab. Man fühlt sich eingesperrt, sozial abgehängt und auf dem Arbeitsmarkt ganz am unteren Ende der Nahrungskette. An den Gesichtern meiner Arbeitskollegen sah ich, dass sie genauso geschockt und traurig über die Worte meines Chefs waren wie ich. Und ich sah auch, dass es wohl nicht das erste Mal gewesen war, dass ein Mitarbeiter vor der Belegschaft gedemütigt wurde.

Den Abend verbrachte ich aufgekratzt und heulend zu Hause, mit dem Gefühl, dass mich jemand in der Hand hatte, weil er um meine Existenzangst und meine Alternativlosigkeit wusste. Was konnte ich schon anderes tun, als jeden Tag Pulver zu mischen und in Kapseln abzufüllen? Ein Blick auf meine Arbeitskollegen zeigte mir, wo meine Zukunft lag.

Viele meiner Arbeitskollegen bewegten sich an der Grenze zum Alkoholismus, hatten Depressionen und trugen eine Resignation in sich, die sie einfach weitermachen ließ. Einige von ihnen waren – so wie ich – mit Migrationshintergrund und einem Schulabbruch in der Tasche gekommen und hatten vor, »den Job nur ganz wenige Jahre zu machen«, bis sie etwas anderes finden würden. Bei vielen lag das bereits über 20 Jahre zurück, doch sie arbeiteten immer noch in derselben Position wie damals. Ihrer Hoffnung war Realismus gewichen: Sie standen mit dem Rücken zur Wand und sahen keine Möglichkeit zur Veränderung. Ein Realismus, den sie nun auch mir nahezubringen versuchten. Sie wollten mich vor weiteren Enttäuschungen schützen, sich gleichzeitig aber selbst beweisen, »dass es nun mal so war und man nichts ändern konnte«.

Unser Lagerleiter formulierte es einmal sehr schön, als er über meine Lage und meine Zukunftsaussichten sprach: »Herr Ali, indem Sie die Schule hingeschmissen haben, haben Sie sich selbst in eine Schublade gesteckt. Es gibt ganz viele Ausländer, die die Schule hingeschmissen haben, und Sie sind keine Ausnahme. Finden Sie sich damit ab, es kommt ja irgendwann die Pension – bis dahin machen wir hier unsere Arbeit, und das rate ich Ihnen auch.«

Wenn man mit dem Rücken zur Wand steht, dann hat man zwei Möglichkeiten: Entweder man resigniert. Oder es wird einem klar, dass man nichts zu verlieren hat. Genau deshalb kann man auch niemanden mehr enttäuschen oder sich irgendwie blamieren. Man kann eigentlich nur gewinnen.

Die Worte meiner Mutter lagen mir plötzlich wieder in den Ohren. »Die Schule hinzuschmeißen ist deine erste erwachsene Entscheidung, und du musst die Konsequenzen daraus ziehen.« Das waren drohende Worte gewesen – in jener Nacht, in der ich verzweifelt zu Hause saß, wurden sie zu meinem Antrieb.

Konsequenzen zu ziehen bedeutet letztlich, mit den eigenen Entscheidungen zu leben. Und diese können wir jeden Tag beeinflussen. Ich beschloss an jenem Abend, mich nicht mit meinem Schicksal laut Statistik abzugeben, und gab mir das Versprechen, herauszufinden, wie weit ich kommen könnte. Ich war neugierig, was passiert, wenn man sein Schicksal wirklich selbst in die Hand nimmt und sich jeden Tag bewusst macht, dass man eigene Entscheidungen treffen kann.

Aus all den Arbeitskollegen, die sich mit ihrem Schicksal abgefunden hatten und eine imaginäre Grenze vor sich sahen, wollte ich der eine Mitarbeiter werden, der diese Grenze durchbricht. Manchmal brauchen wir keine Riesenschritte, um weiterzukommen. Es reicht schon ein erster kleiner Schritt, um derjenige zu sein, der in der ersten Reihe steht, während die anderen dahinterstehen und abwarten.

Ja, ich war neugierig, wie weit ich kommen würde. Wie meine Story begonnen hatte, das hatte ich mir nicht ausgesucht, doch wie sie weitergehen würde – das wollte ich selbst bestimmen.

Neugierde

Warum ich mich unsterblich in
eine Firma verliebte

»Bildung, die man einmal in seinem Leben erhalten hat, die kann
uns niemand mehr wegnehmen ... außer wir lassen es zu.« Wann
immer mein Vater konnte, motivierte er mich, meine Neugierde
zu stillen. Mit »Bildung« meinte er nicht nur die Schule, sondern
vor allem die Fähigkeit, jeden Tag neugierig zu bleiben. Er hatte
recht, wir nehmen jeden Tag dutzende neue Informationen auf,
die unsere Welt auf den Kopf stellen könnten. Leider reagieren
die meisten Menschen bei neuen Informationen oder der Veränderung einer bestehenden Situation mit Ablehnung und Misstrauen. Mein Vater ermutigte mich jedoch, diese »Angebote und
Geschenke der Welt«, wie er sie immer nannte, zu umarmen
und mich zu fragen, was sie mir sagen möchten.

So paradox es klingt: Diese Haltung half mir auch, als ich
die Schule gerade abgebrochen hatte. Ich besaß zwar keine abgeschlossene Ausbildung, aber Neugierde auf das, was mich umgab.
Also machte ich mir zur Aufgabe, das Unternehmen, in dem ich
arbeitete, besser zu verstehen. Anstatt nur Pulver zu mischen,
begann ich mich damit auseinanderzusetzen, wie hoch dessen
Einkaufswert war, wo unsere Margen liegen mussten, damit wir
profitabel waren, und wie wir unsere Produktionsprozesse optimieren konnten. Im Laufe der Zeit schaffte ich es, in meinem
Team die Stehzeiten unserer Maschinen, die uns viel Geld kosteten, zu halbieren: Ich identifizierte die drei wichtigsten Feh-
lerquellen und sorgte dafür, dass Mitarbeiter geschult wurden,
diese Probleme selbst zu lösen. In der Vergangenheit hatten wir
immer warten müssen, bis ein Techniker bei uns vorbeikam und
die Maschine reparierte. Seit wir uns im Unternehmen selbst zu
helfen wussten, konnten wir schneller weiterarbeiten.

Solche Projekte stärkten meine Position innerhalb des Unternehmens und gaben mir selbst das Vertrauen, dass ich doch nicht so schlecht auf den Arbeitsmarkt vorbereitet war. Ich kümmerte mich zusätzlich zu meiner Tätigkeit im Labor der Apotheke nebenbei noch um diverse andere Aufgaben, wie den Import von Präparaten aus China, die Softwareumstellung unseres Lagersystems und die neue Webseite unserer Pferdeprodukte. Auch als Fotograf kam ich zum Einsatz, als unserem Chef der Produktfotograf zu teuer wurde. Ich war mir für nichts zu schade und stolz darauf. Und genug Zeit hatte ich auch – zumindest kam es mir damals so vor.

Trotzdem blieb dieser Eifer voranzukommen gepaart mit der Angst vor dem Jobverlust. Ich erinnere mich noch, dass ich mir eines Tages beim Basketballspielen meinen rechten Fuß brach und für etwa vier Wochen einen Gips bekam. Die Ärzte verordneten mir strenge Bettruhe, doch ich erwartete, dass dies meine Kündigung bedeutet hätte. Und so ging ich nach vier Tagen zu Hause wieder arbeiten. Mit Gips und Schmerzmitteln. Mein Chef dachte nicht daran, mich zurück ins Bett zu schicken, sondern machte mir subtil klar, dass es die richtige Entscheidung gewesen war, mit Gips zu kommen. Rückblickend gesehen scheint es mir völlig irrsinnig, meinen Körper nicht zu schonen, sondern aus Angst wieder arbeiten zu gehen. Doch damals war die Angst eine meiner treibenden Kräfte.

Egal, wie sehr mir der Job manchmal zusetzte, ich hatte noch meine Bücher. In jeder freien Minute las ich Managementratgeber und Bücher über das Silicon Valley. Mit ihrer Hilfe malte ich mir eine wunderbare Zukunft aus, in die ich jederzeit abtauchen konnte. Mein absoluter Liebling war Peter F. Drucker, der Managementvordenker aus Wien. Besonders gefiel mir seine Managementtheorie, die den Menschen in der Selbstverantwortung sah und sich von einem Management à la

»Mitarbeiter können nicht denken und sollen einfach machen« distanzierte.

Doch mein liebstes Buch wurde Jahre später *Silicon Valley* von David A. Kaplan.

Voller Begeisterung las ich darüber, wie die schöpferische Kraft der Gedanken Unternehmen entstehen ließ – die dann die Namen Netscape, Apple, Microsoft, Oracle oder Sun Microsystems trugen. In die Firma Sun verliebte ich mich sofort und versprach mir, dass ich eines Tages dort arbeiten würde. Das »Sun« in Sun Microsystems stand für »Stanford University Networks«, denn das Unternehmen war 1982 von vier Studienfreunden der Uni Stanford gegründet worden. Sie hatten schon frühzeitig die Vision *The network is the computer* und nahmen so das Internet in seiner heutigen Form vorweg. Das Unternehmen verkaufte die qualitativ hochwertigste Mischung aus Hardware- und Software-Lösungen, die für den Betrieb großer Rechenanlagen notwendig waren. Egal ob im Finanz-, Gesundheits- oder Sportbereich – überall war Sun für das technologische Fundament zuständig. Sie hatten alles, was ich wollte: Story, Vision und Mission. Es gelang ihnen auf wunderbare Weise, Technologie mit den Bedürfnissen von Menschen zu verbinden und damit die Welt zu verändern. Ab diesem Zeitpunkt war »Sun« ein Wort, das meine Augen zum Glitzern brachte.

Damals begann ich auch davon zu träumen, selbst eines Tages ein Technologie-Start-up zu gründen, um damit ein globales Problem zu lösen, für das es bisher keine Antwort gab. Mir wurde immer klarer, dass im Beruf des Unternehmers alles enthalten war, was ich in den verschiedensten meiner früheren »Traumjobs« gesehen hatte. Als Unternehmer ist man gleichzeitig Architekt und Lehrer: Man kann sowohl Dinge, die man im Geist erschafft, in die Welt bringen, als auch Menschen begleiten und das Beste aus ihnen herausholen. Dieser Traum wurde – so wie all meine anderen Träume – zu einer starken

Triebfeder. Egal, wie hart mein Job war, egal wie viel Zeit ich benötigte – ich wusste, dass ich es irgendwann und irgendwie schaffen würde, meine Träume zu verwirklichen.

Meine Kollegen, die mich in den Mittagspausen beim Lesen erwischten, machten sich über meine Ambitionen lustig. Nicht nur einmal hörte ich von unserem Lagerleiter: »Na, Herr Ali, Sie wollen wohl Manager werden?«

Und dann, wenn du schon anfängst zu zweifeln, ob dein Eifer und deine Neugierde nicht doch fehl am Platz sind, zeigt dir das Leben, dass die Story (fast) immer gut ausgeht. Mein Chef kam zu mir und wollte mich unter vier Augen sprechen. Mein erster Gedanke war, dass er mich kündigen würde. Ich war drauf und dran loszuheulen, weil ich dann nicht mehr weitergewusst hätte. Er erklärte mir jedoch, dass die Arbeiten im Produktionsteam immer mehr wurden und er beschlossen hatte, die Position eines stellvertretenden Produktionsleiters zu schaffen. »Möchten Sie den Posten übernehmen?« Nun brach ich in Tränen aus und wusste zuerst einmal nicht, was da gerade passiert war. Er sah mich in seiner herablassenden Art an, doch diesmal mit einem Lächeln. »Das schaffen Sie schon, Sie sind schon mit Schwierigerem fertiggeworden.«

Ein Jahr nach meinem ersten Arbeitstag wurde ich stellvertretender Leiter des Produktionsteams, das aus elf Mitarbeitern bestand. Und das, obwohl ich mit gerade 20 Jahren nicht nur der Jüngste war, sondern von den Führungskräften im Unternehmen auch der Einzige, der keine abgeschlossene Ausbildung besaß. Mein Chef hatte gesehen, dass ich mich von keinem Problem unterkriegen ließ, und beschlossen, das Experiment zu wagen. Mit meinen täglichen Extraschritten hatte ich mittlerweile einen Marathon zurückgelegt, und das hatte sich allem Anschein nach ausgezahlt. Niemand war mehr überrascht als ich selbst und gleichzeitig auch überwältigt, wie schnell manchmal alles gehen kann, wenn man gerade nicht damit rechnet.

Ich lernte so, dass es im Leben nicht auf Stärke oder Intelligenz ankommt, sondern einzig und allein auf die Gabe, sich zu verändern, und zwar in die Richtung, die man selbst für richtig hält. Solange man im Leben das eigene Tun hinterfragt und sich immer wieder neu erfindet, gibt es fast keine Hürde, die man nicht nehmen kann. Es sind selten die fordernden Situationen im Leben selbst, die uns zusetzen, sondern eher unsere mangelnde Fähigkeit, uns an diese anzupassen. Manche Menschen verharren aufgrund einer Krise jahrelang in einer Schockstarre. Andere rappeln sich nach einer Phase der Trauer oder des Ärgers wieder auf und arrangieren sich mit der neuen Situation.

Nach meinem Schulabbruch hatte ich es geschafft, mich in meiner neuen Situation zurechtzufinden. Plötzlich merkte ich, dass ich Lust hatte zu lernen und mit meinem Wissen etwas zu bewirken. Da wusste ich: »Ja, ich will wieder in die Schule und meinen Abschluss nachholen.« Das wirklich Coole war, dass ich endlich das Selbstvertrauen hatte, die Ausbildung zu machen, die mich interessierte.

Technik, IT, Software ... diese Worte klangen in meinen Ohren nach purer Kreativität und dem Stoff, aus dem die Zukunft gemacht war. Der Bereich »Software-Entwicklung« hatte es mir besonders angetan. Das war »DER heiße Sch*****«, der auch für meine erträumte Silicon-Valley-Company wichtig sein würde. Ich fand heraus, dass es eine Ausbildung für »Software Entwicklung und Projektmanagement« an der HTL Spengergasse gab. Mich erwarteten dort vier Jahre Abendunterricht inklusive Hausaufgaben an den Wochenenden. Eine wenig rosige Perspektive in puncto Freizeit und Familie, doch auf eine Lebenszeit von fast durchschnittlich 90 Jahren eine sehr geringe Investition.

Ein großer Pluspunkt war, dass man durch die Ausbildung den Titel »Ingenieur« erhalten sollte. Österreich ist zwar ein fortschrittliches Land, was allerdings den omnipräsenten Titelwahn angeht, befindet es sich immer noch in der Steinzeit. Titel sind der Garant für Bewunderung – Machtsymbole, die überall sonst auf der Welt bloß einen lästigen Zusatz auf der Visitenkarte darstellen. Strategisch gesehen ließen sich mit dieser Ausbildung sowohl meine Leidenschaft für Software und Management als auch der Titelwahn der Österreicher unter einen Hut bringen.

Als ich am Ende all dieser Überlegungen angelangt war, merkte ich jedoch: Ich hatte mir für mein Vorhaben den denkbar ungünstigsten Augenblick ausgesucht – es war der letzte Tag der Bewerbungsfrist. Nach einem kurzen Anruf in der Schule wusste ich, dass ich meine Bewerbung per E-Mail schicken konnte, doch wollte man mir wegen der hohen Bewerberzahl nicht garantieren, dass der zuständige Kollege sie noch berücksichtigen würde.

Ich beschloss in dieser Sekunde, nichts dem Zufall zu überlassen, und fuhr sofort mit all meinen Bewerbungsunterlagen und einer Packung persischem Tee zur Schule. Dort suchte ich den Lehrer auf, der für die Bewerbungen zuständig war. Er schien ziemlich gestresst. Ich überreichte ihm meine Unterlagen und sagte ihm, dass er meine Bewerbung in Ruhe und bei einer Tasse bestem Tee genießen solle. Wenn sein Bauchgefühl es als richtig erachte, würden wir uns schon wiedersehen. Ich wusste nicht, ob er meine Aktion frech oder verzweifelt fand. Zum Glück erklärte er mir, dass im Leben nur die frechen und höflichen Menschen weiterkommen – und höflich war ich immer. (Danke, Mama!)

Zwei Tage später gehörte ich zur Endauswahl der Bewerber. Glücklicherweise zusammen mit Albert, einem meiner besten Freunde, den ich mit der Idee zur Abendausbildung angesteckt hatte. Die fünfzig besten Bewerber wurden in die Schule eingeladen, und so fanden wir uns abends nach der Arbeit zum finalen Showdown in einem Physiksaal wieder. Die neue Schulklasse sollte eigentlich maximal 24 Schüler umfassen. Der Ansturm auf die Ausbildung war jedoch viel höher gewesen als erwartet. Meine Chancen standen also nicht besonders gut ... Ich werde nie vergessen, was für ein Gefühl ich hatte, als uns einer der Lehrer, Professor Hofbauer, sagte, die Schulleitung sei gerade dabei zu klären, ob man eine zweite Klasse eröffnen könne. Ich war plötzlich voller Zuversicht. Doch das Gefühl währte nicht lange. Denn eine zweite neue Klasse bedeutete, dass 48 Schüler aufgenommen wurden, und zwar nach dem Eintreffen ihrer Anmeldungen. Es saßen fünfzig Personen im Raum, und ich war der Letzte gewesen, der seine Bewerbung abgegeben hatte.

Wir sollten in zwei Stunden wiederkommen, dann würden wir mehr erfahren. Ich weiß noch, wie Albert und ich abwechselnd verzweifelt waren und uns dann wieder zu motivieren versuchten. Auch Albert hatte die Schule geschmissen. Diese Ausbildung war unser Ausweg, wir wollten nicht weiter auf eine bessere Zukunft warten. Zusammen mit einigen anderen Bewerbern gingen wir zu einer nahegelegenen Currywurst-Bude, um die Zeit herumzubekommen. Während wir bestellten, erklärte ein Bewerber plötzlich, dass die Warterei keinen Sinn habe, da die Chancen sowieso sehr schlecht stünden. Er habe das Theater bereits vor einem Jahr bei einer ähnlichen Schule erlebt und sei nach drei Stunden Wartezeit nicht genommen worden. Er wollte sich diesem Trauerspiel nicht noch einmal aussetzen und verließ uns mit den Worten: »Das bringt eh nichts, den Sch**** brauch ich nicht.«

Was danach folgte, war ein Lehrstück über gefährliches Halbwissen, gepaart mit negativer Gruppendynamik. Nach und nach taten es ihm drei andere aus der Gruppe gleich und fuhren nach Hause. Mit einem Mal standen Albert und ich nur noch mit Goran zusammen, der die Schule als Zusatzausbildung zu seinem Wirtschaftsstudium machen wollte. Als die erste Überraschung nachließ, merkte ich: Falls es eine zweite Klasse geben sollte, wäre ich auf jeden Fall mit dabei. Von den anfangs fünfzig

Personen waren ja bereits vier Personen gegangen. Es befanden sich nur mehr 46 Personen im Rennen – und ich war eine von ihnen.

Als wir uns im Physiksaal wiedertrafen, waren nur noch knapp vierzig Personen anwesend. Professor Hofbauer machte es kurz: »Wir haben entgegen der Empfehlung des Stadtschulrates beschlossen, eine zweite Klasse zu eröffnen. Das bedeutet, dass Sie alle im kommenden September offiziell Ihre Ausbildung an unserem Institut beginnen werden. Ich gratuliere Ihnen.« Seine Abschiedsworte hörten wir gar nicht mehr richtig, weil wir alle wie verrückt vor Freude richtig Bock auf die Ausbildung hatten.

Als ich nach Hause ging, war ich richtig glücklich. Ich hatte eine zweite Chance bekommen, nicht bloß Teil einer Negativstatistik zu sein, sondern eine Delle ins Universum zu schlagen. Auch wenn es nur mein Universum war – ich fühlte mich an diesem Abend, als könne ich die Welt aus ihren Ankern reißen. Ich musste an die zehn Bewerber denken, die vor wenigen Stunden noch mit mir im Physiksaal standen und knapp vor der Ziellinie aufgegeben hatten. Im Gegensatz zu ihnen war ich jetzt offiziell in einer sehr begehrten Ausbildung für Software Engineering und Projektmanagement eingeschrieben. Ich war verdammt stolz. Worauf, konnte ich nicht wirklich sagen, da die Ausbildung ja noch nicht begonnen hatte. Albert ging es genauso.

Weil ich während der Abendausbildung einfach eine gute Zeit haben wollte, beschloss ich, mich nicht mit Noten und Abgabeterminen zu stressen. Das Wichtigste war, die richtige Mischung zwischen Lernen und »einfach nur Durchkommen« zu finden. Wenn mich etwas interessierte, sog ich es auf. Die anderen Fächer bezwang ich mit pragmatischen Mitteln der Aufwandsminimierung. Meine Devise war: Hauptsache die Ausbildung schaffen und das Notwendige absolvieren. Alles andere war Luxus. Es war hart genug, dass ich jeden Tag, nachdem ich gegen 17 Uhr mit der Arbeit fertig war, von 17:50 Uhr bis 22 Uhr an vier Abenden die Woche die Schulbank drückte.

Als meine Arbeitskollegen erfuhren, dass ich eine Abendausbildung machte, wurde mir Größenwahn zugesprochen. »Eine so schwere Ausbildung? Wozu? Du hast ja hier einen Job. Denkst du, du bist etwas Besseres als wir?« Ich verstand nicht, warum ich Mittelpunkt ihrer Flurgespräche war. Es konnte ihnen ja egal sein, wie ich meine Freizeit verbrachte. Ich wollte einfach nicht meine Abende mit Reality Shows und dem Durchzappen des TV-Programms verbringen, sondern lieber versuchen meine Lebenssituation zu verbessern.

Schon nach den ersten Monaten nahmen 10 bis 20 Prozent der Schüler nicht mehr am Unterricht teil. Eine komplette Ausbildung an der Abendschule neben einem Vollzeitjob zu managen, war nicht gerade einfach. Die, die weitermachten, hatten teilweise Kinder und waren mitten im Hausbau ... und trotzdem tauchten sie jeden Abend auf und paukten, was das Zeug hielt. Andere wiederum, die keine Kinder hatten, zu Hause wohnten und nur Teilzeit arbeiteten, schmissen die Ausbildung, weil sie die ständige Anwesenheit am Abend sehr belastend fanden. Was als Belastung empfunden wird, ist von Mensch zu Mensch und je nach Lebenssituation tatsächlich sehr unterschiedlich.

Der Einzige, der nachvollziehen konnte, warum ich mir den Irrsinn der Abendausbildung neben einem Vollzeitjob antat, war Markus Nussdorfer, den alle nur »Nussi« nannten. Er ging in die Nebenklasse, und wir wurden Freunde fürs Leben. Wir gaben ein lustiges Paar ab, denn er war fast drei Köpfe größer als ich und ruhig wie ein Felsen. Seine Ruhe glich meine Hitzigkeit und mein aufgedrehtes Gemüt aus. Wir beide liebten Hip-Hop und trafen uns in der wenigen Freizeit, um gemeinsam Platten zu hören. Und er kochte phantastisch, im Gegensatz zu mir, der ich eher ein mittelmäßiger Hobbykoch bin. Ohne ihn hätte ich die Ausbildung wohl nicht durchgehalten. Jedes Mal, wenn der eine nicht mehr konnte, war der andere eine starke Stütze. Problematisch wurde es nur, wenn unser beider Motivation im Keller war. Dann ging gar nichts mehr, und die einzige Option bestand darin, irgendwie weiterzumachen. Der britische Premier Winston Churchill sagte einmal: »Wenn du durch die Hölle gehst, geh einfach weiter.« Ich bin heute noch dankbar, dass Markus und ich dieses Zitat beide als Laptop-Hintergrundbild verwendeten.

Auch während der Ausbildung an der Abendschule stotterte ich noch immer, doch diesmal mit dem Unterschied, dass es meine Klassenkollegen nicht interessierte. Es handelte sich um Erwachsene, denen bewusst war, wie schwer man es im Leben mit dem Stottern hat. Anstatt mich zu bedauern, registrierten sie es und machten ganz normal weiter. Ich fühlte mich zum ersten Mal nicht isoliert, sondern als »normaler« Teil der Klasse, und das gab mir das Selbstvertrauen, hier Referate zu halten. Weil ich so Angst vor dem Stottern hatte, bereitete ich mich besonders gründlich vor. Dabei gab es einen Trick: Es waren immer wieder andere Worte, bei denen ich stottern musste, deshalb erweiterte ich meinen Wortschatz fast täglich. Dadurch hatte ich die Möglichkeit, mir schnell ein anderes Wort auszusuchen, wenn ich mal wieder merkte, dass das Stottern gleich auftreten würde.

Im Laufe der Jahre wurde mein Stottern kontinuierlich weniger, doch es verschwand niemals ganz. Noch heute stottere ich – der Unterschied ist, dass es niemand mehr bemerkt. Durch diverse Atemtechniken, schnelles Umschalten auf andere Wörter oder spezielle Betonungen kaschiere ich das Stottern inzwischen, und es wirkt höchstens manchmal so, als würde ich zu schnell sprechen. Ich habe früher immer wieder versucht, herauszufinden, wie ich das Stottern wegbekommen könnte, doch auch mehrmalige Besuche bei Experten und Psychologen brachten mich nicht weiter. Irgendwann, es passierte eher schleichend, entstand in mir ein Gefühl der Gleichgültigkeit, und es wurde mir egal, wenn andere Menschen über mein Stottern schmunzelten. Diese Haltung – kombiniert mit den Techniken, die ich mir selbst beigebracht hatte – führte dazu, dass das Stottern heute ein Begleiter ist, der mich nicht mehr blockiert.

Während ich früher durch das Stottern innerlich resignierte, ist es heute eher ein Zeichen, dass der anstehende Termin oder Vortrag mir besonders wichtig ist oder ich nicht ganz bei mir bin. Mittlerweile habe ich die Ruhe und den Überblick, in solchen Situationen kurz innezuhalten, einfach zu schweigen und in den Bauch zu atmen. Dieser Moment der Entspannung, der für mich sehr wichtig ist, wirkt bei meinen Vorträgen, als würde ich eine Gedankenpause einschieben, um meinen Worten mehr Gewicht zu verleihen. Dass ich dies eigentlich tue, um das Stottern zu umgehen – darauf ist bis heute noch niemand gekommen.

Da ich während meiner Ausbildung sehr viel Zeit in den Aufbau und die Vortragsweise der Referate investierte, merkte ich irgendwann, dass ich die Gabe besaß, komplexe Sachverhalte sehr einfach darzustellen. Wenn ich schon stotterte, wollte ich wenigstens den Inhalt klar und leicht verständlich rüberbringen. Zu meiner Überraschung hörte ich immer öfter, dass ich Lehrer werden solle, weil ich so ziemlich allen Lernstoff, von Softwareentwicklungsmethoden bis hin zu geschichtlichen Veränderungen und ihren politischen Konsequenzen, so aufbereiten konnte, dass es auch wirklich jeder verstand. Plötzlich wurde das Sprechen vor Menschen – meine bis dahin größte Angst – zu einer meiner Stärken. Das Stottern interessierte meine Mitschüler inzwischen überhaupt nicht mehr, so lebendig und anschaulich waren meine Präsentationen geworden. Plötzlich wurde mein Traum, vielleicht einmal Lehrer zu werden, wieder wach. Rückblickend betrachtet, habe ich in meinem Leben vielleicht niemals Ziele gehabt, sondern nur Träume. Träume, die anfangs als Idee und Schatten in meinen Gedanken entstanden und nach und nach ihren Weg in die Welt fanden.

Nach knapp drei Jahren beendete ich die Ausbildung mit einem sehr guten Abschluss. Ich legte meine Prüfung unter anderem im Zusatzfach Deutsch ab, und meine Abschlussarbeit behandelte lustigerweise das Thema »Vorbilder und Autobiographien«. Ich kann mich noch erinnern, wie unser Direktor Herr Hickel mir bei meiner Abschlusspräsentation sagte, dass er sich bereits auf meine Autobiographie freue.

Die Abendschule plus Vollzeitjob hatte ihren Tribut gefordert: Ich wog über 100 Kilo und schlief jede Nacht nur vier bis fünf Stunden. Jeden Tag um 23 Uhr von der Abendschule nach Hause kommen, um 6 Uhr früh wieder in der Arbeit sein und nebenbei noch lernen war anders nicht machbar gewesen. Doch das war jetzt Geschichte. Ich fühlte mich mit meinem Vollzeitjob ohne die zusätzlichen Verpflichtungen, als hätte ich Urlaub auf Lebenszeit. Und ich war überglücklich, kein Schulabbrecher mehr zu sein. Gleichzeitig flüsterte etwas in mir: »Das ist noch nicht alles, du kannst noch eine Schaufel drauflegen!«

Obwohl ich als Kind nicht gerne in die Schule ging, hatte ich den Traum, eines Tages zu studieren. Ich fand Universitäten, allen voran die Universität Stanford bei San Francisco, und Professoren irrsinnig cool. In ihrem Job konnte man jeden Tag anderen Menschen etwas beibringen und wurde dafür auch noch bezahlt. Für eine Zulassung an der Uni brauchte man eine abgeschlossene Ausbildung, die ich jetzt endlich hatte. Einige Jahre zuvor wäre der Gedanke an ein Studium völlig utopisch gewesen, jetzt stand mir – einem Ali aus dem Flüchtlingsheim – die akademische Welt offen.

Ich fand heraus, dass es in Österreich das so genannte Selbsterhalterstipendium gibt: ein Stipendium für Menschen, die einige Jahre Vollzeit gearbeitet haben und danach in Ruhe studieren wollen. Dieses Stipendium konnte mir ermöglichen, statt nur wenige Stunden täglich meine gesamte Zeit für das Lernen zu verwenden. Ich war überglücklich, als ich von der zuständigen Stipendienstelle erfuhr, dass ich alle Voraussetzungen erfüllte, und machte mich bereit, meinen Job zu kündigen. Ich hatte mich für ein Studium namens »Verteilte Computersysteme« entschieden, was sich auf Englisch natürlich viel cooler anhörte: *Distributed Computer Systems*. Es war ein sehr techniklastiges Studium, das ich an der TU Wien absolvieren wollte. Mein Auslandssemester hoffte ich in Stanford zu verbringen, so ambitioniert (oder größenwahnsinnig) war ich.

Zwei Tage, bevor ich meinen Job kündigen wollte, bekam ich von der Stipendienstelle die Information, dass meine Zusage für das Stipendium zurückgezogen wurde und ich keinen Cent erhielt. Ich verstand die Welt nicht mehr. Ich hatte alle Unterlagen eingereicht und in mehreren Gesprächen das volle Stipendium zugesichert bekommen. Ich wollte so gerne einfach nur studieren und endlich mal nicht alles parallel machen müssen. Es dauerte fast eine Woche, bis ich verstand, dass mir ein Formfehler diesen Schlamassel eingebrockt hatte. Mir waren schlicht und einfach die falschen Informationen gegeben worden – von einem Mitarbeiter der Stipendienstelle, der selbst erst drei Wochen dort arbeitete. Ich brachte einen neuen Antrag ein, doch seine Bearbeitung hätte knapp einen Monat gedauert – zu lange, um rechtzeitig mit dem Studium an der TU Wien zu beginnen. Eine Mischung aus Wut, Trauer und Verzweiflung stieg in mir auf. Was war es nur, dass ich immer Extrarunden brauchte? Ich merkte, wie ich ins Negative driftete und tat das, was ich immer mache, wenn ich nicht weiterkomme: Ich suchte Alternativen.

Ich recherchierte und fand heraus, dass es das Studium auch berufsbegleitend gab. Ja, warum denn nicht mal wieder was am Abend lernen? Ja, wieder neben dem Vollzeitjob. Irgendwie kam ich aus der Nummer nicht raus. Doch diesmal waren es nur drei

Abende in der Woche und zusätzlich einige Samstage. Ich entschied mich für die Fachhochschule Technikum Wien, eine der besten Adressen für technische Studien. Die Aufnahmeprüfung war recht knackig und ich verwundert, dass ich sie gut über die Bühne brachte.

Das Studium bestand zu einem großen Teil aus *blended learning*, einem Lernkonzept, das einem viel Freiheit lässt, aber auch einiges an Disziplin abverlangt: Die meisten Inhalte mussten vorab zu Hause gelernt werden. Jede Woche wurde ein Studierender nach dem Zufallsprinzip ausgewählt, um das Gelernte vor der versammelten Mannschaft zu präsentieren und eine Note zu erhalten. Das Zufallsprinzip machte es verdammt schwer, unvorbereitet in den Unterricht zu kommen. Ich begann, nicht mehr für mich selbst zu lernen, sondern mit der Intention, es »idiotensicher« vermitteln zu können. Dabei half mir mein Studienkollege und Freund Manuel Zach sehr. Manuel – ich nannte ihn nur »Zach« – war ein waschechter »Techie«, aber einer, mit dem man normal reden konnte. Er verstand es wie kein Zweiter, einem Laien Technik auf einfache Weise beizubringen. Wäre er nicht gewesen, würde ich heute noch an einigen der damaligen Aufgabenstellungen verzweifeln.

Und plötzlich lernte ich irrsinnig schnell. Ich dachte bei jedem Thema schon an die beste Art, es zu präsentieren, und die Zusammenhänge, egal wie komplex sie waren, brannten sich als Bilder in mein Gedächtnis ein. Ich begann, die Funktionsweise von komplizierten Algorithmen und Serverstrukturen als Geschichte zu erzählen, und erntete oftmals ein »Boah, der Ali kennt sich echt gut aus«. In Wirklichkeit kannte ich mich nirgends wahnsinnig gut aus, sondern lernte, worauf es wirklich ankam. Plötzlich verstand ich, dass Information immer nur so gut ist wie die Art ihrer Vermittlung. Schlecht vermittelte Information generiert keinen Mehrwert und hat de facto keine Daseinsberechtigung, wenn sie vom Rezipienten nicht verstanden oder gar nicht wahrgenommen wird. Im schlimmsten Fall sorgt sie für Verwirrung und Missverständnisse.

Das Studium war hart, da es auf sehr hohem Tempo erfolgte. Trotzdem gelang es mir, immer mehr Prüfungen in kurzer Zeit abzulegen. Hinzu kam auch das Glück, dass ich mir einige Kurse meiner Software-Engineering-Ausbildung anrechnen lassen konnte. Schließlich beendete ich das komplette Studium ein Jahr schneller als geplant. Der »Bachelor of Science« dauerte in der Regel sechs Semester, ich hatte ihn nach vier. Plötzlich war ich Akademiker ... ich hatte Schule und Uni abgeschlossen. Wenn das nur meine Lehrer hätten sehen können, die meiner Mutter fast einstimmig klarmachen wollten, dass »Ali aufgrund seiner Lernschwäche lieber keine höhere Schule besuchen sollte«.

150 Bewerbungen später
Ein echter Fan lässt niemals locker

Während ich mich über meinen Studienbeginn freute, wurden die missgünstigen Stimmen bei der Arbeit immer lauter. »Jetzt hast du endlich die Schule nachgeholt, jetzt willst du auch noch studieren? Bist du bei uns im Unternehmen nicht ausgelastet genug? Arbeite mal richtig, dann hast du keine Energie mehr für dein Superstudium am Abend.« Und so ging das fast jeden Tag, wenn ich abends nach der Arbeit nicht zum Biertrinken mitging, sondern mich auf den Weg in die Uni machte. Die anfangs noch lustig gemeinten Neckereien meiner Kollegen wurden immer mehr von Neid gefärbt. Nur wenige sagten mir ihre Meinung ins Gesicht, doch die negative Energie war ständig spürbar.

Mein Vater hatte recht, als er mir einmal sagte, dass es zwei Arten gäbe, einem Menschen seinen Erfolg zu gönnen. Die eine

Möglichkeit ist, sich für den anderen Menschen zu freuen und die Energien zu multiplizieren. Die andere Möglichkeit ist, zu versuchen, den erfolgreichen Menschen zu sich herunterzuziehen, indem man die Wut über das eigene Nichtvorankommen am anderen auslässt. Diese Verhaltensweise scheint in unserer Leistungsgesellschaft häufiger vorzukommen. Es ist doch verrückt, wenn man das eigene Glück und die eigene Zufriedenheit vom Erfolg anderer Menschen abhängig macht.

Ich spürte, dass sich etwas ändern musste, sonst würde die negative Energie auf Dauer auch mein Leben negativ beeinflussen. Während der Abendschulzeit hatte ich die übergriffigen Aussagen meiner Kollegen noch mit dem Gedanken »Du bist selbst schuld, warum hast du die Schule auch hingeschmissen?« akzeptiert und gelernt, wie man damit umgeht. Gleichzeitig wusste ich, dass wir uns aussuchen können, mit wem wir unsere Zeit verbringen – es leben schließlich über sieben Milliarden Menschen auf dieser Welt. Wir teilen unser Leben oft mit einer kleinen Gruppe von Menschen, die unser Weltbild formt. Verbringen wir viel Zeit mit positiven Menschen, sehen wir das Glas immer halbvoll, selbst wenn wenig darin ist. Verbringen wir unsere Zeit eher mit negativen Menschen, dann kann ein kleiner Husten schon mal wie eine tödliche Krankheit wirken (ihr wisst bestimmt, was ich meine).

In meiner Arbeit hatte ich mir lange Zeit recht viel gefallen lassen, weil ich immer befürchtete, meinen Job zu verlieren und dann keinen neuen zu finden. Eines Tages erklärte mir mein Chef, dass ich am Wochenende einer seiner Töchter beim Umzug helfen solle. Ihre vier Hunde und allerlei Hundesachen mussten in die neue Wohnung. Ich machte ihm auf sanfte Art und Weise klar, dass ich auf keinen Fall dazu bereit war. Zum einen litt ich an einer Hundehaarallergie, die mein Gesicht wie Puffreis aufgehen ließ, zum anderen hatte diese Aufgabe nichts mit meinem Job zu tun. Nicht zu reden davon, dass ich es in meiner Freizeit erledigen sollte. Er reagierte erbost, da er dachte – so sagte er es wirklich –, dass ich schließlich Karriere machen wolle.

Als ich im Unternehmen anfing, hatte mich mein Chef regelmäßig für diverse private Tätigkeiten eingespannt. Sei es, um neue Holzpaneele für seine Sauna nach Hause zu bringen, oder seinem Sohn beim Transport seines DJ-Equipments zu helfen. Zu Beginn erledigte ich all diese Dinge ohne zu murren. Doch mit der Zeit nimmt unsere Erfahrung zu, und es verändert sich, wie wir uns selbst sehen. Ich hatte festgestellt, dass ich nicht mehr der Spielball anderer Menschen sein mochte.

Dass ich so nicht Karriere machen wolle, sagte ich meinem Chef dann erstaunlicherweise direkt ins Gesicht. »Sie können doch froh sein, dass Sie einen Job haben! Ohne mich hätten Sie gar nicht die Möglichkeit gehabt, die Abendschule zu besuchen!« Kurz dachte ich, dass er mit seiner Reaktion recht hätte, doch dann fiel mir ein, dass er meine Ambitionen, mich weiterzubilden, immer als unnötig dargestellt hatte. Ich spürte, wie die Wut langsam in mir hochstieg. Mein Ärger wurde größer und größer – er mündete schließlich darin, dass ich kündigte. Die Art und Weise glich einer brasilianischen Telenovela. Doch um die Sache derart zuzuspitzen, brauchte es noch zwei weitere Vorfälle.

Mein Chef hatte in seinem Büro ein Radio, das wir uns manchmal ausliehen, um bei der stupiden Arbeit im Labor etwas Abwechslung zu haben. Danach brachten wir das Radio selbstverständlich in das Büro zurück. An diesem Tag konnte mein Chef sein Radio nicht finden und kam wütend zu mir: »Sie A****, haben Sie schon wieder mein Radio?!« Es gab Tage, an denen er seine Wutanfälle an der erstbesten Person ausließ, von der er wusste, dass diese nicht gleich in Tränen ausbrechen würde. Deshalb traf es oft mich. Auch diesmal wurden mir Kraftausdrücke um die Ohren gehauen, und die Kollegen im gesamten Flur durften das mithören. Dass sein Sohn am Vortag das Radio mit nach Hause genommen hatte, erfuhr ich später von unserer Putzfrau. Eine Entschuldigung gab es natürlich nicht. Die gab es niemals. Ich merkte wieder, wie sich die Wut in mir staute.

Am nächsten Tag ging es meinem Vater nicht gut. Er litt unter einem Herzklappenfehler und war wegen akuter Probleme ins Krankenhaus Wilhelminenspital gefahren. Die Ärzte hatten mich angerufen, und so war ich recht überrumpelt aus der Arbeit aufgebrochen. Meine Kollegen zeigten volles Verständnis. Im Krankenhaus angekommen, wurde mir gesagt, dass mein Vater über Nacht zur Beobachtung dableiben müsse. Mein Herz begann schneller zu klopfen, und ich merkte, wie eine unangenehme Hitze in mir hochstieg. Ich wusste, dass es meinem Vater ab und zu nicht gutging, doch im Krankenhaus, bei all den Ärzten, bekamen meine Befürchtungen plötzlich ein Gesicht.

Plötzlich läutete mein Telefon. Mein Chef war dran. Er erkundigte sich kurz, wie es meinem Vater ginge. Ich begann zu weinen und sagte ihm das, was ich wusste. Daraufhin fragte er mich, ob ich heute vor 15 Uhr ins Büro komme, da noch eine Kundenbestellung zu erledigen sei. Das Nächste, an das ich mich erinnere: Ich stürme in das Büro meines Chefs und verdeutliche ihm mit den Worten »Sie sind das größte A********, das ich kenne«, was auf dem Blatt Papier steht, das ich ihm gerade auf den Tisch knalle. Er hatte gerade meine Kündigung erhalten.

Auf dem Arbeitsamt erklärte man mir, dass es nicht besonders smart gewesen war, selbst zu kündigen. Nun würde ich das Arbeitslosengeld erst mit einem Monat Verspätung bekommen. Ich hörte gar nicht richtig hin, denn in Gedanken war ich immer noch bei meinem Vater und der Szene im Krankenhaus, die mich so wütend gemacht hatte. Ja, jetzt war ich offiziell arbeitslos und damit doch wieder in einer Negativstatistik gelandet.

Ich war wieder bereit, jeden Job anzunehmen, den ich kriegen konnte, um irgendwie mein eigenes Einkommen zu erwirtschaften. Es wurde ein Job in einem Kino. Ich verdiente zwar schlecht – aber hey, alles war besser als kein Job. Meine Aufgabe bestand darin, die Säle zu reinigen und die Tickets zu kontrollieren. Der Umgangston des Schichtleiters ging Hand in Hand mit der hohen Fluktuation der Mitarbeiter, die im Durchschnitt nur fünf Monate blieben. Nach dem ersten Tag verstand ich auch, warum und beschloss, so wenige Tage meiner Lebenszeit wie möglich dort zu verbringen. In meinem Kopf war ich bereits bei Sun Microsystems, meinem Traumunternehmen.

Bereits am Anfang meiner Apothekenkarriere hatte ich irgendwann begonnen, mich regelmäßig bei Sun zu bewerben. Zwar wusste ich, dass das Unternehmen nur Leute mit Berufserfahrung in der Branche oder Profis aus dem IT-Bereich einstellte. Keine der Qualifikationen konnte ich vorweisen, und so bekam ich jedes Mal eine Absage – doch das war mir egal. Im Grunde ist eine Absage zu erhalten nichts anderes als herauszufinden, welcher Weg nicht zum Ziel führt. Schon der nächste Versuch kann ein Treffer sein. Das Bewerben bei Sun wurde für mich zu einem Spiel, das mich träumen ließ. Mit jeder Bewerbung befand ich mich plötzlich wieder in einer Runde von Menschen, für die sich die Möglichkeit auftun konnte, bei einem der coolsten Technologieunternehmen der Welt zu arbeiten. Ich schwor mir selbst, mich so oft zu bewerben, bis ich den Job erhielt. Ich würde erst aufhören, wenn mir jemand aus dem Unternehmen sagte: »Herr Mahlodji, es nervt. Bitte melden Sie sich nicht mehr bei uns.« Doch bis es so weit war, wollte ich es weiter versuchen.

Meine Begeisterung für Sun ging so weit, dass ich mir alles, was es kostenfrei zu erwerben gab, nach Hause bestellte. Produktblätter und Schulungskataloge, völlig egal, ich hatte sie alle und studierte sie ganz genau. Außerdem nahm ich an allen Firmen-Events und Vorträgen in Wien teil, solange sie nur umsonst waren. Um beim Jahresevent auch ja einen Platz zu bekommen, erstellte ich mir zehn verschiedene E-Mail-Adressen und meldete mich mit allen zehn Adressen unter falschem Namen an. Ja, ich war Fan.

Im Sommer 2005 erhielt ich einen Anruf, der verrückter nicht hätte sein können. Sun Microsystems Deutschland habe gehört, dass es in Wien einen Riesenfan gab, der sich bislang mehr als siebzigmal bei Sun beworben hatte. Alle Kollegen seien ratlos, warum er das tat. Ich machte mich schon darauf gefasst, dass man mich bitten würde, damit aufzuhören, doch ich wurde überrascht. Die Anruferin leitete das internationale Marketing bei Sun und erzählte, dass im Dezember die Sun Network Conference in Berlin stattfinden würde. Ich hatte davon gehört – die Tickets kosteten um die 3000 Euro. Also unbezahlbar. Doch sie erklärte mir, Sun vertrete die Philosophie, ambitionierten Menschen immer eine Chance zu geben, deshalb wolle Sun Deutschland mich gerne zu der Konferenz einladen. Eintritt inklusive Hotelunterkunft. Nur die Reise nach Berlin musste ich selbst bezahlen. Ich konnte es nicht glauben. In jedem nur möglichen Gedankenspiel wäre ich nie auf die Idee gekommen, dass meine nervige Art sich so sehr herumsprechen würde, dass es mich meinem Ziel näher brachte.

Das Event im ICC Berlin war der absolute Hammer. Ein Haufen von Top-Businessleuten und ich mittendrin – der Lehrling, der von den Großen der Branche lernen wollte. Ich verstand nicht mal die Hälfte von dem, worum es in den Vorträgen ging, doch ich kann mich noch genau an die Eröffnungsrede von Scott McNealy, dem CEO von Sun, erinnern. Nach einem genialen Video mit lauter Musik und coolen Lasereffekten kam er in einem violett gefärbten Smart auf die Bühne gefahren. Das war keine Technologie-Konferenz, das war eine Rockshow. Und Sun wusste, wie man die Bühnen rockt. Ich saß gefesselt da und wusste: Dieses Gefühl möchte ich noch einmal erleben. Teil von etwas Großem und Epischem sein, einer Sache, die die Kraft hat, die Welt zu verändern.

Als ich nach der Konferenz wieder nach Wien fuhr, war ich umso entschlossener, meinen Weg zu Sun fortzusetzen. Meine ganze Schinderei würde sich auszahlen. Dieses Gefühl der Gewissheit, diese Gänsehaut, wenn man an seine Träume glaubt und sie plötzlich mit jeder Zelle des Körpers spürt ... diese Intuition, die einem sagt, dass alles gut und sogar noch genialer wird – das spürte ich. Jetzt war ich mir sicher, dass mein bisheriger Weg einen Sinn ergeben würde.

Die Wochen vergingen, und der Hype der Konferenz hatte bereits etwas nachgelassen, als mein Telefon klingelte und sich ein Reinhard Töglhofer meldete. Meine Alarmglocken begannen zu läuten. Mit schweißnassen Händen hielt ich den Hörer fest. Zwei Tage zuvor hatte ich in der Zeitung gelesen, dass der Geschäftsführer von Sun Microsystems Österreich, Donatus Schmid, wieder nach Deutschland zurückgehen würde, um dort das Marketing zu übernehmen. Reinhard Töglhofer, der das gesamte Beratungsgeschäft von Sun leitete, würde seine Stelle vorübergehend ausfüllen, bis ein neuer Geschäftsführer bestellt war.

Die Kollegen, sowohl in Österreich als auch in Deutschland, hatten Reinhard Töglhofer von mir erzählt, deshalb interessierte ihn, warum ich so begeistert von Sun war. Ich wollte schon ausholen und ihm von dem Buch *Silicon Valley* erzählen, mit dem alles begonnen hatte, und davon, dass Sun für mich die Company war, die die Welt vernetzt – als er mich fragte, ob ich ihn besuchen wolle. Wow, ich wurde vom neuen Geschäftsführer zum Kaffee eingeladen, direkt ins Büro von Sun. Was ich mit über hundert Bewerbungen nicht geschafft hatte, war durch meinen nervigen Ruf und ein spontanes Telefonat in fünf Minuten erledigt.

Ich weiß noch, wie ich in den Vienna Twin Towers mit dem Aufzug in den siebten Stock fuhr und dort die Etage von Sun betrat. Es war magisch. Genauso, wie ich es aus den Katalogen und von den Fotos kannte. Eine richtig coole IT-Bude mit den modernsten Zugangssystemen, alle Mitarbeiter trugen Eintrittsbadges mit Foto. An den Wänden standen knackige Motivationssprüche, die beim Lesen wie Parolen auf den Gängen eines Sportstadions hallten. Ich hatte mir mein einziges Sakko angezogen und fühlte mich ganz wichtig, auch wenn ich innerlich klein wie eine Maus war. Zwar eine glückliche Maus, doch nervös, weil ich dem Unternehmen noch nie so nah war.

Am Gespräch nahm neben dem Geschäftsführer auch Michael Schaffler, einer der Topberater, teil. Ich erzählte meine gesamte Story und warum ich in Sun die Company sah, die alles hatte, um die Welt zu verändern. Ich sprach von den technologischen Ansätzen, die visionärer nicht hätten sein können. Plötzlich legte mir Michael Schaffler einen Projektplan auf den Tisch, und Reinhard Töglhofer fragte mich, ob ich so etwas schon mal gesehen habe. Ich begriff nur, dass es sich um ein zwölfmonatiges Projekt handelte, und las diverse englische Wörter, die ich alle nicht verstand. Operational Costs, Opex Values, Shared Layer Cost Spaces, SOX 2, EMEA Approval Policy – das hätte genauso gut die Bauanleitung von Raumschiff Enterprise sein können.

Die beiden suchten zur Verstärkung des Projektmanagement-Teams einen weiteren Projektkoordinator. Ob ich denn Projektmanagement beherrsche? Ich sagte ganz ehrlich, dass ich trotz meiner Projektmanagement-Ausbildung an der HTL Spengergasse kein Wort auf dem Plan verstand, versicherte aber im selben Atemzug, dass ich alles lernen könne und würde.

Diese Chance wollte man mir geben. Ich bekam ein dreimonatiges Praktikum angeboten, mit der Option, danach in eine Vollzeitstelle zu wechseln, wobei es dafür keine Garantie gab. Am nächsten Tag sagte ich zu und kündigte meine Stelle im Kino, bei der ich mehr als das Zweifache verdiente. Ich hatte zwar keinen Plan, wie ich mit etwa 500 Euro Praktikantengehalt meine monatlichen Kosten decken sollte. Doch wenn man die eine Chance bekommt, auf die man seit einer gefühlten Ewigkeit hinarbeitet, dürfen materielle Ängste nicht die letzten Meter zum Ziel verderben.

Also suchte ich mir einen Sonntagsjob in einem Supermarkt im Franz-Josefs-Bahnhof. An Sonntagen haben nur wenige Supermärkte in Wien geöffnet, und die, die offen haben, werden gestürmt. Als wüssten die Menschen nicht, dass Supermärkte auch Montag bis Samstag offen haben. Meine Aufgabe bestand darin, elf Stunden lang dafür zu sorgen, dass die Getränkeregale nachgefüllt waren. Die Sonntage und die Lage beim Bahnhof zogen auch viele Alkoholiker an, die ihren Frust über verschüttete Getränke (die sie meistens noch im Supermarkt öffneten) an mir und meiner Herkunft ausließen.

Mein Job als »Getränkenachfüller« rangierte in den Augen der Konsumgesellschaft allem Anschein nach ganz weit unten. Es kam immer wieder vor, dass Leute mich abwertend ansahen und ansprachen. Unglaublich, wie wenig Respekt manche Menschen für einen haben, wenn sie denken, dass du ja »eh nur der Lagermitarbeiter« bist. Menschenwürde wird nicht erst durch die großen Härtefälle, die man aus dem TV kennt, getreten, sondern kann schon in der Zivilgesellschaft zu bröckeln beginnen. Glücklicherweise war ich nur einen Tag die Woche dort. Und natürlich brauchte ich die 350 Euro, die ich so jeden Monat zusätzlich verdiente.

Gleichzeitig hatte ich bereits bei Sun zu arbeiten begonnen. Es war wie in einem Traum. Ich war so stolz auf meine neue E-Mail-Adresse ali.mahlodji@sun.com und meine Visitenkarte, mit der ich allen zeigen konnte, dass ich es endlich zu Sun geschafft hatte. Meine Studienkollegen glaubten es mir anfangs gar nicht, als ich ihnen die große Neuigkeit erzählte. Sie wussten, wie schwer es war, dort reinzukommen. So schön es war, so hoch war der Preis. Ich arbeitete unter der Woche Vollzeit bei

Sun, ging abends auf die Uni und arbeitete sonntags im Super-markt. Mein monatliches Einkommen betrug um die 850 Euro, was zum Leben reichte, doch auch große Einschnitte mit sich brachte. Trotz allem war ich glücklich und grinste wie ein klei-nes Kind, wenn ich daran dachte, dass ich wenige Monate zuvor noch davon geträumt hatte, eines Tages bei Sun zu sein.

Die Parallelbelastungen und der Druck, beim Praktikum eine gute Figur zu machen, wirkten sich recht schnell auf mein Leben aus. Ich schlief jede Nacht nur noch drei bis vier Stunden, trank untertags an die zehn Tassen Kaffee und hatte ein Kampf-gewicht von über 110 Kilo, bei einer Größe von 1,75 Metern. Ernährung bedeutete für mich damals Schnellversorgung des Körpers mit Lebensmitteln, um den Tag zu überstehen. Diese Entwicklung hatte schon begonnen, als ich in die Abendschule ging und in der Apotheke jobbte. Jetzt setzte sie sich fast naht-los fort. Wie wichtig Schlaf und Regeneration sind, wurde mir erst viele Jahre später bewusst. Solange man noch unter 30 ist, macht der Körper fast alles mit, und so dehnte ich meine Wider-standskraft Tag um Tag, um das Ganze irgendwie hinter mich zu bringen.

Eines Tages, ich war erst kurze Zeit bei Sun, wachte ich in der Früh auf und bemerkte eine Taubheit in meiner rechten Hand, die sich in den Oberarm hineinzog. In mir stieg Unbe-hagen auf. Ich wusste nicht, was das war, hatte aber von diesem Symptom als Zeichen für einen Herzinfarkt gehört. Ich fuhr mit einem Taxi in das AKH, das größte Krankenhaus Wiens. Der Arzt checkte mich durch und fragte mich, wie mein Tagesablauf aussehe. Nachdem ich ihm ehrlich geantwortet hatte, machte er mir leicht panisch klar, ich müsste sofort auf Kaffee und sons-tige aufputschende Drinks verzichten. (An den »schweren« Ta-gen konnte es schon mal vorkommen, dass ich zusätzlich zu meinem Kaffeekonsum noch zwei bis vier Dosen Energy-Drinks mit in die Uni nahm, um nicht einzuschlafen.) Außerdem sollte ich zumindest einen Tag pro Woche eine Pause einlegen und einfach nichts machen. Dies war leider schwer möglich, da ich sonntags im Supermarkt arbeitete und Samstag der einzige Tag war, an dem ich für die Uni lernen konnte.

Doch der Arzt machte mir klar, dass es auch Herzinfarkte bei unter 30-Jährigen gab und ich ein guter Kandidat wäre, wenn es so weiterginge. Erst diese Aussage brachte mich dazu, den Samstag zu meinem freien Tag zu machen. Ich versprach mir selbst, meine Karriereambitionen hintanzustellen, falls das Praktikum nicht zu einer Vollzeitstelle führen würde, und auch das Studium dann vielleicht abzubrechen. Meine Gesundheit war mir einfach wichtiger. Ich musste nur das Praktikum durchhalten, dann wäre ich am Ziel.

Nach dem ersten Monat rief mich mein Chef Reinhard zu sich ins Büro, um das Monatsgespräch mit mir zu führen. Er trug eine sehr ernste Miene, die mich verunsicherte, da ich keine Ahnung hatte, was mich erwarten würde. Er redete eine Weile über den Wert von Ehrlichkeit, die Wichtigkeit, sich aufeinander verlassen zu können, und warum er das Team als eine Art erweiterte Familie sah. Mir schnürte sich immer mehr die Kehle zu, weil alles darauf hinauslief, dass ich wohl viele Menschen enttäuscht haben musste. Tatsächlich sagte Reinhard, dass er sehr enttäuscht war. Er hatte zufällig erfahren, wie ich neben meinem Vollzeitpraktikum bei Sun und meinem Abendstudium auch noch am Sonntag arbeitete, weil ich mir mein Leben sonst nicht leisten konnte. Er war sichtlich traurig und bestürzt, dass ich wegen dem Job bei Sun noch eine Extraschicht am Sonntag einlegte.

Sein nächster Satz veränderte meine Situation schlagartig. »Ali, du hast in den ersten Wochen bewiesen, dass wir uns auf dich verlassen können und du alles wie ein Schwamm aufsaugst, was du hier lernst. Bitte kündige deinen Job im Supermarkt, du bist ab kommenden Monat fest mit an Bord.«

Ich war glücklich und etwas überfordert, als ich begriff: Ich hatte nun endlich wieder einen »echten« Job und endlich meine Sonntage zurück. Damit waren meine monatlichen Finanzierungsprobleme auf einen Schlag Geschichte, ab jetzt erhielt ich ein »normales« Gehalt.

Der Job war großartig. Ich lernte jeden Tag so viel über Projektmanagement, dass ich bereits nach kurzer Zeit die US-amerikanischen Abwicklungsmechanismen der Finanzen unserer Projekte im Schlaf beherrschte. Ich war hauptsächlich an internationalen IT-Projekten beteiligt, wie dem Aufbau eines Musik-Streaming-Dienstes eines großen japanischen Technologiekonzerns, der bereits damals das Potential von Streaming sah (doch langfristig keinen Erfolg damit hatte, da das Unternehmen und dessen Strukturen zu festgefahren und träge waren).

Knapp ein Jahr, nachdem ich bei Sun begonnen hatte, läutete das Ende meines Abendstudiums auch das Ende meines Jobs bei Sun ein. Ich hatte meinen Militärdienst noch nicht abgeleistet, und nun gab es keine Ausrede mehr, ihn aufzuschieben. Zum Militärdienst wollte ich allerdings auf keinen Fall. Zu gut konnte ich mich noch an meine Musterung erinnern, bei der all diejenigen, die nicht den Dienst an der Waffe ausüben wollten, als »der klägliche Rest« tituliert wurden. Hinzu kam, dass Österreich offiziell ein neutrales Land war und ich nicht einsah, warum ich meine Zeit mit Waffenübungen verbringen sollte, anstatt sie sinnvoll in den Dienst der Gemeinschaft zu investieren.

Social Impact
Was sich durch einen
Bücherschrank verändern lässt

Zivildienstleistenden wird nachgesagt, dass ihre Arbeit gemütlich und ihr Wille schwach sei – warum sonst gingen sie nicht zum Militär? Hätte ich gewusst, auf was ich mich als Zivi einlasse, ich hätte es mir vielleicht ein zweites Mal überlegt. Denn ich erlebte in dieser Arbeit eine echte Herausforderung – wenn auch eine sehr bereichernde.

Ich war als Flüchtling nach Europa gekommen, und es interessierte mich, wie es heute um das Thema stand. Unbewusst wollte ich wohl auch etwas zurückgeben. Deshalb bewarb ich mich beim Flüchtlingsdienst der Wiener Diakonie. Diese Zivildienstplätze waren ziemlich begehrt, doch ich hatte mit meiner Hartnäckigkeit wieder einmal Erfolg: Ich meldete mich einfach jeden Tag einmal, so lange, bis ich einen Termin vor Ort bekam. Die Sozialarbeiter, mit denen ich zusammenarbeitete, gingen jeden Tag an ihre Grenzen, um den Ansturm und die Arbeit zu bewältigen. Fehlende finanzielle Mittel und eine schlecht ausgebaute Infrastruktur wurden mit viel Herzblut, Engagement und der richtigen Portion Familiengefühl und Lässigkeit mehr als ausgeglichen.

Jeden dritten Dienstag im Monat gab es den Aufnahmetag, an dem sich anerkannte Flüchtlinge um Wohnungen und Integrationsmaßnahmen wie Deutschkurse bewerben konnten. Der Ansturm war groß, die Zahl der verfügbaren Plätze gering. Meine Aufgabe bestand darin, den Tag zu planen und dafür zu sorgen, dass im Wartebereich etwas wie Ordnung und ein geregelter Ablauf existierte.

Die Aufnahmetage waren für die Zivildienstleistenden, gelinde gesagt, schwer zu bewältigen. Mein Vorgänger hatte mir zwar bei der Einarbeitung erzählt, dass eine handgeschriebene Liste geführt wurde, auf der die Reihenfolge der Wartenden vermerkt war. Trotz der Liste fragten die wartenden Personen jedoch andauernd, wann sie denn dran seien. Besonders heftig wurde es, wenn ein Wartender das Gefühl hatte, dass sich jemand vordrängeln würde. Dann konnte es schon mal laut werden und ab und an auch zu Handgreiflichkeiten kommen. Das war es, was mir am meisten Angst machte.

Doch auch die Wartenden hatten Angst. Niemand gibt gerne seine Heimat und seine Freunde auf und kommt in ein fremdes Land ohne Platz zum Schlafen oder ohne die Sprache zu sprechen. Dann auch noch mit siebzig anderen Personen einen Tag lang darauf zu warten, ob man selbst oder die eigene Familie hoffentlich eine der vier oder fünf verfügbaren Wohnungen erhält, ist belastend. Es macht Angst und raubt einem jegliche Hoffnung, wenn man doch nicht ausgewählt wird.

Mein Vorgänger gab mir auch den Rat, mich emotional vom Schicksal der Menschen zu distanzieren. Doch wie soll das gehen, wenn man genau das gleiche Schicksal hinter sich hat? Im Gesicht jedes erwachsenen Mannes und jeder Frau, die zu uns kamen, erkannte ich die Unsicherheit meiner Eltern, als sie damals als Flüchtlinge österreichischen Boden betraten. Es war unmöglich, mich emotional zu distanzieren. Gleichzeitig war genau das essentiell wichtig, um die Sache gut zu machen. Es dauerte mehrere Wochen, bis ich die Balance zwischen Empathie und Distanz im Alltag leben konnte.

Ich wollte meinen neunmonatigen Zivildienst – entgegen den allgemeinen Vorurteilen – nicht einfach absitzen, sondern etwas voranbringen und hoffte, meine Erfahrungen im Projektmanagement irgendwie zum Nutzen der Diakonie einzusetzen. Im Grunde stieß ich dort auf zwei Herausforderungen: Zum einen endeten die Aufnahmetage oftmals in Chaos und Hysterie. Zum anderen hatten die Teilnehmer der Deutschkurse keinen

Während des Zivildienstes bei der Wiener Diakonie war der Empfangsraum mein Reich und die Betreuung von Flüchtlingen mein Job, 2006.

Lesestoff, um außerhalb des Klassenzimmers die Sprache zu üben.

Die Probleme am Aufnahmetag löste ich, indem ich ein Nummerierungssystem einführte. Jede Person oder jede Familie, die zum Aufnahmetag kam, erhielt eine kleine Karte mit dem Datum des Tages und der Wartenummer. Validiert wurde die Karte mit meiner Unterschrift. Durch die Karte nahm ich den Wartenden die Sorge, übergangen zu werden. Um den Menschen zusätzlich das Gefühl zu geben, gesehen zu werden, gab es noch einen zweiten Bogen zu den Personalien und dem Flüchtlingsstatus, den ich bei der Anmeldung mit den Personen gemeinsam ausfüllte. Ich achtete darauf, den Menschen würdevoll zu begegnen und mit ihnen auf Augenhöhe zu sprechen. Wenn ich zum Beispiel sah, dass jemand in der Woche Geburtstag hatte, gratulierte ich schon im Voraus oder stellte interessierte Fragen zum Herkunftsland oder zur Kultur. Ich merkte, wie einige sehr gerne über diese Dinge sprachen, andere wiederum sich nicht erinnern wollten. Insbesondere bei jungen Männern aus Tschetschenien waren die Narben der Flucht sehr groß und würden wohl noch länger nachwirken als bei Flüchtlingen anderer Länder.

Andreas, mein Chef, freute sich. Nach dem ersten gemeinsamen Aufnahmetag waren die Ruhe und Gelassenheit merklich gestiegen. Das Nummerierungssystem und der Prozess der individuellen Anmeldung hatten dazu geführt, dass die Menschen sich für voll genommen fühlten und keine Angst hatten, nicht gehört zu werden. Das Schöne war auch, niemand musste mehr stundenlang vor Ort warten. Durch das Nummerierungssystem konnten Personen, die erst in vier Stunden einen Termin hatten, in der Zwischenzeit andere Besorgungen machen und trotzdem sicher sein, später dranzukommen. Ob eine Familie einen Betreuungsplatz bekam, konnte ich nicht steuern, doch ich konnte den Menschen diesen Tag etwas angenehmer gestalten. Und damit war ich bereits zufrieden. Etwas auch nur um einen Zentimeter besser zu machen, ist viel mehr, als alles beim Alten zu belassen.

Genauso war es bei den fehlenden Büchern. Die Flüchtlinge, die an den Deutschkursen teilnahmen, besaßen zwar Lehrbücher, doch ihnen fehlte die Lesepraxis. Ich besorgte über einen Freund einen alten Schrank, den ich im Warteraum platzierte. Dann startete ich eine Buchspendenaktion im Kreise meiner Freunde und ehemaligen Arbeitskollegen. Ich sammelte in einer Woche über hundert Bücher, die andere Menschen nicht mehr brauchten. Von Romanen bis zu Sachbüchern waren einige echte Schätze dabei – die Bedingung war, dass sie in einer Sprache verfasst waren, die auch Anfänger verstanden. Langsam füllte sich der Schrank, und die Menschen begannen, sich Bücher auszuborgen. Das Prinzip beruhte auf kompletter

Freiwilligkeit: Jeder konnte so viele Bücher mitnehmen, wie er oder sie wollte, und diese je nach Gefühl zurückbringen oder behalten. Durch die Buchspenden war der Schrank nie leer, und durch das Prinzip der Freiwilligkeit beim Ausleihen hatte ich keinen administrativen Aufwand. Das Wichtigste war aber, dass die Sprachschüler endlich Bücher zum Lesen hatten und ihr neuerworbenes Wissen üben konnten.

In der Diakonie lernte ich auch Ismail kennen, der mit seiner Familie aus Tschetschenien gekommen war. Ich habe ihn damals ein Stück auf seinem Weg begleitet. Mein wichtigster Ratschlag an ihn war, sich auch viele österreichische Freunde zu suchen: Nur so konnte er schnell und gut die österreichische Kultur und Sprache erlernen. Solange er nur Zeit mit seinen Landsleuten verbringen würde, hatte er gar keine Chance, das Land Österreich zu verstehen und sich mit seinem Potential einzubringen. Etwa zehn Jahre nach meinem Zivildienst meldete sich Ismails Bruder über Facebook bei mir. In Flüchtlingsfamilien ist es oft der älteste Sohn, der die Rolle übernimmt, die Familie nach außen hin zu vertreten. Er erzählte mir, dass Ismail mittlerweile perfekt Deutsch sprach, er war in der Schule sogar im Debattierclub gewesen. Nun hatte er die Matura geschafft und wollte studieren – seine Eltern konnten ihr Glück kaum fassen.

In diesen neun Monaten bei der Diakonie sah ich, dass es manchmal schon reicht, einer Person ohne Hoffnung Perspektiven zu eröffnen, indem man ihr Zuversicht, Selbstvertrauen und Selbstwirksamkeit zuspricht. Wenn man jemandem Möglichkeiten zeigt und das Vertrauen schenkt, gut genug zu sein, beginnt eine Wandlung. Eine Wandlung, die nach monatelangen und mühsamen Versuchen, die ersten Worte Deutsch zu sprechen, plötzlich zu einem Menschen führt, dessen Lernkurve unverhältnismäßig schnell ansteigt. Einem Menschen, der sich plötzlich traut, mit fremden Österreichern die ersten Worte Deutsch zu sprechen. Einem Menschen, der begierig ist, weiterzulernen.

Konzern Zombie
Mein Einstieg ins Topmanagement

»Herzlichen Glückwunsch, Sie sind ein High Potential!« Ein Wirtschaftsmagazin hatte mich als Nachwuchsführungskraft entdeckt und versprach mir die Chance, an einen der begehrten Jobs für Jungmanager bei einem Topunternehmen ranzukommen. Eigentlich hatte ich an dem Wettbewerb nur teilgenommen, weil eine Freundin nicht alleine mitmachen wollte. Und dann war ich plötzlich ein »High Potential«. Ich war überrascht und fand die Sache erst einmal lustig. Doch schließlich wurde mir klar, wie gefährlich es für das Ego ist, wenn man sich so jung schon als »High Potential« bezeichnet. Und genauso war die Stimmung dann auch auf der Veranstaltung, bei der sich die »High Potentials« mit ausgewählten Unternehmen trafen. Ich befand für mich, dass das nicht meine Welt war – ich wollte nicht zu einer Elite gehören, die sich von anderen abhebt. Ich verließ die Veranstaltung nach einer halben Stunde.

Auch wenn ich keine Lust hatte, als »High Potential« aufzutreten, musste ich mir etwas für die Zeit nach meinem Zivildienst überlegen. Da ich mich inzwischen für die Unternehmensberatung interessierte, sah ich mich bei interessanten internationalen Beraterfirmen um. Beinahe hätte ich bei einem Beratungsunternehmen aus Frankreich angefangen. Doch in der Beraterbranche ist es »normal«, Sonntag bis Montag im Ausland unterwegs zu sein. Bei aller Karriereverliebtheit – ich wollte nach all den Jahren des Büffelns am Abend endlich einmal Wien als meine Stadt kennenlernen. Und so bewarb ich mich bei Siemens für das Management-Trainee-Programm. Ein globaler Konzern, fast 400 000 Mitarbeiter und alltäglicher Begleiter von tausenden, wenn nicht Millionen von Menschen. Genauso wie Sun, war Siemens ein Unternehmen, dessen Produkte die globale Welt mitveränderten. Kühlschränke, Telefone, U-Bahnen, High-End-Kraftwerke oder auch Feuermelder. Siemens war ein bekanntes Unternehmen, das im alltäglichen Leben eine wichtige Rolle spielte, und gleichzeitig wusste ich doch so wenig darüber. 400 000 Mitarbeiter – was zum Kuckuck machen die den ganzen Tag?

Ich sollte es herausfinden – Siemens nahm mich in sein Trainee-Programm auf. Ab Herbst 2007 wurde ich zum Management-Berater im SAP-Bereich ausgebildet. SAP ist eine Software, die Unternehmen hilft, den Überblick über alle im Unternehmen ablaufenden Prozesse zu bewahren und dadurch auch bessere Entscheidungen zu treffen. Die SAP-Software war jedoch teilweise so komplex, dass die Unternehmen auf die Expertise von SAP-Beratern angewiesen waren. Und genau dazu wurde ich ausgebildet. Zu einem Berater, der sowohl technische als auch betriebswirtschaftliche Zusammenhänge verstand und der deshalb in der Lage war, mit den IT-Fachkräften über technische Details und mit dem Topmanagement über Strategien zu sprechen. Ja, ich wurde zu einer eierlegenden Wollmilchsau ausgebildet. Wir waren im Siemens-Konzern die führenden Berater für SAP-Implementationen und die Experten, auf die sogar unsere Kollegen aus Indien zugriffen, wenn sie mal nicht weiterkamen.

In unserem SAP-Netweaver-Team saßen 25 Personen, und Ali Mahlodji war einer von ihnen – ich war ziemlich stolz, mit dabei zu sein. Unsere Ausbildung dauerte je nach Spezialgebiet bis zu neun Monate. Die Aussicht, währenddessen möglicherweise auch im Ausland tätig zu sein, war vielversprechend und für einige von uns der Hauptgrund gewesen, bei Siemens anzufangen. Damals konnte man sich als Consultant eine goldene Nase verdienen, und die Beratungsunternehmen kämpften mit allerlei Anreizen um die besten Köpfe. Mich hatte Siemens deshalb angesprochen, denn ich wünschte mir einen Job, bei dem ich die Zeit hatte, ein fremdes Land und die Menschen richtig kennenzulernen, statt jede Woche gehetzt von Flughafen zu Flughafen zu jetten. Siemens hatte weltweit Niederlassungen, und ich wollte überall einmal arbeiten, denn ein alter Traum von mir war es, auf jedem Kontinent gelebt zu haben – insbesondere Australien hatte es mir angetan.

Besonders spannend war meine Arbeit bei Siemens, als ich in ein internes Expertengremium berufen wurde, das SAP dabei beriet, wie das Unternehmen die enormen Veränderungen am Softwaremarkt bestehen könne. Traditionellerweise wurden die SAP-Programme – wie jede Software – immer stationär auf einem PC installiert. Wenn ein Unternehmen also fünfzig PCs verwendete, wurde ein Programm jeweils fünfzigmal installiert. Mit dem Aufkommen des Internets stellte sich jedoch ein großer Wandel ein: Statt das Programm auf jedem Computer installieren zu müssen, gab es plötzlich die Möglichkeit, es im Internet aufzurufen. Man brauchte nur einen Internetzugang, und schon war das Programm wie eine Internetseite von jedem PC aus verwendbar. Darin lagen viele Vorteile: Man konnte nun von jedem Endgerät, zum Beispiel einem Tablet oder Smartphone, auf das Programm und die eigenen Daten zugreifen. Gerade für Manager, die viel reisen, war es ideal, überall mit den SAP-Programmen arbeiten zu können. Als interner Partner von SAP sollte Siemens mithelfen, diese neue Art der Software-Verwendung zu planen. Und ich war mittendrin. Begeistert und aufgeregt hoffte ich, dass keiner merkte, dass ich ja gar noch nicht so lange ein Experte war.

Mir gefiel die Arbeit bei Siemens gut, doch es stellte sich bald heraus, dass globale Umstrukturierungen anstanden, die unsere ursprünglich international ausgerichtete Ausbildung radikal veränderten. Anstatt uns in der Weltgeschichte von Training zu Training zu schicken, wurden fast alle internationalen Schulungen bis auf weiteres gestoppt oder in Österreich abgehalten. Der Umbau des Unternehmens dauerte lange, und so zog sich auch die Neuausrichtung unseres Teams hin. Dabei wurde es immer unklarer, ob es sich auszahlte, die Teammitglieder in neue Technologien oder neue Projekte einzuarbeiten. Ich für meinen Teil machte meinen Job und hatte mit mir den Deal abgeschlossen, so viel wie möglich zu lernen und beizutragen. Als Mentor übernahm ich Verantwortung für einige neue Trainees, die technische Schwerpunkte hatten, und überlegte mir die Ausgestaltung sogenannter Onboarding-Programme, die neuen Kollegen helfen sollten, sich schnell im Unternehmen zurechtzufinden.

Ich genoss die Zeit, und mein Teamleiter Alexander Wicinski wurde damals ein richtig guter Freund, mit dem ich neben unseren Gesprächen zu fachlichen Themen auch über die Welt philosophierte. Im Team besaß ich bald den Ruf des »neugierigen Persers«, der immer laut und im Wiener Dialekt am Gang witzelte und lachte. Immer wenn ich bei der Arbeit etwas nicht ganz nachvollziehen konnte, fragte ich nach und ließ erst wieder los, wenn ich es verstanden hatte. Während meine Kollegen mein Interesse anfangs schmeichelnd fanden, wurde es für sie mit der Zeit recht nervig. Sie wussten inzwischen ganz genau, dass jederzeit eine endlos wirkende Fragerei auf sie niederprasseln konnte und versuchten deshalb tunlichst, mir keinen Anlass dazu zu geben.

Ein Jahr, nachdem ich bei Siemens begonnen hatte, bekam ich eine E-Mail von meinem ehemaligen Arbeitgeber, Sun Microsystems. So überrascht ich war, so freute ich mich. Der Teamleiter des technischen Beratungsteams fragte mich, ob ich interessiert wäre, »Global Engagement Manager« bei Sun zu werden.

Hinter dem Titel verbarg sich eine Stelle als Berater, der auf Managementebene die Verantwortung trug, technische Lösungen zu konzipieren und zu verkaufen. Bei der neuen Geschäftsführerin, Sabine Fleischmann, hatte es sich herumgesprochen, dass es vor einigen Jahren einen motivierten Mitarbeiter gab, der Sun nicht nur in- und auswendig kannte, sondern die Philosophie des Unternehmens lebte. Ich freute mich sehr über das Angebot, weil ich schon nach meinem Zivildienst gerne Berater bei Sun geworden wäre. Doch nun hatte ich bei Siemens meinen Job und noch einige Projekte abzuschließen, da wollte ich nicht mittendrin weg. Also sagte ich ab.

Ein halbes Jahr später meldete Sabine Fleischmann sich persönlich bei mir. Ich hatte während meiner Studienzeit viel von ihr gehört. Sie war vor ihrer Tätigkeit bei Sun in der Geschäftsführung von Microsoft gewesen und eine der wenigen Frauen im männerdominierten IT-Umfeld. Ich schätzte sie sehr, da sie den Spagat zwischen Topmanagement, Familie und Kindern nie scheute und hier ganz klare Grenzen zog. Familie war für sie nicht ein lästiges Anhängsel, sondern bekam den Stellenwert, den Kinder und Familie immer bekommen sollten. Sabine Fleischmann imponierte mir – und jetzt wollte die Geschäftsführerin von Sun mich zurückholen. Sie hatte intern gehört, dass ich als Mitarbeiter bei Sun zwar derjenige mit der geringsten Berufserfahrung gewesen war, jedoch durch meinen Enthusiasmus und meine Motivation alle Defizite wettgemacht hatte. Für die Kollegen war ich damals immer »der mit der guten Laune« gewesen. Und genau das brauchte Sun jetzt wieder.

Das Unternehmen war international immer mehr hinter seine Konkurrenten gefallen und drauf und dran, seine Position als globaler Leader im hart umkämpften IT-Markt zu verlieren. Während andere Anbieter längst nicht mehr nur Hardware verkauften, sondern auf Software- und Cloudlösungen umstiegen, war Sun noch immer völlig auf das Hardware-Business fixiert. Sun wollte sich Knowhow zu den zukunftsträchtigen Themen Cloud Computing, Green IT und Social Media aufbauen, und ich sollte dies in der Position als »Global Engagement Manager« in Österreich übernehmen. Ich war, gelinde gesagt, sehr geschmeichelt und begann ernsthaft darüber nachzudenken, vielleicht doch zurückzugehen. Ich war bei Siemens fast genau mit denselben Herausforderungen konfrontiert, doch für Sun schlug mein Herz.

Eine Woche später telefonierte ich mit Piotr über die Position bei Sun. Piotr sollte bei einem Wechsel – der nun schon fast sicher war – mein Chef werden. Er kam aus Polen und hatte dort auch sein Büro. Ich merkte schon, dass wir eher eine Fernbeziehung haben würden – für ein internationales Unternehmen jedoch keine Ausnahme, sondern eher die Regel. Während ich Alexander, den Teamleader des technischen Beratungsteams von Sun Österreich, jeden Tag im Büro sehen würde, würde ich meinen eigentlichen Chef wohl nur einmal im Jahr treffen und drei bis vier Mal telefonisch hören.

Irgendwann im Gespräch sagte mir mein zukünftiger Chef etwas, das mich irritierte: Im Wiener Büro gäbe es Kollegen, die den Plan, mich einzustellen, negativ aufgenommen hätten. Die Kollegen, deren Namen er nicht nannte, hätten angedeutet, dass es unsinnig sei, für eine Beraterstelle in Österreich einen Ausländer auszuwählen. Außerdem sei ich viel zu jung, und die Kunden könnten meinen Nachnamen ja nicht mal aussprechen. Er sagte mir, dass er das Gefühl habe, dass die Kollegen – obwohl sie in einem internationalen Unternehmen arbeiteten – mit ausländischen Mitarbeitern so ihre Probleme hätten. Es stimmte. Sun war ein globales Unternehmen, doch in Österreich war von der Kultur der Internationalität wenig zu sehen und noch weniger zu spüren. Dort herrschte eher eine »Wir sind wir«-Kultur, die bei aller Gemeinschaft auch viel Trennendes in sich trug.

Auch ich hatte von den angesprochenen Problemen gehört, aber ich war zuversichtlich, dass mit der Zeit eine neue Kultur einziehen würde. Im Grunde bezog sich diese Problematik nicht nur auf Sun, sondern auf die gesamte IT-Branche, die wenig Diversität ausstrahlte und in der auch Frauen zur Minderheit gehörten.

Im Nachhinein gesehen war ich damals sicher zu naiv. Ich dachte, dass sich die Vorurteile mir gegenüber schnell legen würden, wenn die Kollegen mich nur kennengelernt hatten. Ich war so begeistert von der Vorstellung, wieder zu Sun zurückzukehren, dass ich dachte, meine Begeisterung würde erwidert werden.

Ja, ich war naiv.

3.
BREAKDOWN

Welt retten vs. Konzern
Mein Kindheitstraum wird auf eine
harte Probe gestellt

Schon in meinem ersten Monat bei Sun bekam ich mit, dass einige meiner Kollegen mich bei den Kooperationspartnern der Firma diskreditierten. Sei es aufgrund meines jungen Alters oder des Umstands, dass ich die Stelle als Neueinsteiger bekommen hatte, oder einfach nur, weil ich eben »nicht von hier« war. Unterm Strich begann mein neuer Job mit dem schlimmstmöglichen Szenario, das man sich hätte vorstellen können.

Doch mein Teamleiter Alexander war super. Er war einer der Menschen, die einem immer das Gefühl geben, dass alles gutgehen wird. Er war Deutscher und ein Exot in unserem Wiener Büro, weil er entgegen der Wiener Jammerkultur in den Problemen in erster Linie die Chancen sah. Er war Realist genug, um zu verstehen, dass uns das Jammern und das gegenseitige Ausbremsen letztlich nur selbst schaden würde. Und er war nicht nur ein guter Teamleiter, sondern auch ein begnadetes Technikgenie, das einem die komplexesten Sachverhalte simpel und nachvollziehbar erklären konnte. Wo manche schon an der Erklärung einer Mikrowelle scheiterten, gelang es ihm, die Funktionsweise von Multithreaded-Core-CPUs so einfach auf den Punkt zu bringen, dass jede Großmutter es auf diese Weise ihrem Enkelkind hätte vermitteln können. Wir beide waren uns einig: Eine der wichtigsten Fähigkeiten eines jeden Menschen sollte darin bestehen, Sachverhalte nachvollziehbar und einfach seinen Mitmenschen zu erklären. Alexander war es auch, der mich unter seine Fittiche nahm – obwohl er gar nicht direkt für mich zuständig war –, als er bemerkte, dass es echte Widerstände gegen meine Ernennung zum Global Engagement Manager gab.

Trotz der Startschwierigkeiten fand ich mich gut ein und wurde nach und nach immer besser und fitter in den neuen Themen Social Media und Cloud Computing, die in Österreich gerade erst ganz am Anfang standen. Es war sehr schwierig, für diese neuen Themen intern Begeisterung zu kreieren, da die altgedienten Profis sich eher für die bewährten Hardware-Produkte interessierten und die neuen Internet-Themen ihnen Angst machten.

Sun wurde 1982 gegründet und war mit den Jahren immer mehr zum globalen Spezialisten für Hochleistungscomputer geworden. Jedes größere Unternehmen brauchte in seiner Wachstumsphase Software-Systeme, um seine Geschäfte besser steuern zu können. Diese Software-Systeme liefen jedoch nur auf großen (und teuren) Computern, sogenannten Servern. Sun war der Platzhirsch auf dem Markt. In dieser Zeit hatte Sun quasi die Lizenz zum Gelddrucken. Die besten Verkäufer von damals erinnerten sich gerne daran zurück, dass man Kunden nicht hinterherlaufen musste, sondern einfach neben dem Faxgerät auf die Bestellungen wartete, während man seinen Kaffee aus einem hippen Coffee Mug mit frechem Silicon-Valley-Spruch schlürfte. Oft hörte ich, wie erfahrene Kollegen den damaligen

Goldgräberzeiten hinterhersinnierten. Irgendwie wurde ich das Gefühl nicht los, dass sie wohl gedanklich niemals die alte Welt verlassen hatten und hofften, dass der heutige Alptraum einfach bald aufhören würde.

Als ich zu Sun kam, war das Unternehmen in großen Schwierigkeiten und sollte das Jahr mit einem Verlust von 2,2 Milliarden US-Dollar abschließen. Zuvor hatte es schon massive Kündigungen gegeben, und es sah danach aus, als würden wieder welche ins Haus stehen. Die Mitbewerber IBM, Dell und HP waren in den letzten Jahren zu ernstzunehmenden Konkurrenten geworden, die ihre Produkte deutlich billiger verkauften und ihren Kunden Gesamtlösungen von Software und Hardware aus einer Hand anboten. Einer der größten Fehler bei Sun war, dass sich das Unternehmen zu sehr auf seine frühere Dominanz als Hardware-Erzeuger verließ und glaubte, dass die Kunden das schon zu schätzen wüssten. Kunden verzeihen einem viel, wenn sie das Gefühl haben, man entwickelt sich durch Fehler, und daraus entstehende Erkenntnisse weiter. Nur leider machte es nicht den Eindruck, als würde Sun – obwohl selbst im Beratungeschäft tätig – aus seinen Fehlern lernen und sich weiterentwickeln. Und da stand ich nun und sollte in Österreich genau der sein, der die neuen Technologien vorantrieb. Es wäre herausfordernd genug gewesen, neue Produkte am Markt zu positionieren – doch diese intern durchzusetzen, war um einige Hausnummern schwerer. In die eingefahrenen Muster eine neue Denkweise reinzubringen, stellte sich als sehr mühsam heraus.

Gleichzeitig war klar, dass Sun unbedingt in neue Geschäftsmodelle investieren musste, um sein Überleben zu sichern. Cloud Computing war so ein neues Modell. Der Kunde brauchte keine teuren Hochleistungscomputer mehr zu kaufen, sondern konnte auf die benötigte Software über das Internet zugreifen. Die Software selbst befand sich in der sogenannten Cloud, einem System aus externen Computern. Der Kunde musste dann nur noch die monatliche Nutzung des externen Systems bezahlen. Auf den ersten Blick machte Sun damit weniger Geld, da es keine teuren Computer mehr verkaufte, langfristig gesehen waren die monatlichen Einnahmen durch die Nutzungsgebühren jedoch lukrativer. Doch in den Augen einer Vertriebsmannschaft, die ihre Boni am Ende eines jeden Quartals erwartete, war eine Umstellung auf langfristigere Bonuszahlungen eine gefühlte Katastrophe. Dementsprechend herrschte Unmut. Außerdem würde man das geliebte Kerngeschäft untergraben, wenn man jetzt plötzlich Kunden riet, Software zu mieten, anstatt die teuren Computer zu kaufen.

Was in dem ganzen Trubel übersehen wurde, war etwas, das leider auch Suns Ende einläutete: Um langfristig erfolgreich zu sein, ist es wichtig, sich immer wieder die Frage zu stellen, wie man sich selbst kannibalisieren kann. Wenn ein Unternehmen nicht danach strebt, das eigene Geschäftsmodell mit etwas Neuem zu ersetzen, wird es jemand anderen da draußen geben, der es tut. Die meisten Unternehmen entwickeln sich produktseitig inkrementell, das heißt, sie machen ihre Produkte mal hier, mal da ein bisschen besser, anstatt in Innovationssprüngen zu denken. Das geht so lange gut, bis ein neuer Spieler am Markt auftaucht, der das gleiche Produkt anbietet, es jedoch auf eine Weise verändert, die den bisherigen Marktführer obsolet macht. Da ist es logischer, gleich selbst dafür zu sorgen, sich zu ersetzen, anstatt es einem Konkurrenten zu überlassen.

Kurz nachdem ich meine zweite Beziehung mit Sun begonnen hatte, ereilte uns dann die Hiobsbotschaft, dass im Zuge des weltweiten Stellenabbaus auch in Österreich einige Kollegen ihre Jobs verlieren würden. Zusätzliche Verunsicherung rief hervor, dass die genaue Zahl der Kündigungen nicht bekannt war und auch nicht, wann diese stattfinden würden. Es konnte sich um Wochen oder auch Monate handeln. Die Mitarbeiter wurden in der Luft hängengelassen. Nichts ist schlimmer als das Gefühl, nicht zu wissen, woran man ist. Aufgrund meiner wechselhaften persönlichen Geschichte konnte ich mit diesem Gefühl der Unsicherheit vergleichsweise gut umgehen. Und doch war es auch für mich greifbar.

Egal, wie sehr man in seinem bisherigen Leben mit Ungewissheit konfrontiert wurde, man gewöhnt sich niemals ganz daran. Inzwischen habe ich gelernt, Unsicherheit als einen normalen Bestandteil des Lebens zu sehen. So wie für mich das Stottern normal geworden ist, habe ich auch meine Tricks im Umgang mit den Unwägbarkeiten des Lebens gefunden.

»What do you do?« »Whatchado?« – so klingt für mich der Sommer in New York bei einer Runde Basketball. Als ich 17 Jahre alt war, verbrachten wir die Sommerferien bei amerikanischen Verwandten. Als großer Basketballfan ging ich regelmäßig zum Basketballspielen in den Rucker Park, ein Basketballfeld im Stadtteil Harlem. Dort wurde ich von den New Yorker Jungs immer wieder gefragt: »What do you do?« – »Und was machst du so?« Schnell ausgesprochen klang es nach »whatchado« (gesprochen »wadschadu«). Ich habe mich damals sofort in den Klang dieser kurzen Frage verliebt.

An diesen Sound musste ich plötzlich wieder denken, als ich hoch oben in den Bergen ein paar Leuten von einer Blog-Idee erzählte. Ich war auf dem AlmCamp, einer Tech-Konferenz in einer Berghütte im Herzen Kärntens, bei der sich Blogger und Technik-Nerds treffen, um Ideen auszutauschen. Dort versuchte ich gerade zu erklären, dass ich auf meinem Blog die erste Begegnung zwischen fremden Menschen einfangen wolle, um sie mit der Welt zu teilen. Und die erste Begegnung fängt nach der Begrüßung meistens so an: »Und was machst du so?« Nicht nur Erwachsene führen auf diese Weise Smalltalk, auch Jugendliche interessiert es meistens, was das Gegenüber eigentlich im Leben macht.

Den Blog hatte ich schon in meiner Zeit bei Siemens gestartet. Durch all meine Jobs der vergangenen Jahre entdeckte ich, dass nichts spannender war, als meine Kollegen zu fragen, warum sie sich für ihren Job entschieden hatten und auch, warum sie genau diesen Weg gegangen waren. Schon als Kind faszinierten mich Lebensgeschichten, und ich hätte sie am liebsten in einem »Handbuch der Lebensgeschichten« gesammelt. Und jetzt verwandelte sich meine Kindheitsidee in einen Internetblog. Das Grundkonzept war gleich geblieben: Ich stellte Menschen ein feststehendes Set an Fragen zu ihrem Lebensweg und ihrem Beruf. Die ersten Interviews führte ich mit Freunden. Sie begannen bei »Woher kommst du und was ist dein Werdegang?« und endeten mit der Frage nach Ratschlägen, die man sich selbst – also seinem jungen Ich – auf den Weg geben würde. Die Fragen, die mich brennend interessierten, waren gleichzeitig auch die Fragen, bei denen die Menschen die interessantesten Dinge erzählten und dabei selbst aufblühten.

Da ich mich weigerte, für eine Blog-Software zu bezahlen, konnte ich nur kostenlose Vorlagen für die Gestaltung meiner Webseite nutzen. Als ich meine Lieblingsfarben Orange und Türkis-Grün einfließen ließ, wurde der Anblick dadurch auch nicht besser. Um das Ganze zu retten, wollte ich wenigstens jedes Interview mit einem Foto der jeweiligen Person aufpeppen. Weil es jedoch recht mühsam war, die Tonbänder mit den ganzen Interviews abzutippen, überlegte ich schon bald, auf Video umzusteigen. Außerdem wollte ich, dass mein Handbuch so authentisch, emotional und nahe wie möglich am Menschen wirkte, und Text war hierfür einfach zu wenig.

Das Einzige, was meinem Blog noch fehlte, war der Name. »Handbuch der Lebensgeschichten« klang schon nicht schlecht, aber nicht eingängig genug. Und da war er plötzlich wieder – der Sommer in New York mit dem Sound der Frage »What are you doing?« – »whatchado«. Ich hatte einen Namen gefunden. So wurde mein Handbuch der Lebensgeschichten »whatchado« getauft, amerikanischer Slang für »Was machst du?«. Die anderen Teilnehmer des AlmCamps fanden meine Idee und den gerade geborenen Namen cool, doch weil das Projekt noch in den Kinderschuhen steckte und es viele offene Fragen gab, waren sie eher vorsichtig bei der Beurteilung seiner Erfolgschancen. Doch alle waren überzeugt: Ich solle unbedingt auf Video umsteigen, um das Potential der Idee voll auszuschöpfen. Ein Finanzierungsmodell für das Projekt hatte ich nicht – ich wollte es in erster Linie aus Spaß und Neugierde tun, nicht aus Geldgründen.

Als ich bei Sun einstieg, dachte ich keine Sekunde daran, das whatchado-Projekt zu erwähnen. Es war ein Blog, den ich in meiner Freizeit befüllte, und ein reines Herzensprojekt. So wie andere Menschen als Hobby gerne fotografieren, sammelte ich Lebensgeschichten und schenkte diese der Welt. Bevor ich jedoch meine Interviews auf Video umstellen konnte, passierte etwas, das meine Arbeit an whatchado für eine lange Zeit stoppte.

Eines Tages meldete sich eine Mitarbeiterin des Personalmanagements von Sun Schweiz, das auch für Österreich zuständig war. Ich hatte zwar meinen direkten Chef in Polen und einen Teamleiter in Österreich, doch die beiden waren nur für das operative Geschäft verantwortlich. Die Personalerin sagte mir, dass ich aufgrund der globalen Umstrukturierungen, die bei Sun anstanden, keine Sun-Mitarbeiter für whatchado interviewen dürfe. Ich war überrascht, konnte diese Vorgabe aber nachvollziehen und wollte mich an sie halten. Doch es ging noch weiter: Ich sollte die ganze Webseite whatchado offline nehmen, weil sie angeblich gegen Konkurrenzklauseln verstieß, die ich unterschrieben hatte.

Etwas irritiert, prüfte ich die Konkurrenzklausel meines Vertrags und stellte fest, dass davon eindeutig nur direkte Konkurrenzprodukte von Sun betroffen waren. Sun stellte Hardware und Software für Großrechner her. Whatchado war ein netter Blog, der maximal eine Konkurrenz für Onlinemedien darstellen konnte, nicht mehr und nicht weniger. Egal, wie oft ich sagte, dass ich bei whatchado keine Mitarbeiter von Sun interviewen würde, genauso oft wurde mir gesagt, dass ich die Webseite offline nehmen solle, da sonst disziplinarische Konsequenzen drohten.

Whatchado war bis zu diesem Zeitpunkt eine nette Spielerei, hinter der ein großer Traum steckte, doch je mehr ich dazu gezwungen werden sollte, die Webseite zu begraben, umso größer wurde mein innerer Widerstand. Es gab aus meiner Sicht keinen nachvollziehbaren Grund, warum ich mein Side-Projekt, das niemandem wehtat, abdrehen sollte. Ich hatte mittlerweile fast zehn Artikel online und im Monat an die hundert Besucher und wusste, dass diese meinen Blog gerne lasen. Recht oft bekam ich das Feedback zu hören, dass sich meine erwachsenen Leser wünschten, solch eine Plattform bereits als Kind gehabt zu haben. Außerdem war es mein privates Vergnügen, das mit meiner Arbeit in keinem Zusammenhang stand und meinen Arbeitgeber nicht zu interessieren hatte.

Nach und nach wurde mir bewusst, dass das Unternehmen im Zuge der anstehenden Entlassungen immer mehr Augenmerk auf Mitarbeiter legte, die unbequem wurden. Ich war allem Anschein nach unbequem, und die whatchado-Thematik rückte mich zunehmend in den Fokus unserer Personalabteilung. Mein Teamleiter in Österreich und mein Chef in Polen konnten hier nichts tun, waren jedoch zu jeder Zeit auf meiner Seite, und es war gut, diesen Rückhalt von ihnen zu bekommen.

Die fast wöchentlichen Telefonate und der E-Mail-Austausch mit der Personalabteilung, die ich zusätzlich zu meinem Tagesgeschäft irgendwie im Kalender unterbringen musste, waren allerdings nicht die einzige Belastung. Ich spürte, wie sehr einige Kollegen sowohl mein junges Alter als auch die Tatsache, dass ich in ihren Augen Ausländer war, hinterrücks missbilligten und ich deshalb ständig dumme und entwertende Aussagen abbekam. Meistens fing es mit »lustigen« Äußerungen zu meiner Hautfarbe an, die sich immer dann in aggressive Sprüche verwandelten, wenn es Meinungsverschiedenheiten gab. Willi, einer unserer Topverkäufer, liebte es, wenn er mal wieder loswerden konnte, dass ich dorthin zurückgehen solle, wo mich mein Volk versteht. Ich wusste nicht, ob ich lachen oder weinen sollte, und beschloss, jedes Mal nachzufragen, was denn das Problem sei. Ich dachte damals noch, dass man solche Situationen durch »gutes Zureden« lösen könne. Anstatt sie zu ignorieren, nahm ich die Angriffe sehr persönlich. Ich erfuhr auch, dass einige Kollegen bei unseren Geschäftspartnern nicht gerade mit den wärmsten Worten über mich sprachen.

All diese Vorfälle belasteten mich zunehmend. Doch ich war jetzt ein Managertyp mit einem tollen Auto und einem irren Einkommen. Ich durfte nicht jammern, denn das gehörte ja wohl zum »Erfolg« dazu. Ich wollte damals des Öfteren kündigen und einfach nur einen Arbeitsplatz finden, an dem ich so sein konnte, wie ich war. Doch immer, wenn ich das den Kollegen erzählte, mit denen ich gut konnte, erntete ich verunsicherte Gesichter. »Bist du wahnsinnig, Ali? So viel Geld verdienst du in keinem Job!« Ja, sie hatten recht, ich verdiente eine Menge Kohle, die ich momentan allerdings mehr als eine Art Schmerzensgeld sah. »Wenn du jetzt kündigst, Ali, ist das ein Karriereknick, danach kommst du nie wieder in diese Liga.« Ja, auch da hatten sie recht. Auf meiner Visitenkarte stand jetzt »Manager«, und solch einen Titel in so jungen Jahren in einem so renommierten Unternehmen zu bekommen, war schwer ein zweites Mal möglich. »Du hast jetzt einen tollen Audi A4. Kündigst du jetzt, ist er weg.« Ja, sie hatten recht. So ein cooles Firmenauto würde ich wohl nirgends mehr kriegen.

Es war schon irgendwie verrückt, dass wir alle die tollsten

Als Manager bei Sun Microsystems, 2008.

Autos zu Verfügung gestellt bekamen. Nicht nur, weil unsere Firmenwagen-Vereinbarung zu den besten der Branche gehörte, sondern auch, weil fast alle unserer Kunden in Wien zu Hause waren und wir die ganzen Strecken ohne weiteres mit öffentlichen Verkehrsmitteln bewältigen konnten. Doch es war nicht nur Sun, die gesamte IT-Industrie hatte damals den Ruf, viel zu hohe Gehälter zu bezahlen und eher dem Maßlosen den Vortritt zu lassen. Peinlich wurde es nur manchmal, wenn ich mit dem dicken Auto zu einem Termin fuhr und der IT-Leiter unseres Kunden an der Ampel von seinem Fahrrad zu mir rüberwinkte. Da wusste ich, dass es vielleicht doch etwas präpotent war, zu jeder Gelegenheit mit dem Auto aufzukreuzen.

Wann immer ich kündigen wollte, hielt mich mein Lebensstandard zurück. Ich begann irgendwann, Karriere und Erfolg als das zu sehen, was mir andere Menschen darüber sagten. Vielleicht war ich einfach zu unerfahren, aber ich denke, wenn uns genug Menschen sagen, wie Erfolg aussieht, dann fangen wir an, diesen Blödsinn zu glauben. Wir beginnen, unsere eigenen Träume und Bedürfnisse zu unterdrücken, und begeben uns in ein Hamsterrad namens Lebensstandard, das uns suggeriert, dass wir nur verlieren können. Ständig versuchen wir dann, diesen Lebensstandard zu halten, und geben mit jeder Gehaltserhöhung ein Stück unserer Freiheit ab, indem wir plötzlich unsere Lebenshaltungskosten erhöhen. Einfach nur, weil wir mehr verdienen. Sind wir dann unglücklich, können wir schon fast nicht mehr kündigen, weil wir eben denken, es sei ein Abstieg. Ja, ich war damals zu unerfahren, um zu merken, dass ich unglücklich war und dass ich gerade deshalb von diesem Job wegmusste. Stattdessen redete ich mir ein, dass all die Dinge, die mich unglücklich machten, wohl dazugehörten und dass das der Preis des Erfolges sei. Ich lebte eine Lüge, und alle meine Kollegen glaubten ebenfalls daran.

Der Lauf unseres Lebens ist unergründlich, und doch zeigt uns unser Leben, ob wir wollen oder nicht, immer wieder, worauf es ankommt. Manchmal greifen wir bei diesen Chancen zu, weil wir sie sehen, manchmal müssen wir von ihnen erst aufgeweckt werden.

Meistens jedoch muss leider erst etwas passieren, das uns wieder daran erinnert, worauf es im Leben wirklich ankommt.

Der Anruf
Warum es für wichtige Dinge kein »Später« gibt

Normalerweise schalte ich mein Handy nie ganz aus. Und ich habe es seitdem auch nicht mehr getan. Ich kann mir bis heute nicht erklären, wieso ich gerade in dieser Nacht beschloss, es auch mal gut sein zu lassen. Normalerweise war ich bei meinen Freunden dafür bekannt, »theoretisch« rund um die Uhr erreichbar zu sein, falls es einen Notfall geben sollte. In dieser Nacht aber dachte ich mir, dass es hin und wieder drin sein darf, das Handy abzuschalten. Einfach mal wenige Stunden nicht erreichbar sein. Auch wenn mitten in der Nacht kein Mensch anruft, allein das Gefühl »abschalten zu können« verbreitet ein wenig Frieden und Ruhe.

Es war sieben Uhr früh, als ich ins Badezimmer ging und mein Handy einschaltete, während ich begann, im Schlafdelirium die Zähne zu putzen. Die ersten 30 Minuten eines jeden Tages verbrachte ich mit dem ungeschickten Versuch, einer Morgenroutine zu folgen – ein Unterfangen, mit dem ich bis heute kämpfe. Als ich mir den Mund ausspülen wollte, blieb mein Blick am Display hängen. Ich verstand die Zahlen zuerst nicht, doch dann wurde mir erschrocken klar, dass ich dort die Anrufe in Abwesenheit und die Nachrichten auf der Sprachbox sah. Dreizehn Anrufe in Abwesenheit, fünf Nachrichten auf der Mobilbox ... alle aus einer Nacht.

Ein Arzt hatte mir mehrmals mit ruhiger Stimme Nachrichten hinterlassen – ich solle ihn bitte zurückrufen. Wenige Minuten später erklärte er mir am Telefon, dass ich ins Krankenhaus kommen solle, es gehe um meinen Vater. Das waren sicher die längsten fünf Minuten meines Lebens, in denen langsam in mein Gehirn einsickerte, dass er mir am Telefon nicht sagen würde, worum es ging. Ich musste ins Krankenhaus fahren.

Jetzt war ich zwar hellwach, aber die Situation fühlte sich surreal an. Ich stand völlig neben mir. Während ich mich anzog und Richtung Wilhelminenspital losfuhr, schwankte ich zwischen Ruhe und Panik. Im Auto spielte ich alle möglichen Varianten durch, was meinem Vater passiert sein könnte. Unweigerlich musste ich dabei an unsere ersten Jahre in Österreich zurückdenken.

Nach der Flucht aus dem Iran passierte meinem Vater das, was vielen Männern widerfährt, wenn sie traumatisiert sind: Sie fallen aus der Gesellschaft und schaffen es nie wieder zurück. In vielen Kulturen ist der Mann derjenige, der sich als starker Beschützer um die Familie kümmert. Plötzlich zu erleben, die eigene Familie nicht mehr so gut beschützen zu können wie in der vertrauten Umgebung des Heimatlandes, ist für die Männer ein herber Schlag. Diese »typisch männliche« Problematik beobachtete ich auch Jahre später wieder, als ich bei meinem Zivildienst geflüchtete Familien kennenlernte.

Durch sein starkes Trauma entwickelte mein Vater eine schizophrene Störung und sah hinter jeder Ecke unsere Verfolger aus dem Iran. Manchmal stieg er während einer Straßenbahnfahrt einfach aus, bevor wir angekommen waren, und bedeutete meinem jüngeren Bruder und mir, uns zu verstecken – am helllichten Tag und mitten in Wien. Wir wussten nie, wie wir reagieren sollen. Ich versuchte zu lachen, damit mein Bruder zumindest das Gefühl bekam, dass es ja nur Spaß sei. Doch der Kleine verstand. Und er verstand mehr, als meine Mutter und ich uns gewünscht hätten.

Als meine Eltern nach Wien kamen, wurde ihnen schnell klar, dass sie hier für immer »die Ausländer« sein würden. Doch die Härte, mit der sie das erfuhren, überraschte sie jedes Mal aufs Neue. Während meine Mutter daran wuchs, verlor mein Vater seine Selbstsicherheit von Tag zu Tag ein wenig mehr.

Meine Eltern besaßen beide einen iranischen Führerschein und wollten ihn sich in Österreich umschreiben lassen. Dazu mussten sie eine Führerscheinprüfung absolvieren, die bei einem Prüfer mündlich abgelegt wurde. Was heute im deutschsprachigen Raum ein Multiple-Choice-Test ist, war damals noch der Arbeitsplatz eines Prüfers aus Fleisch und Blut.

Am Tag der Führerscheinprüfung nahm mein Vater sich

vom Deutschkurs frei, in dem er inzwischen einige Fortschritte gemacht hatte. Ich durfte ihn begleiten. Er freute sich darauf, sich nun endlich auch bei Jobs bewerben zu können, die einen Führerschein voraussetzten. Im Iran war mein Vater an der Universität Professor für Mathematik gewesen und hatte im IT-Management des landesweit größten Telekommunikationskonzerns gearbeitet. In Österreich war er sich jedoch keine Sekunde zu schade, jeden Job anzunehmen, der unserer Familie ein Einkommen sicherte. Obwohl meine Eltern bei ihrer Ankunft viel Hoffnung und Optimismus in sich trugen, waren sie auch Realisten, die die Lebenswirklichkeit in Österreich nüchtern akzeptierten. Und das bedeutete nun einmal, dass Flüchtlinge nicht gleich den Job bekamen, der ihrer eigentlichen Qualifikation oder ihren Wünschen entsprach.

Auf dem Weg zur Prüfung erklärte mir mein Vater, dass Menschen ihre Träume und Hoffnungen oft nicht weiterverfolgen, weil sie Angst haben, die Erwartungen anderer nicht zu erfüllen. Wir – die als Flüchtlinge in Österreich lebten, den falschen Nachnamen hatten und am Jobmarkt nicht die größten Chancen –, mussten uns eigentlich glücklich schätzen, da wir nichts zu verlieren hatten und gerade deshalb unsere Träume leben konnten. »An einem Ort, an dem keiner mehr eine Erwartung an dich hat, kannst du niemanden enttäuschen – und das ist die Chance, das zu tun, was du selbst wirklich willst.« Ich glaubte seinen Worten, weil er alles verloren hatte und trotzdem ohne Bitterkeit darüber sprach. Er hatte mir immer wieder erzählt, dass er am liebsten Taxifahrer wäre, weil er dann den ganzen Tag durch Wien fahren könne und mit Menschen über das Leben reden würde. Für ihn war das ein Traumjob, den er bei seiner konservativen Familie im Iran niemals hätte ausleben dürfen. Dort musste er der Ingenieur und Manager sein, das war der Wunsch der Familie. Doch in Österreich, so fühlte er, könne er endlich machen, was er wolle. Die Übertragung seines

Führerscheins war für ihn der letzte fehlende Schritt, um sich für den Taxischein anzumelden.

Im Prüfungszimmer standen Kekse und Orangensaft auf dem Tisch. Die Dame, die uns den Raum zeigte, bot mir den Teller mit Keksen an, doch meine Manieren und mein voller Bauch – ich hatte zu Hause schon Kekse genascht – lehnten ab. Im Nachhinein betrachtet, hätte ich den ganzen Teller stibitzen müssen, um den Ort zumindest in irgendeiner Weise in guter Erinnerung zu behalten. Der Raum besaß den Charme, den ein Raum eben hat, in dem man seine Zeit eher unfreiwillig verbringt. Die Luft stand, es waren gerade einmal die notwendigsten Dinge vorhanden, und auch sie hatten ihre beste Zeit bereits hinter sich. Die Stille und das Ticken der Wanduhr riefen Unbehagen in mir hervor. Alles wirkte irgendwie grau und farblos. Vielleicht war es aber auch nur die Unsicherheit meines Vaters, die dem Raum und den Szenen in meiner Erinnerung jegliche Farbe nehmen.

An den Prüfer und sein Aussehen kann ich mich nicht mehr erinnern, nur an das Gefühl, mit dem er den Raum füllte. Ich spürte seinen Widerwillen, sowohl gegen die anstehende Prüfung, als auch gegen meinen Vater und mich. Mal teilnahmslos, mal bohrend stellte er die Prüfungsfragen, und mein Vater antwortete in gebrochenem Deutsch. Ich weiß noch, wie der Prüfer meinem Vater immer wieder ein schlechtes Gewissen machte, indem er harsch vorschob, ihn akustisch nicht verstanden zu haben. Mein Vater ließ sich von seiner Art nicht beirren und wiederholte die Antworten ruhig und freundlich.

Dann stellte der Prüfer eine Frage, bei der die richtige Antwort »Straßenbahn« gewesen wäre. Eine Frage zu den Vorfahrtsregeln. Meinem Vater fiel das deutsche Wort nicht ein, deshalb antwortete er auf Englisch: *tramway*. Der Prüfer hatte das Wort eindeutig verstanden, und umso mehr ärgert mich heute seine Reaktion. »Wir sind hier in Österreich, hier redet man Deutsch.«

Mit diesen Worten machte der Prüfer meinem Vater klar, dass sein Wissen für den Straßenverkehr nicht ausreichend sei. Er ließ meinen Vater durchfallen.

Als wir wenige Stunden später im Park saßen und ich mein Eis aß, merkte ich, wie mein Vater ein Schatten seiner selbst war. Normalerweise hatte er immer einen lustigen Spruch drauf oder zeigte mir etwas Schönes in der Umgebung, das anderen Menschen nicht auffiel. Doch an diesem Nachmittag im Park war er für all das blind. Egal, wie sehr ich ihm die Enten im Park oder die Fußball spielenden Kinder auf der Wiese zeigte – es interessierte ihn nicht.

Ab diesem Tag war mein Vater ein gebrochener Mann. Er hatte seine Zuversicht verloren, wirklich in Österreich anzukommen. Das Problem lag nicht darin, dass er eine Prüfung nicht geschafft hatte. Er war es immer, der mir riet, Prüfungen in der Schule nicht zu ernstzunehmen, da sie nichts über das wahre Potential eines Menschen aussagten, sondern nur, wie gut man darin war, fremde Erwartungen zu erfüllen. Nein, es war nicht das Scheitern bei der Prüfung, das ihm die Hoffnung auf die Zukunft raubte, sondern die Einsicht, dass er wohl immer ein Fremder in einem fremden Land bleiben würde. Sein Vorankommen hing nicht nur davon ab, wie sehr er seinen Traum verwirklichen wollte, sondern auch, wie sehr ihn andere Menschen akzeptierten. Der Prüfer, der meinem Vater den Führerschein verweigerte, hatte seine Macht spielen lassen. Er hatte meinem Vater, der fliehen musste, um sich und seine Familie zu retten, gezeigt, dass er hier nicht willkommen war.

Dass sich meine Eltern scheiden ließen, verkomplizierte die Lage für meinen Vater noch zusätzlich. Als er von zu Hause auszog, entfernten wir uns voneinander, obwohl wir in derselben Stadt lebten. Es war verrückt. Jahrelang wohnt man Zimmer an Zimmer, teilt die Tage und die Abende miteinander, ist ständig zusammen – und plötzlich wird es normal, sich nicht mehr jeden Tag zu sehen. Es wird normal, dass man schon seit einigen Tagen nichts voneinander gehört oder erfahren hat und dass man denkt: »Ach, in ein paar Tagen werde ich mich melden.« Ja, man denkt, dass einem diese Zeit noch bleibt.

Jahre später, als ich begann, Karriere zu machen, vergaß ich die gemeinsamen Geschichten mit meinem Vater und sah ihn nur noch als »jemanden, der sich wohl einfach nicht genug anstrengt«. Ich war der Unternehmensberater, und er war jemand, der einfach nicht in die Gänge kommen wollte. Es ging nicht in meinen Kopf hinein, warum er immer wieder seinen Job verlor – dabei blendete ich aus, dass er psychisch krank war.

Wir stritten oft darüber, warum er sich nicht mehr anstrengte, etwas aus seinem Leben zu machen. Ich warf meinem Vater vor, dass ich es ja auch geschafft hatte, trotz meiner schweren Kindheit. Ich beschuldigte ihn, mir in Gesprächen nicht richtig zuzuhören, und übersah, dass er aufgrund seiner Erkrankung eine verkürzte Aufmerksamkeitsspanne hatte. Mit jedem Wort und jedem Vorwurf zerbrach ein Stück seiner Selbstsicherheit. Ich dachte, ich tat es aus Liebe, in Wirklichkeit projizierte ich meinen Ärger in ihn hinein – und er konnte sich nicht wehren. Im Nachhinein finde ich es unglaublich, wie mein Vater es trotzdem schaffte, mir die Liebe zu geben, die ich abschmetterte. Zu diesem Zeitpunkt befand er sich immer wieder in psychiatrischer Behandlung und wurde aufgrund dieser Erkrankung frühpensioniert. Er litt unter Schizophrenie, Panikattacken und einer Aufmerksamkeitsstörung, dadurch betrug sein Invaliditätsgrad über 80 Prozent. Das erfuhr ich erst, als ich im Krankenhaus auf seinen Invaliditätsausweis stieß, von dem ich nichts wusste.

Als ich im Krankenhaus ankam, ging ich zur Ambulanz. Dort sollte ich hinkommen, dort war der Arzt, der mich angerufen hatte. Ich nahm nichts mehr außer seiner Stimme wahr, als er mir mitteilte, dass mein Vater in den frühen Morgenstunden

den Notarzt gerufen hatte, weil er keine Luft bekam. Seit ich mich erinnern kann, rauchte mein Vater wie ein Schlot. Heute weiß ich, dass es am Stress lag und dass er nicht einfach »mit ein bisschen Disziplin« damit aufhören konnte. Die Rettungskräfte hatten meinen Vater schwer atmend aufgefunden und ihn sofort mit Blaulicht ins Krankenhaus gebracht. Der nächste Satz des Arztes brannte sich in meine Gedanken ein und ging bis unter die letzte Faser meiner Haut: »Unterwegs im Krankenwagen ist das Herz ihres Vaters stehengeblieben. Es tut mir sehr leid, Herr Mahlodji, Ihr Vater ist heute Nacht gegen drei Uhr früh verstorben.«

Ich weiß nicht, ob es der Schock war oder die Angst, die Nachricht anzunehmen, doch ich erkundigte mich sofort – als wäre es das Normalste der Welt –, ob mein Vater Schmerzen gehabt hätte und was die nächsten Schritte seien. Während der Arzt antwortete, befand ich mich jedoch in Gedanken schon bei meinem Bruder. Ich hatte Panik, weil ich nicht wusste, wie ich ihm den Tod unseres Vaters mitteilen sollte. Er war viel zu jung und ich zu unerfahren für diese Situation. Aber wer hat schon viel Erfahrung mit solchen Situationen? Und niemand sollte sich überhaupt an so etwas gewöhnen müssen. Ich rief meine Mutter an, die mittlerweile in Schweden wohnte, und erzählte ihr, was passiert war. Ich bat sie, es meinem Bruder zu sagen. Dann saß ich einige Zeit alleine auf dem Flur des Krankenhauses und grübelte. Warum zum Teufel hatte ich genau in dieser Nacht mein Handy ausgeschaltet? Hatte mein Vater noch versucht mich anzurufen? Es überkamen mich zwei Erkenntnisse, die mich noch heute jeden Tag begleiten.

Mein erster Gedanke war, dass ich mich nicht von meinem Vater hatte verabschieden können. Wenn wir uns von unserer Familie oder von unseren Freunden verabschieden, sind wir uns so sicher, dass es ein nächstes Wiedersehen geben wird, obwohl wir es nicht wissen. Wir leben unser Leben, als wäre es eine Generalprobe, vergessen aber, dass es eben kein Theaterstück ist, das sich am nächsten Tag wiederholen lässt. Jede gelebte Sekunde ist einzigartig, und die Menschen, die man um sich hat, sind es genauso. Und trotzdem erlauben wir es uns, Menschen zu kränken und der Arbeit manchmal größere Priorität als unseren Liebsten zu geben. Wir reden uns ein, dass wir uns »später« um sie kümmern werden. In mir stieg Wut auf: Warum konnte ich die Zeit nicht zurückdrehen und mich bei meinem Vater entschuldigen? Warum war er einfach weg und ich mit meiner Unzufriedenheit alleine? All die Stunden der Streitereien und meine Vorwürfe waren jetzt lächerlich. Sie waren eigentlich immer schon lächerlich gewesen, doch als ich sie äußerte, dachte ich, dass ich sie irgendwann wiedergutmachen könnte. Mein Vater, in den ich meine Unzufriedenheit projiziert hatte, war nicht mehr da. Und er würde nicht wiederkommen.

Auf dem Weg nach Hause in der U-Bahn – fürs Autofahren hatte ich jetzt keinen Kopf – überkam mich Panik, nicht zu wissen, wie lange mein Leben noch dauern würde.

Klar, laut Statistik werden wir in Europa so um die 80 bis 90 Jahre alt. Doch wer von uns weiß denn ganz genau, wann der letzte Tag seines Lebens sein wird? Selbst wenn wir völlig gesund sind – was ist, wenn wir eines Tages beim Überqueren einer Straße plötzlich von einem Auto über den Haufen gefahren werden und das Spiel dann vorbei ist? Diese Möglichkeit blenden wir völlig aus und leben unser Leben so, als gäbe es eine Reset-Taste, durch die wir ewig weitermachen könnten. Nein, das Leben hat keine Reset-Taste und ist auch keine Generalprobe – für die wichtigen Dinge gibt es kein »Später«.

Leere
Eine Depression ist kein Schnupfen

Die darauffolgenden Tage waren geprägt von morgendlichen Schwindelanfällen, nervigen Amtswegen, Telefonaten, in denen ich besorgten Menschen klarmachen musste, dass es mir gutging, und hilflosen Versuchen, mich an meinen Vater zu erinnern.

Wenn ein geliebter Mensch stirbt, trauern wir. Doch ich denke, wir trauern nicht nur um den Menschen, sondern vor allem um die gemeinsamen Erlebnisse und die Tatsache, mit dieser Person keine gemeinsamen Erfahrungen mehr machen zu können. Ich weiß noch, wie ich alle Fotokisten durchstöberte und auf meinem Schreibtisch alle Bilder ausbreitete, auf denen mein Vater zu sehen war. Ich wollte mich erinnern, an die gemeinsamen Stunden, an seine Liebe und die Augenblicke, in denen er seinen Arm um mich legte und uns als Kindern Geschichten vorlas, als mein Bruder und ich nicht einschlafen konnten.

Ich wollte mich erinnern, da ich wusste, dass wir Menschen vergessen. Ich wollte etwas festhalten, das schon nicht mehr da war. Die Fotos waren mein Ein und Alles. Ich versuchte noch, auf meinem Handy Sprachnachrichten von ihm zu finden, doch ich hatte sie gelöscht. Der freie Speicherplatz auf meiner Mobilbox war mir zu wichtig gewesen – ich hätte ja einen wichtigen Geschäftsanruf verpassen können.

Am Tag des Begräbnisses schien die Sonne, und es war ein richtig schöner Tag. Ich zählte über hundert Trauergäste, Freunde und Wegbegleiter, von denen ich gerade mal die Hälfte kannte. Wer waren diese Menschen, die sich die Zeit nahmen, meinen Vater zu verabschieden? Eigentlich war das nicht entscheidend – wichtig war, dass sie ihm die letzte Ehre erwiesen. Der Tag war ein Abbild meines Vaters, besser hätte er es sich

Mein Vater tat immer alles, um gute Laune zu verbreiten – auch wenn ich mal wieder heulte.

nicht wünschen können. Seine ganze Familie war bei ihm, mein Bruder und ich stritten zur Abwechslung mal nicht, die Sonne schien, und wir waren im Grünen.

Zu Lebzeiten hatte mein Vater den Wiener Zentralfriedhof geliebt und war auf dessen Grünflächen immer wieder spazieren gegangen. Jetzt wurde er dort beerdigt. Ich hatte mich darum gekümmert, dass mein Onkel und mein Großvater aus dem Iran anreisen konnten, und so war das Grab umringt von Menschen, mit denen mein Vater gerne Zeit verbracht hatte. Als der Sarg hinabgelassen wurde, überkam meinen Großvater eine Flut aus Tränen und lautem Klagen. Ich sah, wie ein einst starker Mann beim Begräbnis seines Kindes jegliche Fassade der Stärke fallen ließ. In dem Augenblick wünschte ich mir, es ihm gleichzutun, doch ich konnte nicht.

Meinem Umfeld fiel auf, dass ich nicht weinte. Ich dachte mir, dass dies schon kommen wird. Doch es blieb aus. Die Tage nach der Beerdigung war ich damit beschäftigt, mich um meinen Großvater und die Menschen zu kümmern, die zu uns kamen, um uns ihr Beileid auszusprechen. Meine damalige Freundin, mit der ich erst kurze Zeit zusammen war, sagte mir jedoch, dass ich sehr wohl weinte – und zwar jede Nacht. Ich rief im Schlaf nach meinem Vater und entschuldigte mich bei ihm. Jahre später verstand ich, dass mein Gefühl der Schuld nicht dazu führen durfte, in Trauer zu leben, sondern vielmehr ein Geschenk war, das mir die Augen öffnete: Ich wusste nun, ich wollte die Fehler, die ich bei meinem Vater gemacht hatte, bei anderen Menschen nicht wiederholen.

Das Mobbing am Arbeitsplatz und der Kampf um meinen whatchado-Blog verloren durch den Tod meines Vaters kurzfristig an Bedeutung. Gleichzeitig unterschätzte ich die seelische Belastung, die durch den Verlust eines Elternteils auftritt, und dachte, ich könnte wieder ganz normal arbeiten gehen. Wenn wir uns die Hand brechen, ist es klar, dass wir verletzt sind, und alle nehmen Rücksicht, da man die Verletzung sieht und sie nicht wegzudiskutieren ist. Seelische Verletzungen hingegen sieht man unter keinem Röntgengerät, und sie lassen sich nicht einfach mit einem Gips heilen. Wenn man über sie spricht, werden sie meist eher wie ein leichter Schnupfen behandelt. Ja, es gibt sie, doch so schlimm kann es ja nicht sein, solange man sich »normal« bewegen und verhalten kann. Das führt dazu, dass sie oft im Verborgenen bleiben – und sich ohne die richtige ärztliche Behandlung noch verschlimmern. Die Häufung von seelisch belastenden Vorfällen in meinem Leben führte damals dazu, dass ich irgendwann nicht mehr konnte. Das Mobbing, die Androhungen zum whatchado-Blog und der Tod meines Vaters wogen zu schwer, als dass ich ein Gegenmittel dazu kannte.

Der Aufzug, mit dem ich täglich in unser Büro im siebten Stock fuhr und der das Tor zur coolsten Firma der Welt war, verwandelte sich zunehmend in eine seelenlose Kammer, die bei mir Schwitzen und Atemnot auslöste, wenn die Tür zuging.

Ich merkte, wie ich mich immer mehr in die Arbeit schleppte, an allen Fronten damit kämpfte, die Laune positiv zu halten, und gleichzeitig innerlich nichts mehr spürte. Abends war ich zu müde zum Zähneputzen und schlief auf der Couch ein. Am nächsten Tag schleppte ich mich wieder in die Arbeit.

Das ging eine Zeitlang gut, bis eines Tages die Aufzugstür aufging und ich keine Luft mehr bekam. Alles in mir weigerte sich, aus dem Aufzug zu treten und ins Büro zu gehen. Ich dachte, ich müsste ersticken. Der Arzt, den ich sofort aufsuchte, diagnostizierte den Verdacht auf eine Panikattacke und empfahl mir einige Tage Ruhe. Dann hatte ich Termine bei einem Neurologen, der mir klarmachte, dass ich übertrieb, und bei einem Psychologen, der mir ebenfalls sagte, dass ich mich einfach ausruhen sollte. Als ich nach zwei Wochen immer noch nicht in die Gänge kam und mir niemand sagen konnte, was ich denn wirklich hatte, empfahl mir ein Freund einen Spezialisten für Psychiatrie, der Oberarzt in einem großen Krankenhaus Wiens war. Denn ich litt zu diesem Zeitpunkt nicht mehr nur unter Panikattacken, sondern auch unter einer stark verminderten Konzentrationsfähigkeit.

Eines Tages war ich im Supermarkt und hatte eine Liste mit etwa vier Lebensmitteln, die ich einkaufen wollte. Nach zwei Stunden kam meine damalige Freundin in den Supermarkt, um mich zu suchen. Sie hatte mehrmals angerufen und machte sich Sorgen, wo ich denn war. Ich hatte ihr gesagt, dass ich nur mal schnell einkaufen gehe. Sie fand mich schwitzend und nervös in den Gängen des Supermarktes – ich schob einen leeren Einkaufswagen vor mir her und verzweifelte an den vielen Produkten in den Regalen, die es mir unmöglich machten, mich darauf zu konzentrieren, was auf meiner Einkaufsliste war.

Nach einigen Untersuchungen stand die Diagnose fest: Ich hatte eine Depression, verbunden mit ADHS, unter dem ich bereits als Kind gelitten hatte. Mein Zustand entsprach dem, was heute vielfach als Burnout bezeichnet wird. Ein Medikamenten-cocktail aus verschiedenen Antidepressiva sollte mir die Tage erleichtern. Ich erinnerte mich daran, dass meinem Vater die gleichen Medikamente verschrieben wurden. Zusätzlich bekam ich Ritalin – das war die Rettung, die mir das »normal Funktionieren« wieder ermöglichen würde. Der Cocktail wirkte, und ich war »happy«. Zum einen spürte ich dank der Antidepressiva meine Trauer und Ängste nicht mehr, zum anderen sorgte das Ritalin dafür, dass meine Konzentrationsfähigkeit stark zunahm.

Für einige Tage konnte ich durch die Medikamente wieder gut arbeiten und mit den Geschehnissen umgehen. Doch ich spürte mich selbst – meinen Körper und meine Emotionen – immer weniger und entwickelte mich in meinen Alltagsbeziehungen zu einem Emotionszombie, der nur mehr lachte und »happy« war, solange die Dosis stimmte. Einige Male wurde die Ritalin-Dosis angehoben, da ich wieder mit Aufmerksamkeitsproblemen kämpfte. Ich hatte Angst vor dem Schlafengehen, weil ich in meinen Träumen all das verarbeitete, was untertags die rosarote Medikamentenbrille verdrängte. Ich wurde wieder krankgeschrieben und diesmal vorsorglich gleich für einen Monat.

Nachdem wiederholte Anhebungen der Medikamentendosis nicht dazu führten, dass es mir langfristig gutging, setzte ich die Medikamente komplett ab und begann eine Gesprächstherapie. Hätte ich sie von Anfang an verschrieben bekommen, hätte das Chaos mit den Medikamenten vielleicht nicht solche Dimensionen annehmen müssen. Doch was soll man tun, wenn jeder Experte etwas anderes rät und man zwischen dem Status als Versuchskaninchen und einem »Ich muss funktionieren« hin und her springt. Die Gesprächstherapie wurde mir als Letztes in einer langen Liste an Möglichkeiten empfohlen. Ganz oben standen die Medikamente, ganz unten die Gesprächstherapie. Langfristig gesehen war sie es, die mir den Samen für eine glück-

□ ICH MÖCHTE EINEN MARATHON LAUFEN →in ARBEIT 10/2016
☑ ICH WILL MENSCHEN COACHEN & FÜHREN → CHECK
☑ ICH MÖCHTE ETWAS GRÜNDEN → WHATCHADO CHECK ☺
☑ ICH MÖCHTE VOR MENSCHEN SPRECHEN → YESSS ☺
☑ ICH WILL WIEDER VIEL SPORT MACHEN
□ ICH WILL KOMPLET UNABHÄNGIG AGIEREN

Meine Traumliste – inklusive allem, was ich zum Stand
Sommer 2016 geschafft hatte. Kurze Zeit später nahm ich am
Halbmarathon in Graz teil.

liche Zukunft einpflanzte. Mein damaliger Therapeut inspirierte mich dazu, mir eine Traumliste mit all den Dingen anzufertigen, die ich in meinem Leben machen würde, wenn ich frei wäre.

Von meinen Arbeitskollegen erfuhr ich, dass einige im Büro glaubten, ich habe mir »ärztlichen Urlaub« verschreiben lassen – jemand, der so jung sei, könne doch keine Depression haben. Ich hatte ja keine Kinder und keine echte Verantwortung im Leben und war nicht mal 30. Gleichzeitig machte unsere Personalabteilung aus der Schweiz wieder Druck, dass ich whatchado abschalten solle, da sie sonst disziplinarische Schritte einleiten würden. Dass mein Vater gerade verstorben war und ich meine Tage zwischen Depression und Therapie verbrachte, hatten alle irgendwie vergessen. Ich schwankte zwischen Lethargie, Frust, Angst vor der Zukunft und schlechtem Gewissen. Vielleicht hatten die Kollegen ja recht, wenn sie sagten, dass ich nicht wirklich krank sei?

Vielleicht waren das Mobbing und die Androhung der rechtlichen Schritte nur die Rechnung für etwas, das ich verdient hatte? Ich wusste zwar nicht, weswegen, doch ich hatte ein schlechtes Gewissen. Diese Gefühle von Schuld und Scham in Verbindung mit meiner Unfähigkeit, mich zu konzentrieren und zu funktionieren, führten regelmäßig dazu, dass ich auf Probleme mit wütenden Schuldzuweisungen reagierte und die Menschen in meiner Umgebung vor den Kopf stieß. Egal wie oft ich mich entschuldigte, irgendwann konnte ich es nicht mehr rechtfertigen, wenn ich aus Wut und Angst allen anderen die Schuld gab.

Einige meiner damaligen Freundschaften zerbrachen, und auch meine Liebesbeziehung hielt dem seelischen Bruch nicht mehr stand. Die Krankheit trieb einen Keil zwischen meine damalige Freundin und mich. Einen Keil, der mit jedem Tag tiefere Risse zog. Während ich mit meinem Burnout immer mehr die Couch zum zentralen Punkt meines Alltags machte, wurde ihre Karriere immer erfolgreicher, und sie verbrachte immer mehr Zeit im Büro.

Ich weiß noch, wie wir auf der Couch saßen und darüber sprachen, dass unsere Beziehung keine Zukunft hat. Ich versuchte, irgendwas zu finden, das in meinem Leben funktionierte. Aber ich sah nichts, was mir Freude schenkte. Die nächsten Wochen verbrachte ich fast ausschließlich an genau diesem Platz. Mein Krankenstand war verlängert worden, und ich hatte Essenslieferdienste und das Kabelfernsehen entdeckt. Meine Gesprächstherapiesitzungen absolvierte ich am Telefon, so groß war meine Angst davor, die Wohnung zu verlassen.

Meine Kindheitsidee whatchado war zum Politikum geworden, die Situation an meinem Arbeitsplatz glich einer schlechten Soap, mein Vater plötzlich verstorben und ich wieder Single. Und nebenbei noch offiziell psychisch krank, ein Fall für den Seelendoktor und ein guter Kunde der Pharmaunternehmen.

An meine whatchado-Webseite hatte ich schon seit Längerem nicht mehr gedacht, geschweige denn daran gearbeitet. Mir war sie zu diesem Zeitpunkt komplett egal. Doch plötzlich rief die Personalerin aus der Schweiz wieder an und sagte mir, dass es nun wirklich an der Zeit sei, die Webseite (sie nannte sie immer noch »das technische Produkt«) offline zu nehmen, da sie gegen Vertragsinhalte verstoße. Kurz zuvor hatte ich von meinen Kollegen davon erfahren, dass die Personalabteilung jetzt final entschied, wer im Zuge der Entlassungen gehen sollte. Ich vermutete, dieser Anruf war der Versuch, einen Grund zu finden, warum ich auf diese Liste musste.

Ich hatte auch schon mit dem Betriebsrat und dem Chef der Personalabteilung telefoniert, jedoch ohne Erfolg.

Die Telefonate mit der Personalverantwortlichen begannen jedes Mal ruhig, wurden aber von Minute zu Minute hitziger. Es sei schon komisch, dass ich zwar ein Burnout habe, doch gleichzeitig so eine gute Konzentration, wenn es um unsere Telefonate bezüglich whatchado ging, war einer der Vorwürfe, die ich mir anhören musste. Ich hatte ihr nicht gesagt, dass ich vor jedem Telefonat Antidepressiva nahm, um nicht zusammenzubrechen.

Doch dieses Telefonat war anders, und ich schmiss meine guten Manieren über Bord. Ich redete einfach Klartext. Ich erklärte der Personaldame, dass ich ganz genau wusste, warum sie so auf whatchado herumhackte, und dass sie eigentlich nur einen Grund suchte, um mich kündigen zu können. Sie sollte sich doch lieber darum kümmern, dass es Mobbingfälle in der Firma gab, und ihre Profilierung nicht auf meinem Rücken austragen. Ich sagte ihr auch noch einige Dinge, die politisch sicher nicht korrekt waren, doch meine Wut ging mit mir durch. Bevor ich auflegte, kündigte ich an, dass ich mit dem Mobbing und dem Versuch, mein whatchado-Projekt mundtot zu machen, an die Medien gehen würde. Als das Gespräch zu Ende war, spürte ich plötzlich, wie ich nach langer Zeit wieder durchatmen konnte.

Ja, den Ärger auszusprechen, sich nicht alles gefallen zu lassen und dabei den eigenen Handlungsspielraum klar zu kommunizieren, war ein gutes Gefühl. Und vor allem fühlte ich überhaupt etwas, etwas wie Freude. Mir war endlich wieder etwas gelungen – und das war das beste Gefühl seit langem.

Killing whatchado
Wie ich mir schwor, whatchado zu begraben

Mit einem Schlag wurde mir klar, dass ich wieder einmal nichts zu verlieren hatte. Am Arbeitsplatz war ich der, der in den Augen der anderen »jetzt schon echt lange« krankmachte. Meine Beziehung war in die Brüche gegangen. Und an whatchado wollte ich nicht mehr weiterarbeiten, zu sehr assoziierte ich diese Idee mit Problemen und Schuldgefühlen. Whatchado war nur ein Nebenprojekt, eine Liebhaberei gewesen.

Doch aus Prinzip und um meine Selbstachtung zu behalten, war ich jetzt bereit, alles daran zu setzen, um whatchado ja nicht offline nehmen zu müssen. Ich war bereit, laut zu werden und, wenn es nötig sein sollte, auch mit den Medien zu reden. Gott sei Dank gab es außerdem Facebook, das mir im Notfall eine Stimme geben würde, um auf Missstände hinzuweisen. Die Presse freute sich bestimmt über so eine Story, und ein Skandal inmitten möglicher Verkaufsgespräche von Sun konnte zu unangenehmen Nebenwirkungen führen. Ich hasste es, diese Karte in Erwägung ziehen zu müssen – doch was soll man tun, wenn man mit dem Rücken zur Wand steht und keine andere Wahl hat als zurückzubeißen?

Meine plötzliche Kampfeslust, die aus meiner Verzweiflung entsprang, verwirrte die Personalabteilung und machte den Verantwortlichen sogar Angst. Es vergingen Tage, ohne dass ich etwas von ihnen hörte. Aus heiterem Himmel meldete sich plötzlich Andreas bei mir, der damalige Geschäftsführer von Sun Schweiz. Er war inzwischen auch für Österreich zuständig. Ihm eilte der Ruf voraus, sehr vertrauenswürdig zu sein, und tatsächlich stand er dem in nichts nach. Erst am Tag zuvor hatte er von den Auseinandersetzungen erfahren und sofort beschlossen, sich der Sache anzunehmen. Er sagte mir, dass ich mir keine

Sorgen machen sollte, da er ein Freund guter Lösungen sei. Wir beschlossen, uns drei Tage später in Wien zu treffen. Er bot mir sogar an, mich wegen meiner Krankheitssituation zu Hause zu besuchen. Mir war jedoch ein weniger vorbelasteter Ort als Treffpunkt lieber, außerdem freute mich auch über einen Grund, aus meinem selbstauferlegten Gefängnis zu entkommen.

Wir trafen uns in der Lobby des Hilton Hotel bei den Vienna Twin Towers, und ich überreichte ihm eine Mappe mit Dokumenten, E-Mails, Telefonaufzeichnungen und Gedanken, die meine Lage darstellten. Er wollte meine Sicht der Dinge kennenlernen – wie ich das Mobbing und whatchado sah und was meiner Meinung nach zu den Missverständnissen geführt hatte. Er war unglaublich. Ich wusste, dass er mit seinen Aufgaben als Geschäftsführer mehr als genug zu tun hatte, und trotzdem saß er da und hörte mir über zwei Stunden zu. Er zeigte ein ehrliches Interesse, und sein Bedauern war spürbar. Wir verabschiedeten uns sehr herzlich und vereinbarten, dass wir in einigen Tagen gemeinsam über eine Lösung für meine Zukunft nachdenken würden.

Allein, dass mir jemand zugehört hatte, eröffnete mir neue Perspektiven, da meine Wut und meine Enttäuschung nachließen. Ich war zuvor nicht hilflos, sondern verärgert. Und dieser Ärger hatte mich dazu gebracht, auf volle Konfrontation zu setzen – ein Charakterzug, der ganz und gar nicht meinem Wesen entsprach, doch die kommenden Jahre zu einem meiner besten Freunde werden sollte. Sich Gehör zu verschaffen, schafft Räume, die man sich normalerweise nicht nimmt, die aber notwendig sind, um den eigenen Bedürfnissen gerecht zu werden. Wo kein Raum ist, da kann man nicht atmen. Deshalb muss man sich diesen Raum manchmal einfach nehmen.

Während unserer Gespräche hatten wir beide gemerkt, dass ich nicht mehr zu Sun zurückkonnte. Nach all diesen Vorfällen konnte ich mir nicht vorstellen, mit den Kollegen zusammenzuarbeiten, die mich hinter meinem Rücken gemobbt hatten. Ich war nicht mehr in der Lage, für ein Unternehmen die Fahne zu schwingen, in das ich einst verliebt war, das mir aber das Herz gebrochen hatte. Andreas verstand meinen Wunsch nach einer einvernehmlichen Auflösung des Dienstverhältnisses. Ich bat ihn, von der Arbeit freigestellt zu werden, so dass ich die Zeit meiner Kündigungsfrist dazu nutzen konnte, um mir etwas Neues zu suchen. Ich bin ihm heute noch für sein großzügiges Entgegenkommen dankbar, weil ich dadurch Luft bekam, um über meine Zukunft nachzudenken.

Am letzten offiziellen Arbeitstag fand ich einen Brief auf meinem Schreibtisch, den einige Arbeitskollegen an mich geschrieben hatten. In emotionalen Worten bedankten sie sich dafür, dass ich meine Ideen niemals aufgegeben hatte und für viele intern zum Symbol eines Rebellen geworden war, der sich nicht brechen lassen würde. In das Briefkuvert hatten sie noch ein Foto von Che Guevara dazugelegt und auf seine Militärmütze die drei Buchstaben ALI aufgemalt. So sehr es mich freute, dass sie mich als Rebellen im Konzern sahen, und so sehr mein Herz lachte, als ich las, die Welt brauche whatchado, so war mir klar, dass ich whatchado begraben wollte.

Whatchado hatte mir nichts als Probleme bereitet, und ich wünschte mir, endlich einmal ohne Sorgen und Ängste zu leben. Das Projekt war mein Kindheitstraum, doch mein seelisches Wohl ging jetzt vor. Ich wollte wieder einige Tage am Stück frei durchatmen – ein Gefühl, das mein Körper schon lange nicht mehr kannte. Ich schwor mir, dass ich whatchado nicht wieder ausgraben würde, und legte es gedanklich in die »Nie wieder, nichts als Probleme«-Schublade ab.

4.
EINE ZWEITE
CHANCE

Der Lehrling
Wie ich wieder ganz unten begann

Lange Zeit dachte ich, dass man sich seinen Chef nicht aussuchen kann. Wichtig war, einen guten Job zu finden. Der Chef war Glückssache. Doch was, wenn das gar nicht stimmte? Was, wenn es wichtiger war, einen coolen Chef zu finden, von dem man lernen konnte?

Niko Alm war damals in den sozialen Medien einer der reichweitenstärksten Österreicher. Egal, ob man mochte, was er schrieb, oder nicht, eines musste man ihm lassen, er hatte eine Meinung und konnte gut argumentieren. Er war mir aufgefallen, als ich mich bei Sun um den Bereich Neue Medien kümmerte. Zu diesem Zeitpunkt tummelten sich in der digitalen Blase Österreichs bloß eine Handvoll Personen, die Social Media als neue Religion sahen, und Niko Alm war einer ihrer Propheten. Außerdem war er der Gründer von Super-Fi, einer hippen Online-Agentur, die einige der größten internationalen Marken in den Bereichen Digital und Social Media betreute. Super-Fi überzeugte mit einem guten Projekt nach dem anderen, und ich dachte bei mir, dass so ein Job in einer Agentur schon sehr cool sein müsse. Regelmäßig legte sich Niko Alm medienwirksam mit der Kirche und dem Staat an, um überholte Strukturen in der Gesellschaft zu kritisieren. Besonders bekannt machte ihn seine »Religionsfreiheit? Lasst uns selbst entscheiden«-Kampagne, in der er vorschlug, den Religionsunterricht in Schulen zugunsten von Ethikunterricht abzuschaffen.

An dem Tag, an dem ich bei Sun meinen Auflösungsvertrag unterzeichnete, las ich auf Twitter, dass Niko Alm einen »Projektleiter Digital und Social Media« für seine Agentur suchte. Die fachliche Expertise für den Job in einer Werbe- und Digitalagentur besaß ich zwar nicht, doch da ich nichts zu verlieren hatte, konnte ich genauso gut mein Glück versuchen. Mittlerweile wusste ich, dass ich alles lernen würde, wenn es mich interessierte. Und ja, der Job interessierte mich, und Niko Alm interessierte mich auch. Die Stellenanzeige war witzig geschrieben – mit einer Art Witz, die mir lag und die ich mit Leichtigkeit aufgreifen konnte. Ich bewarb mich und schrieb auch gleich ins Anschreiben hinein, was ich alles nicht konnte. Als Stärke gab ich »Espresso trinken« an.

Eine Woche später war ich zum Vorstellungsgespräch eingeladen, zu dem ich im Audi-A4-Firmenwagen vorfuhr. Ich hatte mit Sun vereinbart, dass ich das Auto noch einige Wochen behalten durfte, und hatte nicht vor, es in der Garage stehen zu lassen. Niko sah das Auto und sagte mir gleich zur Begrüßung: »Also den können wir dir nicht zahlen.« Okay, es stimmte, ich verdiente gerade unverhältnismäßig gut, und das Auto war ziemlich protzig. Wir einigten uns darauf, dass Audi eine coole Marke war und die Parkplatzsituation in Wien eine Katastrophe.

Wie bei meinem ersten Bewerbungsgespräch bei Sun war ich ganz ehrlich. Ich sagte Niko klar, dass ich viele Anforderungen aus der Stellenanzeige nicht erfülle, doch alles lernen könne, wenn er mich ließe. Danach gefragt, was ich neben dem

Job gerne mache, erwähnte ich die Idee zu whatchado. Plötzlich weiteten sich Nikos Augen. »Warum willst du den Job bei uns, wenn du so etwas aufbauen kannst?« Ich erklärte ihm, dass es nur eine Idee sei, mit der ich kein Geld verdienen wolle, und ich auch kein Team hätte. Dass es mich meine letzten Nerven, meine Beziehung und viele Monate meines Lebens gekostet hatte, das erzählte ich ihm nicht.

Nachdem meine Kündigungsfrist bei Sun ausgelaufen war, fing ich bei Super-Fi als Projektleiter für Digital und Social Media an. Das Coole an der Agentur war die Selbstverantwortung von Tag eins, der Nachteil war – die Selbstverantwortung von Tag eins. Man konnte alles machen und sich überall einbringen. Das war die Sonnenseite von wenig fester Struktur, gepaart mit einer Kultur der Kreativität. Schatten fiel immer dann, wenn man einheitliche Entscheidungen brauchte oder wenn Planung der Sache geholfen hätte. Mit meinen 28 Jahren war ich jung genug, das Chaos dankend zu empfangen, und reif genug, um mit der nötigen Ruhe zu agieren.

Ich liebte es.

Weil wir die Projekte völlig selbstverantwortlich durchführten, stand uns völlig frei, welchen Weg zur Lösungsfindung wir nahmen. Auch was mein Aufgabengebiet anging, gab es keine genaue Festlegung, so dass ich bei Projekten der Telekom nur Projektleiter war, bei Projekten im Bankensektor der Verkäufer und als es um die Webseite von Red Bull Mobile Ungarn ging, auch der Konzeptionist. Ja, ich liebte diese Vielfalt, und ich liebte es, dass ich mir die Zeit selbst einteilen konnte.

Sobald ich eingearbeitet war und wusste, wie der Hase läuft, begab ich mich wieder auf die Suche – nach einem Ehrenamt. Eigentlich habe ich seit meinem Zivildienst immer wieder ehrenamtlich im Jugend- und Bildungsbereich gearbeitet, selbst wenn mein Alltag vollgestopft war mit Arbeit und Studium. Vielleicht lag es daran, dass meine eigene Kindheit stark von Menschen

geprägt war, die mir ihre Zeit schenkten und mich so unterstützten. Mal war es Mentoring, mal Fußballspielen am Wochenende
und manchmal die ehrenamtliche Betreuung von Lerngruppen.
Ich machte mir recht bald einen Namen, da ich den Kids dabei
half, aus ihren Interessen Jobwünsche zu formen.

Als mich die Jugendcaritas Wien fragte, ob ich Lust hätte,
Workshops zur Joborientierung für Jugendliche zu leiten, sagte
ich sofort zu. Obwohl ich wusste, dass ich die Zeit dafür eigentlich nicht hatte. Ich kannte das Problem, sich nicht gut genug zu
fühlen und wie es ist, Angst vor der Zukunft zu haben. Und um
dagegen etwas zu tun, sollte ich mir jetzt jede Woche etwas ausdenken. Ich hatte keine Ahnung, wie man einen wöchentlichen
Vier-Stunden-Workshop plant, doch kam es mir vor, als hätte ich
mein halbes Leben lang darauf gewartet. Als ich begann, das
Programm zusammenzustellen, hörte es gar nicht mehr auf.
Ich hatte Idee um Idee und plötzlich ein Workshop-Format für
Jugendliche erstellt, das acht Module zu je vier Stunden beinhaltete und in den kommenden Monaten über fünfzig Jugendliche
bei der Jobsuche unterstützen sollte.

Ich entwarf Module, in denen wir besprachen, wie man
seine Stärken findet und herausbekommt, was man wirklich
möchte und wie man Dinge, die man an sich als Schwäche sieht,
aus dem richtigen Augenwinkel betrachtet. Dann gab es Module, in denen wir Lebensläufe schrieben, Lücken im Lebenslauf
klar ansprachen und uns bei jedem Einzelnen überlegten, was
ihn einzigartig macht. In einigen Modulen spielten wir Bewer-
bungsszenen nach und gingen darauf ein, wie man mit Absagen umgeht. Eines der beliebtesten Module war, wie man sich
im Zeitalter von Internet und Social Media richtig präsentiert,
damit das falsche Facebook Foto nicht die gesamte Bewerbung
gefährdet. Das illustrierte ich mit lustigen Facebook-Fotos, um
zu zeigen, wie man es nicht macht. Bei jedem Modul lud ich
jemanden ein, der aus der Praxis erzählte. Einmal einen Mit-

arbeiter von McDonald's, der den Bewerbungsprozess erklärte, einmal eine Personalverantwortliche von dm, die über Stärken und Schwächen sprach, und einmal Jochen Schützenauer, einen Kommunikationsprofi vom Telekom-Konzern A1, der seitdem ein guter Freund ist. Alle Menschen, die damals ehrenamtlich mitmachten, gingen jedes Mal die Extrameile, um die Jugendlichen zu inspirieren.

Mir fiel auf, dass nicht nur die Inhalte den Kids halfen, sondern vor allem die Zeit, die wir mit ihnen verbrachten. Die Jugendlichen in meinem Kurs waren zu einem hohen Teil unbegleitete Migranten und hatten bis auf die Sozialarbeiter der Caritas niemanden, der sich ihrer annahm. Plötzlich gab es da Menschen, die ihnen zuhörten und sich überlegten, wie man ihnen die Jobsuche erleichtern konnte. Zwei Unternehmen, von denen ich mir Mitarbeiter ausborgte, nahmen je einen der Jugendlichen in ihr Lehrlingsprogramm auf.

Bevor ich die Workshops leitete, hatte ich dasselbe Halbwissen über die Jugend wie wohl jeder Bürger. Ich dachte einfach, dass es Jugendliche gibt, die wollen, und welche, die nicht wollen. So einfach war das damals für mich – hier die Leistungsgesellschaft und dort alle anderen, die keinen Bock haben. Als ich bei der Jugendcaritas begann, machte ich mich darauf gefasst, wenige Jugendliche zu treffen, die wirklich wollen. Ich erwartete eher, dass es viele geben würde, die einfach keine Lust haben und sich aushalten lassen. Doch von Tag eins an sah ich im Workshop keinen Einzigen, der nicht wollte, sondern Menschen, die ihr »Wollen« verloren hatten. Sei es durch fehlende Perspektiven, Angst oder den Verlust ihrer Identität. Egal, wie desinteressiert ein Jugendlicher wirkte, nach wenigen Workshop-Einheiten war meistens klar, dass hinter dem Desinteresse ein Gefühl des Nicht-gut-genug-Seins vorherrschte, das ihn blockierte, sein Potential zu sehen.

Die Jugendlichen, die ich dort kennenlernte, hatten schlimme und schmerzhafte Erfahrungen durchgemacht, mit denen jeder Erwachsene nachhaltige Probleme gehabt hätte. Doch diese Jugendlichen standen immer noch und kämpften, es irgendwie zu schaffen. Und ich versuchte mit der Unterstützung vieler toller Menschen, ihnen eine Perspektive zu geben. Mir wurde recht schnell klar, dass ich durch meine vier Stunden pro Woche nicht gutmachen konnte, was diesen Kindern passiert war. Viele von ihnen hatten eine Flucht hinter sich, waren von den Eltern verlassen worden oder hatten eine andere Geschichte erlebt, die man sich nicht mal in den schlimmsten Träumen vorstellen mag. Im Workshop gab ich ihnen einen kleinen Raum zum Durchschnaufen und versuchte, ihnen einen Einblick in eine Welt zu geben, in der sie stolz auf sich sein konnten.

Mir wurde damals auch bewusst, dass es nicht möglich ist, alle Menschen auf dieser Welt zu retten. Doch manchmal reicht es schon, wenn man die Perspektive eines Menschen verändert, dessen Weltbild positiv wendet und so dessen Welt rettet. Deshalb konzentrierte ich mich darauf, den Jugendlichen etwas mitzugeben, von dem ich hoffte, dass es einige für sich umsetzen würden. Anstatt ihnen zu helfen, gab ich ihnen Werkzeuge, um sich selbst zu helfen. Anstatt sie zu bemitleiden, sprach ich ihnen volle Selbstverantwortung zu.

Von den meisten Workshop-Teilnehmern hörte ich nie wieder etwas. Doch da gab es Marcellin, einen Jungen aus Afrika, der sich um seine Geschwister kümmerte und vom ersten Tag an der Neugierigste in der ganzen Runde war. Sehr neugierig zu sein, ist in der westlichen Welt nicht gerade als Tugend bekannt, doch ich riet dem Jungen, sich seine Neugier für immer zu bewahren. Obwohl er sicher nicht das einfachste Leben hatte, war er immer gut drauf, und wir beide lachten so viel, dass es die anderen schon anfing zu nerven. Er gab nie auf und ärgerte sich irrsinnig, wenn ihm etwas nicht gelang. Dieser Biss war es auch, der ihn dazu brachte, die Abendschule zu besuchen und an sich zu arbeiten, als viele andere ihn fallen ließen. Marcellin erinnerte mich an meine eigene Vergangenheit. Ab und an schreibt er mir heute noch, wenn er Fragen hat oder einfach nur loswerden möchte, wenn ihm etwas Tolles gelungen ist. Es waren Menschen wie Marcellin, die mir die Zuversicht und Klarheit gaben, an das Potential in jedem einzelnen Menschen zu glauben.

Der Lehrer
Der härteste Job meines Lebens

In meiner Schulzeit gab es Lehrer, die ich liebte, und es gab Lehrer, mit denen hatte ich echt Stress. Ich denke, das gehört zum Schülerleben dazu, und eine Schullaufbahn ganz ohne Stress mit Lehrern würde sich irgendwie unvollständig anfühlen. Doch egal, ob man sich mit seinen Lehrern gut versteht oder nicht – ein Lehrer, der vor einer Schulklasse mit 25 Schülern steht, hat immer 25 menschliche Schicksale vor sich. Wenn dieser Lehrer es schafft, auch nur einem Schüler den Horizont zu erweitern, so hat er die Zukunft einer Person für immer positiv verändert. Schon als Kind war es deshalb mein Traum (neben dutzend anderen Jobwünschen), »der größte Lehrer der Welt« zu werden – und dieser Traum dauert bis heute fort.

Durch den Workshop bei der Jugendcaritas sprach sich herum, dass ich ein Gefühl dafür besaß, in der Sprache der Jugendlichen zu kommunizieren. Ich bekam die Einladung, am Gymnasium Haizingergasse vor Schülern, Eltern und Lehrern über Social Media und den Arbeitsmarkt zu sprechen. Mir war davor gesagt worden, dass die Aufmerksamkeitsspanne der Kids nach 20 Minuten zu bröckeln beginne und ich das nicht persönlich nehmen solle. Als ich nach einer Stunde fertig war, stellten mir die Schüler noch fast eine weitere Stunde Fragen. Eine davon sollte mein Leben verändern: »Warum sind Sie nicht unser Lehrer?« Wir Erwachsene lachten zwar, doch die Kids schienen das ganz ernst zu meinen. Als mir diese Frage bei weiteren Vorträgen in Schulen immer wieder gestellt wurde, fühlte ich mich geschmeichelt, begann aber zu denken, dass dies wohl eine Höflichkeitsfloskel sein musste, die die Schüler externen Vortragenden jedes Mal mitgaben.

Nach einem meiner Vorträge am Gymnasium Haizingergasse lud mich die Schulleiterin Frau Knaus – eine echte Grande Dame – zu sich ins Büro auf einen Kaffee ein. Beim Hineingehen scherzte ich noch, dass ich so gerne Lehrer wäre, und bevor ich mich richtig hingesetzt hatte, fragte sie mich, ob ich mir vorstellen könne, zu unterrichten. Ich war perplex – davon hatte ich immer geträumt. Aber ich besaß ja gar keine Ausbildung als Lehrer. Und mit meinem Job bei Super-Fi war ich auch gut beschäftigt. Zu meiner Verwunderung hörte ich, dass das alles gar kein Problem sei. Die Schule brauchte einen Lehrer für Mediendesign, und ich würde als externer Vortragender unterrichten können. Offiziell wäre ich eine Art Zweitlehrer und würde immer mit einem »echten« Lehrer zusammenarbeiten. Den Unterricht dürfe ich selbst gestalten, Hauptsache praxisnah. Es müssten nur mindestens vier Stunden pro Woche sein. Es war genial. Ich sagte sofort zu und besprach mit Niko Alm, dass ich meine Agenturarbeit an vier Tagen die Woche machen würde, damit ich den Freitag für meine Arbeit mit den Jugendlichen nutzen konnte. Und so wurde ich wenige Wochen später Lehrer am Gymnasium Haizingergasse. Es war neben der Workshopleitung bei der Jugendcaritas der beste, härteste und zeitgleich dankbarste Job meines Lebens.

Über Lehrer kann man denken, was man möchte (jeder hat da andere Erfahrungen gemacht), doch es ist irre, was man ihnen abverlangt. Jeder Topmanager in einem Konzern führt maximal zehn Personen direkt, da man mittlerweile weiß, dass die Aufgabe sonst zu komplex wird. Auch beim Militär hat sich herumgesprochen, dass man mehr als acht bis zehn Personen nicht führen kann. Alles darüber hinaus läuft Gefahr, zu einem Administrieren von Lebenszeit zu werden.

Doch in der Schule geht man davon aus, dass ein Lehrer es innerhalb von ein bis zwei Stunden schafft, mehr als zwanzig Jugendlichen, die die verschiedensten Backgrounds haben und die unterschiedlichsten Ängste und Hoffnungen in sich tragen, einen Lehrstoff näherzubringen – und zwar so, dass er auch gelernt wird. Als ich selbst Lehrer war, wurde mir dieser Irrsinn bewusst. Es ist schier unmöglich, unter diesen Umständen alle Kinder zu erreichen, da man neben der Vermittlung des Schulstoffs zu 90 Prozent der Zeit auch noch Psychologe, bester Kumpel oder Ersatzelternteil spielt, falls einem die Kinder halbwegs wichtig sind. Wenn auch nur ein Kind aus der Klasse Eltern hat, die es mit allen häuslichen Problemen belasten, nimmt es diese Ängste und Sorgen mit in die Schule und lässt sie im schlimmsten Fall an den Mitschülern aus. Bei solch einem Kind auf die Wissensvermittlung zu achten, ist sehr schwer, wenn nicht sogar fast unmöglich. Erschwerend kommt hinzu, dass sich durch den Problemfall die eigene Aufmerksamkeit auf alle anderen Kinder vermindert und sich dies am Ende zum Nachteil der ganzen Klasse auswirkt.

Im Laufe meiner Zeit als Lehrer habe ich den Fokus mehr und mehr auf die Emotionsregulierung der Jugendlichen gelegt, weil mir bewusst wurde, dass Angst und Sorgen jeden Lernerfolg verhindern. Solange Schüler Angst und Widerstand in sich tragen, kann man als Lehrer kämpfen, wie man will – man wird es nicht schaffen, dem Jugendlichen irgendetwas beizubringen, denn das Gehirn macht bei Angst komplett zu. Wenn man allerdings den Emotionen Raum gibt und Kindern die Angst nimmt, öffnet sich das Gehirn wie ein Trichter und saugt alles, was die Neugierde befriedigt, in sich auf. Es reicht manchmal schon, ein Kind auf seine Angst anzusprechen und ihm zu zeigen, dass man alles tun wird, um es gemeinsam zu schaffen.

Ich begann, meine Schulstunden besser vorzubereiten als jede Präsentation bei einem Kunden. Die ersten zehn Minuten des Unterrichts waren immer lustig und aufweckend gestaltet, um die Kinder für eine kurze Zeit aus ihren Sorgen zu reißen. Der Aufwand für solch eine Schulstunde war immens hoch, doch die Dankbarkeit der Kids unbezahlbar. Egal, wie mühsam es ist, wenn man sieht, wie Kinder, an die keiner mehr geglaubt hat, aufblühen und sich selbst überraschen, vergisst man all die Anstrengungen davor.

Ja, Lehrer sein war der härteste Job meines Lebens und zeitgleich der dankbarste. Ich habe zwar nur wenige Stunden pro Woche an der Schule verbracht, doch das hat mich mehr Energie gekostet, als mehrere Tage an Großprojekten in der Agentur zu schuften. Ich habe damals auch gemerkt, dass ich nicht so weit war, um voll in den Job einzusteigen. Ich wäre Gefahr gelaufen, mir zu viele Dinge zu Herzen zu nehmen und dabei mich selbst und mein Energielevel aus den Augen zu verlieren. Deshalb ziehe ich meinen Hut vor allen Lehrern und Lehrerinnen dieser Welt, die ihre Lebenszeit für die Zukunft der Kids einsetzen. Ich wünsche mir eine Welt, in der es wieder schick ist, Lehrer zu werden, um die Zukunft von Menschen mitzuprägen. Während Wirtschaftsmagazine oft nur Menschen als Mann oder Frau des Jahres auszeichnen, die sich als Systemerhalter ausgezeichnet haben, hoffe ich auf den Tag, an dem diese Wirtschaftsmagazine endlich die Menschen auszeichnen, welche die Erwachsenen von morgen auf die Welt vorbereiten.

Alles ergibt Sinn
Warum meine Fehler mich auf
meine größte Aufgabe vorbereiteten

Als Lehrer konnte ich es mir einfach nicht verkneifen, die Kids regelmäßig zu fragen, was sie denn aus ihrem Leben machen möchten. Zu meiner Verwunderung antworteten sie auf dieselbe Weise, wie ich meinen Lehrern knapp 20 Jahre zuvor geantwortet hatte: »Weiß nicht.« »Keinen Plan.« »Keine Ahnung, was gibt es eigentlich alles für Jobs?«

Zu meiner Schulzeit war es noch nicht möglich gewesen, sich außerhalb der Kommunikationsblase der Schule und der Eltern zu informieren. Heute standen den Kindern durch Facebook, YouTube und Google alle Informationskanäle offen, zumal sie alle Smartphones hatten. Doch egal, wie oft und in welchen Klassen ich nachfragte, die meiste Zeit blickte ich in ratlose Gesichter. Es war ja nicht so, dass sich die Kinder keine Gedanken machten. Einige Kinder wussten, was sie interessiert, sagten mir aber, dass ihre Großeltern glaubten, damit ließe sich kein Job finden. Andere erzählten, dass ihre Väter sagten, Wirtschaft sei wichtig, weshalb sie wohl etwas mit Wirtschaft machen würden, auch wenn es sie nicht interessierte. Die Kinder versuchten, ihren Weg zu finden, waren aber im Durcheinander der Informationen und Meinungen orientierungslos – und trauten sich zum Teil gar nicht mehr zu träumen. Statt ihnen Mut zu machen, blickten auch die Erwachsenen im Dschungel des Arbeitsmarkts nicht mehr durch.

Wo vor 20 Jahren ein Unternehmen eine Verkäuferstelle ausgeschrieben hatte, wurde heute ein Key Account Manager gesucht. Und da wunderte sich irgendjemand, warum sich die jungen Menschen nicht für die Jobs interessierten? Die coolen neuen Jobtitel führten in der Regel zu mehr Fragezeichen

Der beste und gleichzeitig härteste Job meines Lebens. Als Lehrer im Gymnasium, 2009.

als Antworten. Durch die vielen neuen Möglichkeiten wurde die Welt immer komplexer und die Orientierung zunehmend schwieriger.

Und plötzlich war sie wieder da, die Idee zu whatchado. Anfangs schob ich den Gedanken beiseite. Zu schmerzhaft waren die Erinnerungen an den Versuch, meine Kindheitsidee umzusetzen. Als ich im Unterricht über digitale Lernmaterialien sprach, zeigte ich trotzdem die whatchado-Webseite als Beispiel. Ich war positiv überrascht, wie cool alle die Idee fanden. Die Kinder meinten, dass ihnen so eine Seite sehr helfen würde, und fragten mich, warum ich damit nie weitergemacht hätte.

Ich erzählte die ganze Story und warum ich mir geschworen hatte, das Projekt nie wieder auszugraben.

»Herr Mahlodji, jetzt widersprechen Sie sich aber selbst.«

Wie bitte? Was wollte diese vorwitzige Schülerin?

»Sie sagen doch immer, dass es im Leben nicht darauf ankommt, die perfekte Idee zu haben, sondern die Dinge, an die
man glaubt, umzusetzen. Egal, was andere sagen und wie oft
man es versuchen muss.«

Ja, sie hatte recht.

Ich predigte Durchhaltevermögen und den Glauben an die
eigenen Ideen – und lebte selbst in der Angst meiner Vergangenheit. Das Gespräch mit den Schülern und deren Zuspruch
zu whatchado brachte mich in eine unangenehme Situation.
Eigentlich hatte ich ja alles, was ich wollte: den Vollzeitjob bei
Super-Fi, den ich liebte, die Freitage für die Arbeit mit den Jugendlichen und endlich einmal die Wochenenden frei, so wie
alle »normalen« Menschen. Ich wusste gar nicht, ob und wie ich
whatchado ins Leben zurückbringen sollte. Ich wollte mir nicht
noch einmal die ganze Arbeit antun, und noch weniger wollte
ich daran denken, was passieren würde, wenn ich es wieder begraben müsste. Eigentlich wollte ich nur meine Ruhe.

Eigentlich ... hatte ich Angst.

Die Idee, whatchado eine zweite Chance zu geben, ließ mich
nicht los. Als ich eines Nachts nicht schlafen konnte, grub ich den
Entwurf der Webseite wieder aus, der eher einer wirren Folge von
Ideen entsprach. In dieser Nacht ging ich nicht mehr zurück ins
Bett, sondern zeichnete eine riesige Mindmap: eine Webseite, auf
der Videointerviews mit Lebensgeschichten zu finden sind. Ein
»Matching«, das dem Nutzer wie auf einer Datingplattform die
Lebensgeschichten anderer Menschen mit ähnlichen Interessen
als Inspirationsquelle vorschlägt. Schulevents, um Jugendlichen
Orientierung zu geben. Eine Beratung, die Unternehmen darin
begleitet, die Suche nach Nachwuchs zeitgemäß zu machen. Die
Mindmap wurde größer und größer, und mit ihr wuchs mein
Wunsch, diese Gedanken in die Tat umzusetzen.

In den Tagen darauf nutzte ich jede freie Sekunde und jeden
weißen Fleck in meinem Notizbuch, um der Webseite whatcha-

do ihre Form zu geben. Ich überlegte mir verschiedenste Logos und Slogans und sammelte gleichzeitig Ideen für die Seitennavigation und den Aufbau der Videos. Ja, ich war mir sicherer als je zuvor, dass whatchado eine Videoplattform sein musste. Kein anderes Medium konnte Emotionen so gut transportieren – sie waren essentiell, um die Menschen mit den Lebensgeschichten wirklich zu erreichen.

Meine Wochenenden verbrachte ich nun damit, fremde Leute auf der Straße anzusprechen: »Welche Fragen würdest du stellen, wenn du in einem zehn- bis zwanzigminütigen Gespräch die Möglichkeit hättest, alles über die Karriere und den Lebenslauf einer beliebigen Person zu erfahren?« Ich wollte herausfinden, wie ich die Videointerviews führen sollte. Interessanterweise ähnelten sich die Antworten, und ich merkte, dass ich die sieben ursprünglichen whatchado-Fragen beibehalten konnte, die ich mir damals für den Blog ausgedacht hatte. Im Grunde waren sie wie ein Gespräch aufgebaut, das sich jederzeit mit einem fremden Menschen führen ließ:

1. Was steht auf deiner Visitenkarte?
2. Worum geht es in deinem Job?
3. Wie sieht dein Werdegang aus?
4. Ginge es auch ohne deinen Werdegang?
5. Was ist das Coolste an deinem Job?
6. Welche Einschränkungen bringt der Job mit sich?
7. Welche drei Ratschläge würdest du deinem 14-jährigen Ich geben?

Als Kind habe ich mich oft einsam gefühlt und nicht richtig gewusst, wohin ich gehöre. Dieses Gefühl des »Nichtdazugehörens« kann dazu führen, dass man nicht weiß, was man aus seinem Leben machen soll. Wer bin ich? Wer könnte mein Vorbild sein, an dem ich mich orientieren kann? Damals habe ich meine Mutter gefragt, ob es Menschen auf der Welt gäbe, die so denken wie ich. »Natürlich gibt es Menschen, die dir ähnlich sind, Ali. Du bist mit deinen Ideen und Interessen sicher nicht allein.« Das Problem war nur, dass mir meine Mutter auch nicht sagen konnte, wer diese Menschen waren und wie ich sie finden sollte.

Mit dem whatchado-Matching wollte ich dieses Problem lösen. Menschen, die auf der Suche nach Vorbildern und Inspiration waren, sollten mit Hilfe des Matchings Videostorys von Personen gezeigt bekommen, die ähnliche Interessen hatten. Das Ganze basierte auf der Idee von Datingplattformen. Jemand, der auf der Suche nach der großen Liebe war, konnte auf einer Datingplattform die eigenen Interessen eintragen. Da alle Nutzer der Plattform das taten, zeigte die Plattform durch einen Abgleich der Daten genau die Person an, mit der man die größte Gemeinsamkeit hatte.

In den Gesprächen mit meinen Schülern hatte ich schon recht früh gemerkt, dass eine klassische Suche nicht genug sein würde. Denn wenn die whatchado-Webseite eines Tages eine Million Videointerviews mit Lebensgeschichten von Ärztinnen, Bäckerinnen, Key-Account-Managerinnen und anderen hätte, würde eine Schülerin ja auch nur nach dem suchen, was sie kannte. Selbst wenn der Job eines Global Engagement Managers genau das Richtige für sie wäre. Wer zum Henker sucht nach so einem Job? Genau, niemand! Aber wenn man plötzlich jemanden entdecken würde, der dieselben Interessen hat und dessen Beruf eben Global Engagement Manager ist, wäre der Job plötzlich interessant. Dann würde man sich sein Video und auch die Informationen zu dem Unternehmen, wo diese Person arbeitet, ansehen.

Doch welche Interessen sollte das whatchado-Matching abfragen, damit ein guter Match zustande kam? Ich ging wieder auf die Straße. Diesmal fragte ich die Leute, was sie an einer

Person am meisten interessieren würde, um sich in Bezug auf ihre Tätigkeit mit dieser Person vergleichen zu können. Zum Beispiel, ob man beruflich lieber viel unterwegs ist oder lieber am selben Arbeitsplatz, ob man lieber viel mit Kunden zu tun hat oder lieber gar nicht.

Nun kristallisierten sich die 14 Fragen des whatchado-Matchings (https://www.whatchado.com/de/matching) heraus:

1. Ich möchte einen Job, bei dem ich »viel reise und unterwegs bin« oder »immer am selben Arbeitsplatz bin«.

2. Ich eigne mich besser als »Unterhalter« oder als »Zuhörer«.

3. Eine Gruppe von Menschen zu motivieren, »finde ich schwierig« oder »gelingt mir leicht«.

4. Bei Problemen schaue ich eher auf »die Details« oder auf »das Gesamtbild«.

5. Ich bevorzuge es eher, mich »geistig zu beschäftigen« oder eher mich »körperlich zu betätigen«.

6. In meinem zukünftigen Beruf möchte ich lieber »wenig Kontakt mit Kunden« oder »viel Kontakt mit Kunden«.

7. Lieber »entwickle ich neue Ideen« oder »überlege ich, wie Ideen verwirklicht werden können«.

8. Mir ist es lieber, »im Vorhinein zu wissen, was auf mich zukommt«, oder »mich mit neuen Situationen auseinanderzusetzen«.

9. Wenn ich am Abend nach der Arbeit nach Hause gehe, ist es mir wichtiger, »dass mir die Arbeit Spaß gemacht hat« oder »dass ich viel Geld verdient habe«.

10. Lieber »habe ich viele verschiedene Hobbys« oder »konzentriere ich mich auf wenige Hobbys«.

11. Es fällt mir leichter, »mir Dinge gut in Gedanken vorzustellen« oder »wenn ich Dinge mit meinen eigenen Augen vor mir sehe«.

12. Ich bevorzuge eine Arbeit, bei der ich »jeden Tag um die

selbe Zeit nach Hause komme« oder »zu unterschiedlichen Zeiten nach Hause komme«.

13. Um ausgelastet zu sein, brauche ich einen Job, bei dem ich »mich auf eine Aufgabe konzentrieren kann« oder »mehrere, verschiedene Aufgaben/Tätigkeiten habe«.

14. Ich mag Veränderungen »nur dann, wenn es Probleme gibt« oder »auch dann, wenn alles gut läuft – einfach, um Neues zu probieren«.

Alle Menschen, die interviewt wurden, sollten diese Matching-Fragen ausfüllen und konnten sich bei jeder Frage anhand einer fünfstufigen Skala selbst einschätzen. Ebenso alle Nutzer der whatchado-Webseite. Dann würden die Antworten abgeglichen, und jeder Nutzer könnte haargenau erfahren, wer von den whatchado-Interviewpartnern genauso tickte wie er.

Das whatchado-Matching, für das wir 2013 den Staatspreis für Bildung und Wissen erhielten, begann mit der Idee einer Datingplattform.

Dieses Matching zeigt eine perfekte Übereinstimmung mit Conny Mielenz, Head of Human Resources Middle East – einem Job, den wohl die wenigsten einfach so gefunden hätten.

All die perspektivlosen Jugendlichen würden erleben, dass sie mit ihren Interessen und Träumen nicht alleine auf der Welt waren, und wieder Mut schöpfen, dass es auch für Menschen wie sie einen Weg gab.

Das Verrückte im Leben ist: Man entkommt der eigenen Berufung nicht, egal wie sehr man sich dagegen wehrt. whatchado hatte mich im Jahr zuvor an den Rand des Abgrunds begleitet. Jetzt wollte ich meine Vergangenheit und das Projekt einfach in Frieden ruhen lassen. Doch plötzlich war ich wieder mittendrin und verbissener denn je, es noch einmal zu versuchen. Meine Mutter, die sich normalerweise viele Sorgen machte, sprach mir beim whatchado-Projekt den Mut zu, den ich durch die Ereignisse davor verloren hatte.

Davon angespornt, schrieb ich ein einseitiges Konzept mit dem Titel »Das Wikipedia der Lebensgeschichten«. Darin beschrieb ich das Problem der Orientierungslosigkeit bei der Berufswahl und seine Lösung mittels standardisiert erfasster

Mit Jimmy Wales, dem Gründer von Wikipedia, auf der DLD-Konferenz 2014 in München.

Lebensgeschichten, die helfen sollten, Menschen eine Perspektive zu geben. Das Grundkonzept war: eine Plattform, die von Menschen mit Lebensgeschichten befüllt wird und kostenlos allen anderen Menschen zur Verfügung steht. Ähnlich wie bei Wikipedia, wo das Wissen der Menschheit von Menschen für Menschen aufbereitet wird, wollte auch ich, dass whatchado von Menschen für Menschen gemacht würde. Ein Organisationsteam sollte das Ganze moderieren, damit alles mit rechten Dingen zuginge. Jimmy Wales, der Gründer von Wikipedia, war mein Held.

Entgegen den Ratschlägen vieler Freunde und Bekannter fing ich an, die Idee zu whatchado jedem Menschen zu erzählen, den es interessierte. Aus irgendeinem Grund machten sich alle Sorgen, dass die Idee kopiert werden könnte. Ich sagte immer, es wäre mir sehr recht, wenn jemand die Ideen stehlen würde, denn dann gäbe es die Plattform endlich, und ich müsste mich nicht mehr darum kümmern. Das meinte ich durch und durch ehrlich. Doch irgendwie glaubte mir das niemand.

Indem ich jedem Menschen in jeder freien Minute davon erzählte, kam etwas ins Rollen, das heute noch einen Hauch von Magie in sich trägt. Es ist zu einem der wichtigsten Ratschläge geworden, den ich Gründern mitgebe, die ganz am Anfang stehen:

Eine Idee ist nur ein Prozent des Weges, neunundneunzig Prozent sind die Umsetzung. Ideen haben wir alle, und solange man nur die Idee hat, ist diese nichts wert. Das Wichtigste ist aus meiner Sicht das Aufstehen und es wirklich machen. Was man prozentual aber gar nicht ausdrücken kann, ist, wie wichtig dabei die Hilfe anderer Menschen ist, die das Projekt zu ihrem eigenen machen.

Je mehr ich die Idee anderen Menschen erzählte, umso mehr Personen fanden sich, die in einem speziellen Bereich echte Profis waren und mir helfen wollten. In all den Jahren des Aufbaus von whatchado gab es nicht einen Augenblick, wo ich das Gefühl hatte, dass Menschen nicht helfen, wenn man es ehrlich und authentisch meint. Wäre ich durch die Gegend gelaufen und hätte einfach erzählt, eine Webseite mit Videos bauen zu wollen, wäre ich wohl als »noch so ein Internettyp« abgestempelt worden. Begann ich hingegen vom Handbuch der Lebensgeschichten zu sprechen und erzählte Menschen, dass wir damit anderen helfen wollen, erinnerten sich plötzlich alle Zuhörer an den Punkt ihres Lebens zurück, an dem sie nach Orientierung gelechzt hatten.

Ein Mensch mit einer Vision ist ein Spinner, und zwar genau bis zu dem Tag, an dem seine Vision in der Realität ihren Platz findet. Solange du zu Hause sitzt und deine Idee für dich behältst, hat sie fast keine Chance, ans Tageslicht zu kommen und zu wachsen. Wenn du aber anfängst, die Idee mit der Welt zu teilen, wird sie von anderen Menschen entdeckt werden, die mit dir die Reise machen wollen.

DIE GESCHICHTE VON WHATCHADO

1.
WHATCHADO, EIN TRAUM

Löse ein Problem
Warum eigentlich die Welt retten?
Das whatchado-Konzept

Am Tag unserer Geburt wissen wir nicht, dass Menschen unterschiedlich sind. Wir wissen nicht, dass unsere Hautfarbe ein Problem sein kann. Dass Männer und Frauen von der Gesellschaft unterschiedlich behandelt werden. Dass unser Alter eines Tages ein entscheidendes Kriterium sein wird. Wir wissen auch nicht, dass Geld die Menschen in Arm und Reich einteilt. Im Gegenteil: Unvoreingenommen und offen erkunden wir die Welt, wollen alles verstehen, begreifen und hinterfragen. Wir entdecken die Welt spielerisch.

Irgendwann verlieren wir diese Offenheit. Unsere Eltern, unsere Lehrer, unsere Freunde – und der »Moloch«, den wir Gesellschaft nennen, beginnen uns einzureden, wer wir sein sollen oder sein können. Wir werden für unsere Schwachstellen kritisiert, Mängel werden definiert und zur Reparatur in die Werkstatt gebracht. Wenn ich als Mädchen geboren worden wäre, hätte ich öfters gehört, dass technische Berufe nicht zu mir passen – genauso wie man mich ausgelacht hätte, wenn mein innigster Wunsch als Jugendlicher gewesen wäre, Kindergärtner zu werden.

Die Folge dieses Gleichmachungsprozesses, dieser vielen kleinen Schubladen, ist ein wirklicher Mangel. Die Wirtschaft beklagt zum Beispiel, dass es wenig Frauen gibt, die programmieren können, und dass in der frühkindlichen Förderung Männer völlig unterrepräsentiert sind. Der Mangel besteht hier nicht nur darin, dass in beiden Bereichen Stellen unbesetzt bleiben, sondern auch in der Tatsache, dass die Unternehmen durch eine geringere Diversität ihr eigenes Potential nicht voll ausschöpfen. Die Gesellschaft verzichtet auf die Bereicherung durch fähige Menschen, weil sie nicht in das vorgesehene Schema passen. Auch mich hat man in eine dieser Schubladen gesteckt. Aus mir hätte laut Statistik nichts werden können: Flüchtlingskind, Schulabbrecher, später Burnout-Kandidat – Teil einer verlorenen Generation, die nur dem Sozialstaat auf der Tasche liegt.

Warum existieren diese Schubladen? Und warum lassen wir uns in diese Schubladen stecken? Weil wir darauf hören, was alle anderen sagen. Wenn die Menschen, die mich umgeben, glauben zu wissen, wer ich bin, dann beschäftigt mich das. Ich werde unsicher, relativiere meine eigene Meinung und passe mich am Ende an das Denken der anderen an. Gerade, wenn diese anderen wichtige Personen in meinem Leben sind: Eltern, Lehrer und – leider auch! – Freunde. Am Schluss denke ich: »Es wird schon stimmen, wenn die anderen das sagen.«

Doch wir haben uns nicht ausgesucht, wo wir geboren wurden, wer unsere Eltern sind, wie unsere Haut schimmert, ob unsere Augen grün, blau oder braun sind. Ob wir Muslime, Juden, Atheisten, Konfuzianer, Christen, reich, arm, groß, klein, dick, dünn, stark oder schwach sind. Diese Attribute sind reine Zufälle, die der Eintopf aus Erbgut und Prägung für uns angerührt hat. Es ist reiner Zufall. Doch wir tun so, als würde uns dieser

Eintopf zu einem bestimmten Lebensweg zwingen. Wir passen uns unserem Umfeld an und richten unsere Interessen, unsere Sprache, unsere Sichtweise nach der Meinung anderer über uns aus. Dabei sind Anfang und Ende unseres Lebens reiner Zufall. Unser äußeres Erscheinungsbild ist reiner Zufall.

Natürlich wollen wir uns nicht zu einem bestimmten Lebensweg zwingen lassen. Natürlich wollen wir unser Leben nach unseren eigenen Vorstellungen leben. Irgendwann, so denken wir, werden wir auf jeden Fall nach unseren eigenen Vorstellungen leben. Wenn wir mit dem Leben nach den Vorstellungen anderer fertig sind. Wir in der westlichen Welt leben unser Leben so, als wäre es eine Probe für den wirklichen Auftritt, der irgendwann später kommt. Unser Leben beginnt mit einem Zufall und endet mit einem Zufall. Dazwischen sollen wir pünktlich Pläne schmieden und die Zeit mit sinnvollen Tätigkeiten füllen, die andere für uns festlegen. Wie absurd.

Das Wichtigste in unserer heutigen Welt ist, den Menschen wieder zu zeigen, wer sie selbst sind. Auch der mächtigste Fondsmanager hat sich vor gar nicht allzu langer Zeit am Spielplatz genüsslich eine Hand voll Sand in den Mund gestopft. Auch dem Topmodel aus dem Fernsehen hing vor ein paar Jahren noch die übervolle Windel bis zu den Kniekehlen. Und beide wollten die Welt mit Augen, Ohren, Nase, Haut und Händen begreifen und verstehen. Was treibt den Manager heute dazu, einen sechsstelligen Scheck am Monatsende als das erstrebenswerteste Ereignis der unendlichen Schöpfung zu betrachten? Was bringt das Topmodel dazu, seinen Körper als seine profitabelste Eigenschaft auszumachen und zu vermarkten?

Viele Dinge können wir nicht beeinflussen – das Klima, die Geopolitik oder die Preise für Weizen im Sudan. Aber wir können beeinflussen, wie wir auf diese Umstände reagieren. Das ist unsere Entscheidung. Wir entscheiden darüber, was wir zu unseren Kindern und Freunden sagen – wie wir die Welt für sie interpretieren, wenn sie uns um Rat fragen. Eltern entscheiden, mit wie viel Zuversicht sie ihren Kindern begegnen, wenn diese sich Gedanken über ihre Zukunft machen. Lehrer entscheiden, mit welchem Enthusiasmus sie versuchen, ihren Schülern den Satz des Pythagoras oder die Fotosynthese-Eigenschaften der Korbblütler zu vermitteln. Freunde entscheiden, mit wie viel Akzeptanz sie einen Freund unterstützen, der stottert.

Wenn wir begreifen, dass wir entscheiden dürfen, wie wir auf die Welt reagieren, dann fällt es uns plötzlich leicht, der Versuchung zu widerstehen, unser Leben als eines von vielen zu betrachten und es zu leben, als wäre es die Generalprobe für ein zweites, in dem wir dann alles richtig machen. Wir verstehen plötzlich, dass hinter diesem Aufschieben eigentlich nur eine Angst steckt, die uns vor unserer eigenen Genialität beschützen möchte. In jedem von uns steckt ein Genie. Ein Arbeiter, der im Supermarkt Abend für Abend die Regale auffüllt, ist vielleicht der schnellste Puzzle-Leger der Welt. Die Kosmetikerin bemalt die kunstvollsten Ostereier. Das Topmodel ist die zärtlichste Hundemama, und der Fondsmanager schreibt die besten Battle-Rap-Texte. In uns steckt so viel mehr, als wir glauben. Meistens jedoch richten wir unser Leben nach einem Faktor aus – der Meinung anderer über uns. Dieser Meinung liegt meist die Haltung des Systems zugrunde. Produziere, konsumiere, verwalte, stirb. Damit sollte langsam Schluss sein.

Auch ich habe nie so wirklich gewusst, wo ich hingehöre. Ich habe immer den Menschen zugehört, die mir wichtig waren. An ihren Definitionen von Erfolg habe ich mich orientiert. Doch als ich auf dem Flur dieser großen Computerfirma zusammenbrach, dämmerte mir, dass irgendetwas an dieser Definition von mir selbst nicht stimmen konnte. Ich war kein Highflyer, Senkrechtstarter, Alleskönner mehr. Ich war geliefert.

Wenn ich vor dieser Zeit Krisen hatte, kannte ich nur eine einzige Lösung: Durchbeißen! Morgen noch ein bisschen früher aufstehen! Pensum steigern! Doch meine Knie klappten weg, wenn ich versuchte, in Richtung Bad zu kommen. Es ging nicht. Durchbeißen war keine Option mehr. Mein fettes Auto, meine Visitenkarte, mein Jobtitel – das alles hatte keinen Wert, weil ich nicht mehr mitspielen konnte.

Schließlich ließ das Zittern nach, und mein Gefühl für Zeit stellte sich wieder ein. Jetzt, da es mir langsam besserging, fiel mir auf, dass keiner der Gedanken, an denen ich mein Leben ausgerichtet hatte, mein eigener war. Ich liebte Sun Microsystems und die Art, wie das Unternehmen auf die Branche blickte. Aber das Erreichen seiner Ziele war mein eigenes Scheitern. Indem ich seinen Erfolg unterstützte, sorgte ich für meinen eigenen Untergang. Das war der Punkt, an dem mir klarwurde, dass wir alle in einem verdammten Irrsinn leben. Dass wir uns zugrunde arbeiten für Ziele, die gar nicht unsere eigenen sind. Für die Leidenschaft und den Erfolg unserer Chefs, die wir manchmal sogar hassen. Das Burnout hatte mich verändert. Ich hatte den Irrsinn verstanden, in dem wir vorgeben glücklich zu sein.

Ich habe in dieser Zeit viel an meine Kindheit gedacht. Ich war ein kritisches Kind. Ich muss ziemlich nervig gewesen sein, ich hatte jeden Tag hunderte Fragen zu ungefähr jedem Thema. So wie vermutlich jedes andere Kind auf diesem Planeten auch. Antworten auf diese Fragen zu bekommen, das hat mich glücklich gemacht. Die Wirkung der Sonne auf die Welt, die Beschaffenheit eines Ottomotors, die Ausbreitung von Schall – etwas zu verstehen, das gestern noch ein Mysterium war, hielt eine tiefe Befriedigung für mich bereit. Für einige Minuten fühlte ich mich überglücklich, bis ich das nächste unerklärliche Phänomen entdeckte und ihm auf den Grund gehen wollte. An dieses Glücksgefühl erinnerte ich mich jetzt plötzlich wieder.

Ich habe in meinem Leben tausende Menschen kennengelernt. Die glücklichsten und zufriedensten habe ich gefragt, wie ihnen das gelingt. Und die meisten haben geantwortet, dass der

Schlüssel darin liegt, herauszufinden, was man liebt und was einen antreibt. Wenn wir auf unsere Intuition vertrauen und uns jeden Tag ein paar Stunden dieser Beschäftigung widmen, leben wir ein erfülltes, zufriedenes Leben. Es macht uns selbstsicher, weil wir wissen, was wir tun. Es gibt uns Vertrauen in unsere eigenen Fähigkeiten. Es lässt Leidenschaft zu.

Wohin lassen wir uns von unserer Leidenschaft tragen? Uns Menschen steht die Welt offen. Ein paar von uns hatten den Wunsch, auf dem Mond zu landen, und haben es geschafft. Warum sollte jemand, der für sein Leben gerne Antiquitäten repariert und pflegt, in einer Bank für die Verwaltung zuständig sein? Nur weil er mit diesem Job auf der »sicheren Seite« ist? Wie sicher diese Jobs sind, haben wir während der Finanzkrise 2008 gesehen. Wir brauchen nur eine kleine Portion Mut und keine Angst vor der Einsicht, dass das Vorhaben – *wie jedes andere im Übrigen auch* – scheitern kann. Ja, in dem, was wir gerne machen, liegt unsere größte Stärke und gleichzeitig unsere größte Verwundbarkeit. Unsere Welt funktioniert im Chaos. Wir Menschen versuchen dieser Unordnung Sinn und Struktur zu geben, und daran müssen wir letztlich zwangsläufig scheitern. Warum nicht mit etwas scheitern, das uns Spaß und Zufriedenheit bringt?

In diesen Burnout-Wochen ist mir zum ersten Mal richtig deutlich geworden, dass ich nicht weiß, wie lange ich noch zu leben habe. Der Bus, der mich ins Jenseits befördert, weil ich auf dem Zebrastreifen ein *What's up?* ins Smartphone tippe, kann morgen um die Ecke biegen. Ich will bewusst entscheiden, was ich mit meiner Zeit bis dahin anstelle. Ich will sie mit etwas füllen, das mich erfüllt. Zufriedenheit und Glück entstehen, wenn wir das Gefühl haben, unser Leben dazu zu verwenden, etwas Sinnvolles mitaufzubauen, an dem wir teilhaben und es genießen können.

Sollte ich einmal Kinder haben, sollen sie eines Tages stolz auf meinen Lebensweg sein können. Nicht auf die tollen, teuren

Sachen, die ich mir leisten konnte, weil ich meine Wünsche und Träume unterdrückt habe und das geworden bin, was alle anderen von mir verlangten. Ich möchte, dass sie aus meiner Entwicklung und den Dingen, die ich bewegt habe, Inspiration für ihr eigenes Leben ziehen. Ich würde mir wünschen, dass meine Kinder dann denken: »Der Papa war ein Held!« Dieses Bild habe ich heute vor Augen, wenn Stress und Zweifel nachts an der Bettkante hochkriechen.

Jeder Mensch hat die Fähigkeit, Probleme zu lösen. Und Probleme gibt es wahrhaft genug auf diesem Planeten. Das fängt bei der Optimierung von Reißverschlüssen an und endet beim Welthunger. Die Idee zu whatchado hatte ich schon als Kind. Ich wollte damit die Orientierungslosigkeit bei der Berufsfindung abschaffen. Dieses Problem habe ich mir ausgesucht. Vielleicht wurde ich auch dafür geboren, wer weiß das schon so genau.

Und weil ich versucht habe, ein wirkliches Problem zu lösen, haben Menschen mir angeboten, mich zu unterstützen. Was für ein herrliches Gefühl. Whatchado war zuerst ein gemeinnütziger Verein, und plötzlich haben dort sieben bis acht Leute ehrenamtlich mit mir zusammengearbeitet. Ohne die Aussicht, eines Tages mit ihrem Engagement Geld zu verdienen. Vielleicht haben sie die Chance gesehen, dass aus whatchado etwas entsteht. Vielleicht habe ich so euphorisch gewirkt, dass sie das Potential spürten. Es war jedenfalls völlig okay für sie, sich voll reinzuhängen, ohne einen Cent dafür zu bekommen.

Dieser Haltung der ersten ehrenamtlichen Mitarbeiter liegen eine Frage und eine Antwort zugrunde, die alles verändern: Welchen Einfluss habe ich auf die Entwicklung dieses Planeten? Die einfache Antwort darauf: einen guten. Ich will, dass Sachen besser funktionieren als vor dem Zeitpunkt, an dem ich aktiv wurde. Und wenn dieser positive Einfluss sich auf das gute Auskommen meiner Familie und meiner Freunde beschränkt.

Wenn es jemanden glücklich macht, eine Autowaschstraße zu leiten, eine Müsliverpackung neu zu designen oder Geranien zu züchten – macht derjenige es gerne, wird daraus etwas Wundervolles entstehen: Die Waschstraße wird nur noch ökologisch abbaubare Reinigungsstoffe verwenden, das Müslipackungsdesign gewinnt einen internationalen Preis dafür, dass die Packung beim Öffnen nie wieder versehentlich bis ganz unten aufreißt, der Geranienzüchter züchtet eine völlig neue Sorte, die in Orange mit türkis-grünen Punkten blüht.

Die Probleme liegen auf der Straße. Wir können uns in Ruhe eines aussuchen. Und dann rausgehen und die Welt retten.

Vergiss Experten
Warum du immer der beste Experte bist

Unsere Welt funktioniert so: Wenn du dir ein Problem ausgesucht hast und anderen Menschen begeistert davon erzählst, wie du es lösen willst, antworten sie dir unisono, dass es nicht funktionieren wird. Auf mich haben nicht nur meine Bekannten oder meine Freunde eingeredet, dass whatchado Blödsinn ist, sondern Leute, die es *wirklich* wissen müssen: Beamte aus dem Bildungsbereich, Arbeitsmarkt-Professoren, Politiker, Vorstände, Schuldirektoren, Eltern und Lehrer.

Der Staat sucht in Österreich seit den 6oer Jahren des vergangenen Jahrhunderts nach Lösungen für eine Schulreform. Es gibt wohl kaum eine andere Branche, in der es mehr Experten gibt, die sich seit Jahrzehnten Gedanken machen – und in der Veränderung trotzdem so langsam stattfindet.

Aus irgendeinem Grund dachte ich, dass ich meine Idee all diesen Experten aus dem Bereich Bildung und Arbeit erzählen sollte, um mir von ihnen eine Art Segen abzuholen. Ich war überrascht, wie deutlich mir gesagt wurde, dass diese Idee zwar nett, jedoch nicht zukunftstauglich sei. Was man den Experten jedoch zugutehalten muss: Sie hatten alle sehr plausible Begründungen, warum aus der Idee nichts werden würde:

»Wenn die Idee so gut wäre, dann würde es das bereits geben.«

»Es gibt Experten am Arbeitsmarkt, und diese evaluieren seit Jahren Potentiale von neuen Medien. Die wissen schon, was sie tun.«

»Ist das wissenschaftlich fundiert, oder haben Sie Studien dazu?«

»Sieben Fragen, sieben Antworten? So simpel ist das Leben nicht, Herr Mahlodji.«

Und dann gab es noch eine Aussage, die mich regelmäßig auf die Palme brachte: »Herr Mahlodji, Sie als ehemaliger Schulabbrecher und mit gerade mal einigen Monaten Erfahrung als Lehrer sind ja nicht wirklich Experte ...«

Diese Antwort bekam ich von einem Wirtschaftsprofessor, dessen Schwerpunkt Arbeits- und Bildungsströme waren. Ich hatte ihm erzählt, dass whatchado die größte jemals umgesetzte Umfrage über Karriere- und Lebenswege sein würde und dass man diese Daten für die weitere Entwicklung von Orientierungsprogrammen auswerten und visualisieren könnte.

Gleich zu Beginn unseres Gesprächs hatte der Professor gesagt, er wolle seine Zeit nicht mit einem Konzept verschwenden, das auf eine DIN-A4-Seite passe. Und nun belehrte er mich, dass mir die notwendige Erfahrung fehle. Mittlerweile war ich negative Reaktionen gewohnt. Doch in diesem Fall wollte und konnte ich nicht ruhig bleiben. Ich mochte aus seiner Sicht vielleicht kein Experte sein, doch ich kannte das Gefühl, orientierungslos in der Schule zu sitzen, sehr genau. Ich wusste, wie das ist, wenn man denkt, man sei nicht gut genug. Und wenn alle um einen herum Stress machen und man sagen soll, was man aus seinem

Leben machen will. Ich kannte das Gefühl des Unbehagens und der Angst vor der Zukunft.

Nach dem Termin beschloss ich: Komme was wolle, ich werde whatchado auf die Beine stellen und es diesem Professor zeigen. Denn es sind Menschen wie er, die sich das Recht nehmen, anderen zu sagen, was sie können und was nicht. Menschen Ideen auszureden, indem man ihr Wissen entwertet, hat ja gerade dazu geführt, dass wir in einer Welt leben, in der es Menschen gibt, die denken, nicht gut genug zu sein. Und mit whatchado wollte ich bei all den jungen Menschen, denen der Glaube an sich selbst fehlt, die Zuversicht wecken und ihnen sagen: »Für dich gibt es unendliche Möglichkeiten, ungeachtet dessen, dass dir andere sagen, was geht und was nicht.«

Wie mein Vater mir schon sagte: Ratschläge von Erwachsenen entstehen durch ihre Erfahrungen in der Vergangenheit. Das hat aber nicht unbedingt mit der Realität und der Zukunft derjenigen Menschen zu tun, an die die Ratschläge gerichtet sind.

Genauso verhält es sich mit Experten. Auch sie beziehen ihr Wissen aus der Vergangenheit. Vergessen wir ihre Ratschläge, wenn sie unseren eigenen Weg betreffen. Der liegt in der Zukunft, und die ist nicht ihr Fachgebiet. Wenn es um die Frage geht, ob eine Idee funktionieren wird, müssen wir uns auf unser eigenes Urteil verlassen.

All die Menschen, die an meine Idee damals nicht glaubten, meinten es nicht böse, sondern konnten sich einfach nur nicht vorstellen, wie das Ganze funktionieren sollte. Und die Leute hatten recht: Es funktionierte für *sie* in ihrem Weltbild nicht. Sie waren so tief im Wald, dass sie die neuen Bäume, die um den Wald herum wuchsen, unmöglich sehen konnten. Also musste ich den whatchdo-Baum vor ihren Augen pflanzen. Ich musste etwas tun, das ich in ihren Augen nicht tun konnte.

Es liegt an uns, und nur an uns, unsere Ideen in die Tat um-

Die vier whatchado-Gründer Stefan, Jubin, Ali und Manuel (v.l.n.r.), 2017.

zusetzen. Wenn wir eine Idee haben und uns sicher sind, dass sie funktioniert, wenn wir sie uns vorstellen können – ja mit all unseren Sinnen fühlen, und es ist, als würden wir sie direkt vor uns sehen ... dann ist das unsere Wahrheit, unsere Realität. Und dann liegt es nur an uns, diese Idee in die Welt zu bringen.

Ratschläge sind in Ordnung. Warnende Zweifel auch. Wenn wir aber wegen dieser Ratschläge nicht versuchen, unsere Ideen in die Tat umzusetzen, und sie bloße Gedanken bleiben, verfolgen sie uns ein Leben lang.

Erst wenn wir die Idee in die Welt bringen, hat sie die Kraft, Denkmuster zu durchbrechen und Kritiker mit der Tatsache zu konfrontieren, dass sie funktioniert. Als wir die whatchado-Webseite später online stellten, wurden aus den zweifelnden Experten Fans, die uns sagten, dass wir riesengroß werden würden. Warum hat sich ihre Meinung so schnell geändert? Weil sie etwas gesehen haben. Die Idee hatte unsere Köpfe verlassen und sich manifestiert. Plötzlich war die Idee ein Unternehmen.

Manchmal habe ich das Gefühl, das Leben wartet nur darauf, dass wir endlich checken, was wir zu tun haben. Ausharren und hoffen bringt uns nur dazu, die imaginären Grenzzäune um uns herum nach oben wachsen zu sehen. Hätte ich Ausschau gehalten nach jemandem, der mich an die Hand nimmt, würde ich noch heute zu Hause sitzen, Pläne zeichnen und sie aus Selbstzweifel über die Meinung der Experten gleich wieder in die Mülltonne werfen.

Loslegen, in dem Gefühl der Zuversicht und mit dem Wissen, dass man alles, was man braucht, in sich trägt, reißt diese Zäune nieder. Und dann zeigt einem das Leben, wie stürmisch es dich packen kann.

Nachdem ich entschieden hatte, whatchado wieder auszugraben, ging alles Schlag auf Schlag, und so ist es bis zum heutigen Tag geblieben. Innerhalb von kurzer Zeit fügten sich die Puzzleteile zusammen – sie kamen aus Richtungen, an die ich nie gedacht hatte.

Die whatchado-Familie
Warum dein Team wichtiger ist als du selbst

Die ersten beiden whatchado-Puzzleteile waren meine Kindheitsfreunde Jubin und Stefan. Sie tauchten im Jahr 2010 von einem Tag auf den anderen wieder in meinem Leben auf. Unser glückliches Wiedersehen war einem Zufall geschuldet, wie er nur im Social-Media-Zeitalter möglich ist.

Fast zwei Jahrzehnte zuvor hatte ich die beiden in unserem Bezirk Simmering beim Fußballspielen kennengelernt, sie jedoch wegen meiner ersten festen Freundin, die sich mit den Jungs nicht verstand, aus den Augen verloren. Fast acht Jahre lag unsere letzte Begegnung zurück, als ich auf einem Rockkonzert der Wiener Band Alkbottle in Simmering plötzlich eine Face-book-Nachricht von Jubin bekam. »Du auch hier?« Er hatte kurz zuvor auf Facebook gesehen, dass ich am Konzert teilnahm, und kurzerhand beschlossen, auch zu kommen.

Nach anfänglich zögerlichem Smalltalk saßen wir irgend-wann in den frühen Morgenstunden leicht beschwipst in einem Taxi. Dort erst checkten wir, dass wir nur etwa zwei Kilometer voneinander entfernt wohnten. Nach all den Jahren und all den Umzügen lebten wir keine 15 Minuten Fußweg auseinander und sogar im selben Bezirk, in Meidling. Die Dinge nahmen ihren Lauf. Jubin war noch mit Stefan in Kontakt, und wir tra-fen uns fast jeden Tag nach der Arbeit und am Wochenende. Es fühlte sich genauso an wie früher. In unseren Herzen waren wir immer noch die Kids, die sich vor fast 20 Jahren beim Fußball kennengelernt hatten.

Und doch war die Zeit nicht spurlos an uns vorbeigegangen. Die vergangenen Jahre hatten uns alle reifer und selbstbewusster gemacht. Jubin steckte mitten im BWL-Studium und arbeitete nebenher als Dolmetscher für das amerikanische Heimatschutz-ministerium. Er kümmerte sich um geflüchtete Minderheiten, die über Österreich in die USA einreisten. Stefan studierte auch BWL und tobte sich gleichzeitig im Internetbusiness aus.

Es dauerte nicht lange, da weihte ich Jubin und Stefan in whatchado ein und zeigte ihnen meine Pläne für die Webseite und wie die Videointerviews ablaufen sollten. Wir sprachen sehr viel über Berufsorientierung, den verkrusteten Jobmarkt und was wir alles auf die Beine stellen würden, wenn wir die Chance hätten, Vollzeit nur an whatchado zu arbeiten.

Wir begannen zu träumen, und unsere Träume wurden von Tag zu Tag größerer Bestandteil unseres Lebens. Irgendwann gab es nicht mehr bloß Ali, der eine Idee hatte, sondern einen Haufen von Phantasten, die durch ihre kindliche Naivität allen Ernstes dachten, die Welt verändern zu können.

*Plötzlich glaubten auch andere Menschen an die Idee
zu whatchado. Bei der Preisverleihung des Social
Impact Award am 30. 05. 2011.*

Mittlerweile waren wir an die zehn Personen, die alle ehrenamtlich an dem Projekt arbeiteten. Jubin, Stefan und ich hatten einen gemeinnützigen Verein gegründet. Niko Alm, mein Chef, gab uns die Erlaubnis, das Super-Fi-Büro am Wochenende zu benutzen, so dass wir jeden Sonntag von 10 bis oftmals 18 Uhr zusammenkamen und alles besprachen. Ausgestattet mit Manner-Schokoladenschnitten und Mineralwasser diskutierten wir aktuelle Ideen, machten Brainstormings und überlegten uns Kooperationspartner. Die Zusammenarbeit war traumhaft, und alle, die dabei waren, glaubten an die große Vision von whatchado.

Die Leute in unserem Umfeld fragten uns, ob uns langweilig sei, da wir unsere Sonntage auf den Treffen verbrachten. Wir aber, die wir die Zukunft Jugendlicher retten wollten, konnten uns nichts Besseres vorstellen. Wir hatten etwas gefunden, das Spaß machte und sinnvoll war. Während wir unter der Woche Vollzeit arbeiteten oder studierten, verbrachten wir das Wochen-

*Die whatchado-Helden kurz nach dem Gewinn des Social Impact
Award bei unserer ersten Klausur 2011.*

ende mit whatchado, um die Welt besser zu hinterlassen, als wir
sie vorgefunden hatten.

Unsere Ausdauer wurde belohnt. Wir gewannen den Social
Impact Award, einen Preis für Projekte, die das Zeug dazu
haben, die Gesellschaft auf nachhaltige Weise positiv zu ver-
ändern. Wir wollten Jugendlichen dabei helfen, ihren eigenen
Weg zu gehen, und sie davor bewahren, aufgrund mangelnder
Orientierung in die Jugendarbeitslosigkeit zu driften.

Der Award war ein Zeichen dafür, dass wir uns auf dem richtigen Weg befanden. Das Preisgeld betrug 4000 Euro, doch wir
wussten nicht einmal, was wir mit so viel Geld anfangen sollten.
Wir hatten nur unser Konzept eingereicht, da wir noch kein fer-
tiges Video, geschweige denn einen Prototyp einer Webseite vorweisen konnten. Das Einzige, was wir hatten, waren unsere Idee
und unser Wille, sie umzusetzen. Und das überzeugte.

Das Preisgeld investierten wir in eine kleine Handkamera,

inklusive einiger Speicherkarten, ein Stativ und ein Mikrophon. Alles in allem eine Investition von ungefähr 400 bis 500 Euro. Mit dem restlichen Geld fuhren wir einige Tage auf einen Bauernhof, um unsere Strategie zu besprechen. Im Laufe meiner vierzig Jobs hatte ich immer wieder miterlebt, wie Führungskräfte darüber jammerten, keine Zeit für Planung und Strategie zu haben, da das Tagesgeschäft zu viele Ressourcen verbrauchte. Auch wenn wir zu diesem Zeitpunkt »nur« ein Verein waren, diesen Fehler wollte ich nicht begehen. Deshalb machte ich es von Anfang an zu einem meiner Prinzipien, dem gemeinsamen Austausch zu Zukunftsthemen den notwendigen Raum zu geben. Klausuren, Teamevents, Strategietage – egal, wie man sie nennen möchte – sind oft unterschätzte und gleichzeitig umso wichtigere Werkzeuge, die den gemeinsamen Austausch fördern.

Während unserer Bauernhofklausur dachten wir den ganzen Tag lang gemeinsam über Vision, Strategie und konkrete Schritte für whatchado nach. Später aßen wir zusammen, träumten von unseren Ideen, und nachdem wir die ein oder andere Flasche Bier aufgemacht hatten, begann der eigentliche Teil des Abends, der einmal sogar erst in den Morgenstunden endete: Nie werde ich vergessen, wie Manuel, Jubin, Karin, Miriam, Ranya, Mansch, Philip, Leni, Stefan und ich in die Dorfdisko Till Eulenspiegel gingen. Eine Disko, die dank einer TV-Reality-Show über österreichische Jugendliche zu großer Bekanntheit gelangt war. Und da standen wir, wollten die Welt retten und machten Party mit der Dorfjugend – und es war genial. Die Kopfschmerzen am nächsten Tag waren der Preis dafür, dass wir von Arbeitskollegen zu Freunden geworden waren. Cosima, unsere Zehnte im Bunde, war damals leider krank. Ich weiß noch, wie wir ein Video für sie aufnahmen, um sie – die zu Hause blieb – zu trösten.

Während der Klausur sind wir zu einem Team zusammengewachsen, das etwas verändern wollte und wusste, dass es nur gemeinsam geht. Die damalige whatchado-Truppe bildete das Fundament für die Zukunft. Zwar war ich Ideengeber und Erfinder des Projekts, doch wäre es ohne den Glauben und die Mitarbeit des Teams wohl niemals das geworden, was es heute ist. Insbesondere Jubin, Stefan und Manuel unterstützten das Projekt von Anfang an intensiv und gehörten deshalb schließlich auch zu den Mitgründern, als aus whatchado ein richtiges Unternehmen wurde.

Jubin war derjenige, mit dem ich die konkrete Umsetzung unserer Pläne anpackte. Dabei glich er immer genau das aus, was mir fehlte. Er war bei weitem diplomatischer als ich, hatte bei manchen Themen den längeren Atem und war der Einzige, der mich in meiner Rolle ersetzen konnte. Wann immer es hart auf hart ging, reichte ein Blick zwischen uns beiden, um uns gegenseitig die Sicherheit zu geben, dass wir nicht alleine waren. Wir stritten fast wöchentlich, manchmal täglich, und doch waren wir uns bei whatchado langfristig immer einig. Uns waren die Fragen wichtig, wie sich das Unternehmen anfühlen und in welche Richtung es wachsen sollte und wie wir mit Menschen umgehen sollten. Wir wollten beide eine Welt, in der Menschen nicht mehr als Objekte von Erwartungen gesehen werden, sondern als die einzigartigen Individuen, die sie seit dem Tag ihrer Geburt sind.

Ich wurde manchmal gefragt, wie ich es jedes Jahr schaffe, in aller Ruhe und auch mal mehrere Wochen in den Urlaub zu fahren, ohne mir Sorgen zu machen. Hat man gute Partner, dann klappt das, war meine Antwort. Auch als Jubin 2015 die Rolle des CEO von mir übernahm, damit ich mich mehr um meine Aufgaben als Außenbotschafter und die Bildungsthemen kümmern konnte, war klar, dass er whatchado genauso sehr wie ich nach vorne bringen will. Zu diesem Zeitpunkt war whatchado in einer starken Wachstumsphase und Jubin in seiner ruhigen Art genau der Richtige, um das Ruder zu übernehmen.

Mit Stefan sponnen wir herum, wer unsere Interviewpartner

sein könnten, und er entwickelte sich – ob er wollte oder nicht – zum Herzen von whatchado. Während ich oft unterwegs war und auch meine Ungeduld nicht unbedingt dabei half, für alle Kollegen die nötige Zeit des Zuhörens aufzubringen, wurde Stefan von den Mitarbeitern zum »Chief Happiness Officer« gewählt, da er immer derjenige war, der ein offenes Ohr für alle hatte. Stefan wurde später Leiter unseres Bildungsbereichs und damit verantwortlich für einige der besten Schulprojekte, die wir auf die Beine stellten.

Schließlich war Manuel Bovio der vierte Mitgründer, als whatchado offiziell als Unternehmen an den Start ging. Von ihm habe ich bisher noch nichts erzählt, weil er erst eines Tages im Jahr 2011 ganz unverhofft bei uns auftauchte. Und das kam so: Jubin und ich hatten eine Interviewsession mit Freunden bei mir zu Hause organisiert. Wir wollten uns zum ersten Mal

Unsere erste Interviewsession im Jahr 2011. Mein Schlafzimmer fungierte als temporäres Aufnahmestudio, was bei allen Teilnehmern für Verwunderung sorgte.

an »echten« Videointerviews versuchen. Und da stand plötzlich Manuel, den keiner von uns kannte. Jubin hatte ein Inserat geschaltet, um einen ehrenamtlichen Videocutter zu finden, und ihn spontan zu mir eingeladen. Das war eine der besten Entscheidungen in der Geschichte von whatchado. Manuel ließ sich weder interviewen, noch sagte er viel. Er beobachtete vielmehr, wer denn diese Wahnsinnigen waren, die einfach so, ohne Vorkenntnisse, eine Videoplattform als »Handbuch der Lebensgeschichten« bauen wollten. Bevor Manuel ging, fragte er mich noch, ob ich am nächsten Tag Zeit habe, und bat mich, ihm die Videos von unserer ersten Interviewsession mitzugeben.

Am nächsten Tag – ich weiß es noch, als wäre es gestern – stand er pünktlich um 9 Uhr mit einem USB-Stick in der Hand vor meiner Tür und sagte, er wolle mir etwas zeigen.

Was in den folgenden 30 Minuten passierte, beflügelte mich so, wie ich es selten davor oder danach in meinem Berufsleben erlebt habe.

Manuel hatte die ganze Nacht lang das Videomaterial geschnitten, sich eine passende Sounduntermalung überlegt und welche Art von Intros wir verwenden könnten. Herausgekommen waren mehrere Videos, die man mit Fug und Recht als die ersten whatchado-Interviews bezeichnen kann. Mir kamen die Tränen – und Manuels Überraschung darüber war ihm anzumerken. Ich erklärte ihm, dass ich deshalb so emotional berührt sei, da ich viele Jahre meines Lebens an diese Idee geglaubt habe. Und plötzlich steht da eine fremde Person, die dabei hilft, diesen Lebenstraum zu erfüllen. Ich war immer davon überzeugt, dass Menschen einander unterstützen, wenn es um eine gute Sache geht. Doch Manuels Hilfe schickte der Himmel, weil niemand aus dem bestehenden Team irgendeine Ahnung hatte, wie man Videointerviews führt und aufnimmt, geschweige denn, wie man sie schneidet.

Zu meiner Verwunderung wollte Manuel sehr gerne bei

whatchado mitmachen, obwohl ich ihm gleich sagte, dass er für seine höchst professionelle Arbeit kein Geld bekommen würde. Doch es ging ihm nicht ums Geld. Er sehnte sich danach, endlich einmal bei einer Sache dabei zu sein, die wirklich sinnvoll war. Ich war begeistert und versprach ihm sogleich eine Führungsposition bei whatchado – falls es einmal groß werden sollte. Wir umarmten uns, und damit war der »Missing Link« für unsere whatchado-Reise gefunden. Ich sagte damals im Scherz immer mal wieder, dass Manuel der Erste aus unserem Team war, der wirklich wusste, was er tat. Um ehrlich zu sein, es war kein Scherz, sondern die pure Wahrheit.

Die Truppe wurde von Woche zu Woche zu größer, und immer mehr Menschen zeigten Interesse, ehrenamtlich mitzuarbeiten. Einige stießen ins Kernteam dazu, das sich sonntags traf, andere begannen einfach so, whatchado-Interviews nach unseren Vorgaben zu drehen. Und plötzlich waren wir eine richtige kleine Bewegung, die das Handbuch der Lebensgeschichten auf die Welt bringen wollte. Wir wussten zwar nicht genau, wie das Endprodukt aussehen sollte – wir hatten ja noch keine Webseite –, doch wir machten einfach mal, und das zog immer mehr Menschen an, die uns supporten wollten.

Zu dieser Zeit war ich immer noch Berater bei Super-Fi, unterrichtete und kümmerte mich ehrenamtlich um Jugendliche. Und an den Wochenenden und in den Nächten arbeitete ich an whatchado. Ich schlief jede Nacht nur vier bis fünf Stunden, doch ich genoss jede Sekunde, die ich wach war.

Jahrelang hatte ich den Ärger über das bestehende System, das bei Kindern nicht ihr Potential sieht, sondern sie an ihren Fehlern misst, in mich reingefressen. Jahrelang hatte ich überlegt, was ich dagegen tun könnte, und die Idee zu whatchado in mir herumgetragen. Und nun spürte ich, wie sich die Anstrengungen der letzten Jahre zum ersten Mal in die richtige Richtung kanalisierten und zu einem sinnvollen Ganzen fügten.

Es gab in meinem Leben einige Fragen, die ich mir immer wieder gestellt habe: Warum war gerade ich ein Flüchtlingskind? Warum musste unbedingt ich der Ausländer in der Klasse sein? Warum habe gerade ich wegen meines Stotterns die Schule hingeschmissen? Auf so viele Fehler meines Lebens hatte ich keine Antwort, obwohl ich immer wusste, dass ich kein Fehler im System bin. Und nun erhielt ich endlich die Antwort, auf die ich so lange gewartet hatte.

Wir schalten viel zu oft den Fernseher ein, um uns von den Geschichten irgendwelcher Erfolgsmenschen beeindrucken zu lassen, und sehen dabei nicht die Stufen, die es zu erklimmen gilt, um dort hinzukommen. Wir achten viel zu wenig auf unser eigenes Leben und dessen Marathonsiege, die uns zu dem gemacht haben, wer wir sind. Hätte ich nicht erlebt, wie es ist, als Flüchtlingskind aufzuwachsen, und würde ich nicht wissen, wie man sich als Schulabbrecher ohne Hoffnung und als Jobhopper fühlt – ich vermute, ich wäre niemals auf die Idee zu whatchado gekommen. Ich hatte erst selbst diesen Weg gehen müssen, um zu verstehen, wie eine Lösung aussehen konnte. Manchmal glaube ich, dass ich whatchado eigentlich für mich bauen wollte – für einen, der tun möchte, was ihm nicht zugetraut wird oder er noch nicht kann. Und jetzt würden wir whatchado gemeinsam für all die Menschen bauen, die das Gleiche durchgemacht hatten wie ich.

Mit jedem neuen Gesicht im Team, das die whatchado-Geschichte und unsere Beweggründe hörte, wuchs unsere Bekanntheit, da alle die Geschichte gerne weitererzählten. Unser Team wurde das beste Marketing, das man sich vorstellen kann. Denn wann immer wir über uns selbst sprachen, erzählten wir automatisch die Geschichte vom Handbuch der Lebensgeschichten.

You only get one shot
Wie ein Bluff die Geburt von
whatchado beschleunigte

Mitte Mai 2011 läutete mein Telefon, und ein Journalist vom ORF, dem größten österreichischen Fernsehsender, meldete sich. Er hatte von unserer Idee gehört und wollte wissen, was es mit whatchado auf sich habe. Ich erzählte ihm, dass wir planten, die Welt zu retten, und begann, mit all den Dingen zu prahlen, die wir angeblich schon erreicht hatten. Mit der Webseite, die schon fast fertig sei. Mit den Videos, an denen das Team auf Hochtouren arbeite. Mit der tollen Atmosphäre in unserem whatchado-Büro. Klarerweise war das ein kompletter Bluff – wir hatten bisher nur wenige Videos produziert, wir hatten kein Büro, und die Webseite war ein Entwurf auf einigen großen, weißen Blättern Papier, den man mehr schlecht denn recht als Grobkonzept bezeichnen konnte.

»Wann gehen Sie denn online?«

Der Bluff ging weiter.

»Ja, also ... wir stehen ganz kurz davor. Es kann sich nur noch um ein paar Tage handeln.«

Auf einem meiner Urlaube in Thailand habe ich mal von einem Australier, der mir sagte, dass ich zu viel nachdenke, ein Shirt geschenkt bekommen. Darauf stand der Schriftzug *Don't ask for permission, ask for forgiveness*, der mich daran erinnern sollte, dass das Leben keine Aneinanderreihung von Bittstellungen sein darf, sondern den Mutigen dieser Welt gehört.

Im Laufe des Gesprächs erreichten wir schließlich den Punkt, an dem der Journalist mir sagte, dass er mit einem Kamerateam zu uns ins whatchado-Büro kommen und mich einen ganzen Tag begleiten würde. Da ich erzählt hatte, dass ich auch Lehrer war, wollte er mich außerdem bei meinem Unterricht im

Gymnasium filmen. Das Problem: Wir hatten kein hauptberuf-liches Team, wir hatten kein Büro, und noch weniger hatten wir eine Webseite, die ich zeigen konnte. Wir machten aus, dass der Journalist am Freitag, also in vier Tagen, mit dem Team vorbei-kommen würde.

Im Nachhinein betrachtet, bin ich dem ORF sehr dankbar dafür, uns in diese Zwickmühle gebracht zu haben. Ich hatte in den vergangenen Jahren zu viele Projekte scheitern sehen. Aus ihnen war nichts geworden, weil die handelnden Personen auf den richtigen Augenblick warteten und dieser niemals eintrat, weil sie Angst hatten, sich zu blamieren.

Die anderen im Team fragten mich, ob ich verrückt gewor-den sei. Es war einfach fahrlässig, zu diesem Zeitpunkt von einer »fast fertigen Webseite« und einem »Unternehmen« zu sprechen, wo wir gerade mal eine Facebook-Seite mit 99 Fans und einen Tisch in meinem Wohnzimmer vorweisen konnten. Interessanterweise war ich die Ruhe selbst, und auch die Jahre darauf wurde ich, je heftiger die Herausforderung und je knap-per die Zeit, zu der Person im Team, die genau wusste, was zu tun war.

Wir brauchten ein Büro? Okay, dann taten wir einfach so, als hätten wir ein Büro.

Wenige Wochen zuvor hatte ich Yves Schulz kennenge-lernt. Er war Gründer des sektor5, einem der ersten Coworking Spaces in Österreich, und er hatte mir eine kostenlose Nutzung seiner Büroräume angeboten. Er erzählte mir damals, dass kürzlich ein obdachloser Jugendlicher bei ihnen geklaut habe – wenn wir es mit whatchado schaffen würden, diese Jugend-lichen von der Straße fernzuhalten, würden wir wirklich etwas verändern. Ich rief ihn an, und fünf Minuten später durften wir sektor5 als unser offizielles Büro angeben. Also teilten wir dem Fernsehteam mit, dass wir uns in der Siebenbrunnengasse 44 treffen.

Wir baten alle Personen, die im sektor5 arbeiteten, so zu tun, als wären sie unsere Mitarbeiter. Im Nachhinein betrachtet ist es eigentlich irre, dass wirklich alle mitmachten, sogar die, die mich nicht kannten. Vermutlich fanden sie es einfach lustig und wollten sehen, wie weit wir damit kommen würden. Außerdem fragte ich einen Freund, Manuel Gruber, der sein eigenes Büro im sektor5 hatte und eigentlich nur in Ruhe arbeiten wollte, ob er beim TV-Dreh so zu tun könne, als würden wir gerade ein whatchado-Interview mit ihm machen. Als der ORF vor Ort drehte, gingen wir – als wäre es das Normalste auf der Welt – durch »unser« Büro, und alle »Mitarbeiter« winkten nett und taten hinter ihren PC-Monitoren ihre Arbeit.

In der Nacht zuvor hatte ich eine Webseite programmiert, die allerdings nur auf meinem Laptop aufrufbar war. Sie besaß keinerlei Funktionen und bestand nur aus einer Startseite, die man nicht einmal anklicken konnte. Doch das Wichtigste fehlte noch: ein Logo. Zwar hatte ich im Lauf der Zeit immer wieder whatchado-Logos entworfen, fand sie aber nicht mehr cool genug. Also überlegten Jubin und ich, wie man whatchado graphisch darstellen konnte.

Wir waren uns beide einig: Whatchado steht für den Ausweg aus der klassischen Karrierewelt. Plötzlich fiel mir das internationale Symbol einer Autobahnausfahrt ein. Ein Symbol, das weltweit anzeigt, dass man die Straße, auf der man sich befindet, auch wieder verlassen kann. Wir googelten kurz, fanden das Symbol, kopierten es in ein Graphikprogramm, hinterlegten es mit einem türkisfarbenen Kreis und färbten den Ausfahrtspfeil orange. Schon hatten wir unser Logo, und die Leute fanden es nicht nur klasse, sie fanden es kreativ und die Analogie zum Verkehrszeichen richtig gut. Dass uns das Logo in einer Phase der Verzweiflung eingefallen war, das erwähnten wir natürlich nicht.

Dem Fernsehteam erklärte ich, die Webseite sei gerade

in einer Testphase, daher könnten wir nur die Startseite ohne Funktionen herzeigen. Manuel hatte die ganze Nacht einen Trailer zusammengeschnitten, der die besten Antworten aus den bisher gedrehten Videos zeigte. Dieses Video spielten wir den Fernsehleuten vor. Sie fragten gar nicht nach, warum sich die Videos nicht auf der Webseite abspielen ließen, sondern nur auf meiner externen Festplatte existierten. Eine »logische« Antwort darauf hätte ich nicht gewusst.

Bevor mich das Fernsehteam zum Nachmittagsunterricht in die Schule begleitete, gab ich noch ein Interview. Ich erzählte meine Geschichte und dass unser Ziel mit whatchado sei, die Welt zu retten. Um nicht völlig größenwahnsinnig zu wirken, fügte ich hinzu: »Ich möchte nicht 100 Prozent der Welt retten, sondern nur 25 Prozent der Weltbevölkerung, nämlich die unter 15-Jährigen.« Whatchado war besonders für Jugendliche unter 15 Jahren gedacht, da dies das Alter ist, in dem spätestens die Frage auftaucht, was man denn eines Tages im Leben machen will. Zum Abschluss drehten wir während und nach meinem Unterricht, als die Schüler mir Fragen stellten. Ich versprach dem ORF, mich sofort zu melden, wenn der Go-live-Termin der Webseite www.whatchado.net bekannt war.

Doch wie wollte ich es jetzt bewerkstelligen, die Webseite in den kommenden Tagen online zu schalten? Stefan und Jubin stellten mir diese Frage völlig zu Recht, denn es fehlte uns hinten und vorne an Ressourcen. Ich ließ die Tage vergehen, hoffte auf ein Wunder und wusste nicht, wie ich dem ORF sagen sollte, dass es doch nicht so schnell voranging wie geplant.

Am Morgen des 23. Juni 2011 rief mich der Journalist vom ORF an und erkundigte sich, wie wir vorankommen würden. Der Fernsehbeitrag sei fertig, und der ORF warte nur darauf, ihn zu senden. Um Zeit zum Nachdenken zu gewinnen, fragte ich ihn, ob ich den Bericht vorab sehen dürfe. Nein, das sei nicht möglich. Eine Weile erzählte er mir etwas über journalistische

Freiheit und dass man da nicht reinreden dürfe. Schließlich rang ich mich dazu durch, zu sagen, der Go-live-Termin werde nach jetziger Planung eher in den Sommerferien sein, vielleicht Mitte Juli oder August. Zu meinem Entsetzen stellte der Journalist daraufhin trocken fest, es täte ihm leid, aber in diesem Fall könnten wir den Bericht vergessen. In der Sendung würde man nämlich sehen, wie ich in der Schule stand. Diese Aufnahmen konnte man unmöglich in einer Nachrichtensendung während der schulfreien Zeit zeigen, da dann alle wüssten, dass der Inhalt des Berichts veraltet sei. Er machte mir klar, dass wir genau eine Woche Zeit hatten, um die Webseite online zu stellen, da danach die Sommerferien begannen und unsere ORF-Story begraben wäre.

Zeit meines Lebens war ich Hip-Hop-Fan, und das hat sich in mehrerlei Hinsicht auf meine Arbeit an whatchado ausgewirkt. In meinem Kopf gab es das Bild von whatchado als einen Jugendlichen im Hoodie, der Hip-Hop hört und Basketball spielt. Als Social-Media-Berater habe ich gelernt, dass die besten Marken im Idealfall als Menschen zu beschreiben sind. Und später wollte ich mit whatchado eine Marke auf die Beine stellen, die sich wie dein bester Kumpel anfühlt – zu dem du gehst, wenn du nicht mehr weiterweißt. Oder wie deine große Schwester oder dein großer Bruder, die immer für dich da sind und dich motivieren, den für dich richtigen Weg zu entdecken.

Ich für meinen Teil habe mich mein ganzes Leben lang mit Hip-Hop motiviert. Jay-Z, Mos Def, ja auch mal Bushido und vor allem Eminem. Es hat mir geholfen, mich in ihre Charaktere hineinzuversetzen und davon zu träumen, eines Tages als Underdog den großen Wurf zu schaffen. 2002 kam mit *8 Mile* einer der coolsten Filme des Jahrzehnts in die Kinos, und der Hauptdarsteller war mein Hip-Hop-Superstar, Eminem. Ich habe den Film bestimmt 25-mal gesehen und den Soundtrack rauf und runter gehört. Bei jeder Gelegenheit hörte ich den Track »Lose

Yourself«, in dem es darum geht, dass man im Leben immer wieder Chancen bekommt, manchmal jedoch nur einen Versuch hat, um etwas daraus zu machen. Der Song wurde zu unserer Hymne, und insbesondere diese eine Zeile gab uns Auftrieb:

You only get one shot, do not miss your chance to blow
This opportunity comes once in a lifetime[1]

Immer wenn wir bei unseren whatchado-Sonntagstreffen Angst hatten, groß zu träumen, spielte ich diesen Track vor, um die Mannschaft einzuschwören.

Und hier war nun unsere »*You only get one shot*«-Chance. Ich sagte dem ORF-Journalisten, dass der von ihm angestrebte Go-live-Zeitraum kein Problem sei und wir die Webseite am darauffolgenden Montag, also in vier Tagen, online stellen würden. Als ich auflegte, wurde mir schlecht. Mir war heiß, und ich schwitzte. Wie sollte sich das bloß ausgehen?

Ich informierte den Rest des Teams, und – nachvollziehbarerweise – sagten mir alle, dass dies nicht die beste meiner Ideen gewesen sei. Die Zeit war zu kurz, die Webseite nicht programmiert, wir hatten zu wenige Videos und uns nicht einmal auf eine Musik oder ein Intro geeinigt, um die Videos fertigzustellen. Doch nach und nach sahen alle ein, dass genau das unsere »*You only get one shot*«-Chance war, von der wir träumten. Klar, wir konnten uns komplett blamieren. Gleichzeitig wäre das wohl immer noch der fulminanteste Auftritt einer Webseite, den man sich vorstellen konnte. Allein der Gedanke, im Fernsehen werde bald der Launch von whatchado angekündigt, zauberte ein breites Grinsen auf mein Gesicht, und ich wurde immer ungeduldiger.

---

[1] »Du hast nur einen Versuch, verpass nicht deine Chance, es allen zu zeigen. So eine Gelegenheit kommt nur einmal im Leben.«

Sofort setzten wir einen Masterplan auf. Jubin, Stefan und die anderen zogen los und drehten whatchado-Interviews. Manuel begann, sich ein animiertes Intro zu überlegen. Und ich fuhr zu einem meiner Lieblings-DJs, Stof Hofer von Leitstrahl. Vor seinem Auftritt im Undergroundclub Flex fragte ich ihn ganz frech, ob er uns den Intro-Sound zu whatchado machen würde. Ich stellte mir einen zehnsekündigen Hip-Hop-Beat vor, der kraftvoll und doch verspielt klang. Er wiederum stellte sich 900 Euro als Entlohnung vor. Da wir über kein derartiges Budget verfügten, ich aber wusste, dass Stof zwei kleine Kinder hat, erzählte ich ihm, dass whatchado eines Tages genau die Plattform sein wird, die seinen Kindern hilft, wenn sie orientierungslos in der Schule sitzen und Angst vor der Zukunft haben. Meine Argumentation wirkte, und am Sonntagmorgen schickte uns Stof das Intro in zwei verschiedenen Ausführungen.

Ab Freitagabend programmierte ich zusammen mit einem Freund das ganze Wochenende lang eine Webseite, die – zumindest nach außen hin – gut aussah. Manuel Bovio und das gesamte Team hatten in einer Hauruck-Aktion Videos geschnitten und versahen diese am Sonntag mit den neuen Soundfiles. Manuel Zach, mein ehemaliger Studienkollege, half mir dabei, die gesamte Server-Technik so weit hinzubiegen, dass unsere Webseite am Montag unter www.whatchado.net online gehen konnte. Leider kamen wir erst am Sonntag darauf, dass einige Konfigurationen fehlerhaft waren. Nun war unklar, ob die Webseite deshalb vielleicht erst am Dienstag unter der Adresse auffindbar sein würde.

Doch ich hatte dem ORF Montag versprochen, und das ließ sich nicht mehr ändern. Ich rief den Sender Montagfrüh gegen 9 Uhr an und bestätigte, dass wir am Abend online gehen würden. Der Journalist am anderen Ende der Leitung wollte die Webseite schon vorab sehen. Ähem ... Mit dem Verweis auf unsere »journalistische Freiheit« machte ich ihm klar, dass er die Webseite erst dann sehen könne, wenn sie für alle online sei. »Wir wollen uns da ungern von jemandem reinreden lassen, Sie verstehen.« Das war mein verzweifelter Versuch, davon abzulenken, dass unser Server nicht so funktionierte wie gedacht.

Nun gab es kein Zurück: Der Bericht sollte um Mitternacht in der Nachrichtensendung *Zeit im Bild 24*, kurz ZIB24, gezeigt werden, doch es blieb unklar, ob er 10 Sekunden oder eine Minute lang sein würde.

Die kommenden Stunden waren die Hölle. Ich sprang zwischen Zigaretten und Kaffee hin und her, und das, obwohl ich Nichtraucher bin. Im Super-Fi-Büro war ich an dem Tag nicht richtig ansprechbar, stattdessen half ich dem whatchado-Team, die letzten Videos online zu stellen. Unsere Webseite war in einer Hauruck-Aktion entstanden und dementsprechend mangelhaft in Bezug auf Bedienung und Funktionalität. Während sich heute Videos oder Fotos mit einem Klick auf eine Webseite hochladen lassen, mussten wir sie in mühevoller Detailarbeit auf den Server laden, mit Stichworten hinterlegen und die Reihenfolge der Videos manuell angeben.

Ich telefonierte um 18 Uhr mit meinem Kumpel, der sich um die Serverkonfiguration kümmerte. »Nein, unter www.whatchado.net sind wir noch nicht erreichbar.«

Einige aus dem Team fingen an zu befürchten, dass wir nun tatsächlich auf eine Riesenblamage zusteuerten. Ich merkte, wie die Unzufriedenheit in Anbetracht der vielen offenen Fragen zunahm. Niemand kannte die Länge oder den Inhalt des Berichts, und noch weniger wussten wir, ob es zu diesem Zeitpunkt schon eine Webseite geben würde.

Die Stunden vergingen, und endlich hatten wir alle Videos online. Es waren 17 Stück, teilweise in katastrophaler Qualität, aber sie waren online. Im Nachhinein gesehen sind 17 Videos natürlich ein Witz. Heute nehmen wir bei whatchado pro Monat mindestens 100 Storys auf. Damals wie heute sind wir jedoch glücklich über jede Minute an Lebensgeschichte, die wir einfangen können.

Auf zwei der Storys war ich besonders stolz. Armin Wolf war schon damals einer der bekanntesten TV-Moderatoren Österreichs und auf Twitter die klare Nummer eins. Es gab Menschen, die nur wegen ihm einen Twitter-Account angelegt hatten. Er war witzig, messerscharf in der Analyse, und seine Studiogäste fürchteten seine gute Vorbereitung. Ich hatte ihn aus reiner Begeisterung angeschrieben und ihn gefragt, ob er Zeit für ein whatchado-Interview habe. Zwar sagte ihm whatchado überhaupt nichts, doch er mochte die Idee dahinter. Armin Wolf nahm sich fast eine Stunde Zeit, und so konnte ich mit ihm eines meiner liebsten whatchado-Interviews führen. Er erzählte von seiner Kindheit und dass es für ihn, als Sohn eines Hausmeisters, eigentlich niemals vorgesehen war, die Schule abzuschließen. Erst mit Hilfe seiner Großmutter, die an ihn glaubte, schaffte er es doch, und er landete schließlich durch puren Zufall beim Journalismus. Sein Studium hatte er zwischenzeitlich hingeschmissen und nur deshalb fortgesetzt, weil er sich bei seinem 30. Geburtstag aus Ärger über den Abbruch vornahm, es fertigzumachen. Unverblümt gab er zu, dass er sowohl für sein Master- als auch sein Doktoratsstudium weit länger als die Regelstudienzeit gebraucht hatte und er damit der lebende Beweis sei, dass auch ohne ein schnelles Studium noch etwas aus Menschen werden kann.

Das andere Interview, auf das Jubin und ich besonders stolz waren, durften wir mit Sebastian Kurz führen, dem heutigen Außenminister Österreichs. 2011 war er Staatssekretär für Integration und lebte zufälligerweise genau in meiner Straße. Ich wohnte in Hausnummer 15, er in Nummer 14. Eines Tages sah ich ihn zufällig auf der Straße. Bevor er noch in das Auto steigen konnte, das ihn abholte, ließ ich meinen Standard-whatchadoist-so-genial-darf-ich-sie-interviewen-Pitch los und drückte ihm meine selbstgemachte Visitenkarte in die Hand.

Wenige Tage später durften Jubin und ich ihm unsere sieben whatchado-Fragen stellen. Wir freuten uns wie kleine Kinder, da wir noch wenige Wochen davor darüber gerätselt hatten, was wir wohl anstellen müssten, um ihn vor die Kamera zu bekommen. Sebastian Kurz gefielen die whatchado-Idee und unser Engagement, und deshalb ernannte er Jubin und mich zu Integrationsbotschaftern. Er hatte sofort verstanden, dass whatchado in erster Linie dazu dient, Menschen die Teilhabe an der Gesellschaft zu ermöglichen, und angetreten war, die Vielfalt der Welt zu fördern.

Um 20 Uhr saß ich immer noch im Super-Fi-Büro und aktualisierte alle paar Minuten die Webadresse www.whatchado.net und hoffte, dass unser Server endlich bereit war.

War er nicht.

Irgendwann stellte sich in mir ein Gefühl der Ruhe ein, da ich wusste, dass wir alles getan hatten, was in unserer Macht stand. Florian, der Freund, der mir beim Programmieren der Webseite geholfen hatte, kam vorbei, und wir begannen dem Fernsehbericht um Mitternacht entgegenzufiebern.

Kurz vor 22 Uhr checkten wir noch einmal die Webadresse. Und siehe da, die Webseite war online – whatchado lebte! Ich schrieb unserem Team über Skype und war durch und durch happy. Jetzt konnte der Bericht kommen.

Kurz vor Mitternacht fragte jemand in der Skype-Gruppe, ob unser Server überhaupt für einen möglichen Ansturm auf die Webseite gerüstet sei. Wir hatten keine Antwort darauf, und wir wollten es auch nicht wissen. Hauptsache, wir waren online.

Um Mitternacht startete die ZIB24 mit den üblichen internationalen Tagesmeldungen. Florian und ich sahen uns die Sendung über die ORF-Webseite im Livestream an, da es im Super-Fi-Büro keinen Fernseher gab. Die Minuten vergingen, die

Berichte kamen und gingen, nur nirgends etwas über whatchado. Über Skype fragten mich Jubin und Stefan, wann denn der Bericht komme und ob dieser überhaupt heute gesendet werde.

Bevor ich etwas antworten konnte, blinkte plötzlich mein Skype-Chat wie verrückt. Alle aus dem whatchado-Team hatten mir gleichzeitig geschrieben.

»Ali, wow!!!« »Whatchado rockt!« »Alter, das ist genial!«

Jetzt kapierte ich gar nichts mehr.

Plötzlich machte es klick bei Florian. Er erklärte mir, dass wir uns die Sendung im Internet-Livestream ansahen und dieser manchmal zeitversetzt ausgestrahlt wurde. Und wie recht er hatte. Dann weiß ich nur noch, wie ich die Webseite des Livestreams neu lud und sah, dass der TV-Moderator Roman Rafreider den zweieinhalbminütigen Bericht einleitete, der mein Leben und das von whatchado für immer veränderte:

»Whatchado« ist amerikanischer Slang und heißt so viel wie »Was machst du?«. Und whatchado ist auch der Name einer Videoplattform im Internet, die vor gut zwei Stunden, um Punkt 22 Uhr, online gegangen ist. Sie richtet sich, nicht nur, aber vor allem, an junge Menschen, die eben auf der Suche nach einem Job sind. Vom Busfahrer bis zum Bundespräsidenten erzählen hier die, die einen Job haben, warum sie ihn haben und wie sie zu ihm gekommen sind.

Ich hatte dem ORF im Vorfeld erzählt, dass bei uns auf der Webseite alle Menschen gleichbehandelt werden, und als schnelles Beispiel für die mögliche Vielfalt Busfahrer, Gärtner und Präsidenten genannt, ohne auch nur ein Video von diesen Berufen zu haben. Und trotzdem hatte sogar diese Zukunftsvision es in den Bericht geschafft!

Überwältigt von unserem Erfolg, schrieb ich den anderen auf Skype. Florian und ich tranken unser Bier aus, umarmten uns und ich spazierte zu Fuß nach Hause. Der Abend war warm, der

Himmel klar und ich hellwach, als ich die Sterne ansah und an meinen Vater dachte, der mir gesagt hatte: »Geh einmal am Tag auf die Straße, sieh dir den Himmel an, und du wirst merken, wie klein deine Probleme sind. Die Menschen in der westlichen Welt sind viel zu betrübt von Sorgen und Ängsten, weil sie mit dem Kopf immer nur auf den Boden blicken. Dahin, wo es grau und schmutzig ist. Wann immer es dir zu eng wird, nutz den Himmel, um deine Freiheit zu spüren.«

Ich hatte seit dem Tod meines Vaters nicht mehr bewusst in den Himmel geblickt, weil ich wohl zu lange auf der Suche nach meinem Weg gewesen bin. In dieser Nacht begann ich wieder damit. Seitdem vergeht kein Tag, an dem ich nicht in den Himmel blicke. Mit dem Go live von whatchado und dem Wissen, dass wir nicht nur ein Haufen von Spinnern waren, begann der bisher spannendste Teil meines Lebens.

Plötzlich Unternehmer
Wie wir über Nacht Kunden und Investoren gewannen

Nach dem ORF-Bericht zum Launch der whatchado-Webseite klingelte wieder mein Telefon. Diesmal war eine Frau Riegler von McDonald's am Apparat: »Was würde so ein Video denn kosten?«

Mein erster Impuls war zu sagen, dass es gratis sei. Wir waren ja ein ehrenamtlich arbeitender Verein. Gut, dass ich ihm nicht nachgegeben habe.

In all der Zeit, in der wir an whatchado arbeiteten, sprachen wir nicht einmal darüber, ob in whatchado ein Geschäftsmodell stecken könnte. Wir hatten alle Jobs und wollten einfach etwas erschaffen, das Menschen hilft. Wir waren uns immer einig, dass die Plattform für die Nutzer kostenlos sein musste. Dass später Unternehmen für die Präsenz auf whatchado bezahlen würden, das überstieg unsere Vorstellungskraft bei weitem. »Warum sollten sie auch?«, so dachten wir. Also improvisierte ich mal wieder.

»Zwischen 400 und 500 Euro, Frau Riegler«, hörte ich mich antworten. »Wir kommen Sie mit einem Videoproduktionsteam und neuen HD-Kameras besuchen.«

Der Schmäh war, dass wir nur einen kleinen Camcorder und unsere Handykameras besaßen und gar kein Videoproduktionsteam hatten. Unsere Kerntruppe bestand aus vier Leuten, die mit krummem Rücken über ihren Laptops saßen und sich Kebap zum Mittagessen teilten. Doch das war jetzt wieder eine dieser Eminem-Chancen, der Moment für den *one shot*, der sitzen musste. Denn da draußen gab es tatsächlich Leute, die für unsere Videos Geld zahlen wollten! Zur Not hätte ich den Überziehungsrahmen meiner Bank ausgereizt, zwei Profis engagiert und sie mit den teuersten Kameras in die McDonald's-Zentrale geschickt.

Ich hörte mir selbst beim Reden zu – gerade sprach ich über ein Unternehmensprofil auf der Webseite, das 3000 Euro im Jahr kosten sollte (und das wir zu dem Zeitpunkt noch nicht hatten) – und kam gar nicht mehr aus dem Schwärmen heraus.

Frau Riegler unterbrach mich. »Passt, wir nehmen zwanzig Videos.«

Sch****, ich war zu billig.

Der Bericht über whatchado in den Nachrichten hat uns auf vielen Ebenen geholfen. In der ersten Woche führte ich gleich mehrere dieser Telefonate mit der Crème de la Crème der österreichischen Konsumgüterproduzenten. Die Drogeriemarktkette Bipa, das Stromunternehmen Verbund. Wirklich große Kunden. Alle Unternehmen interessierten sich aus demselben Grund für uns: Sie waren als Marke bekannt, nur kannten potentielle Bewerber viele der Jobs in den Unternehmen nicht. Mit whatchado gab es die Chance, diese Jobs vorzustellen.

In der dritten Woche hatten wir richtig viele Anfragen von Unternehmen gesammelt, die bei uns mitmachen wollten. Und einen zugesicherten Umsatz von etwa 80 000 Euro.

Nur was sollten wir jetzt damit machen? Es war verrückt, wir hatten kein Unternehmen, aber ein Produkt, das Kunden kaufen wollten. Wir waren weder eine GmbH, die Verträge abschließen konnte, noch besaßen wir ein Konto, auf das sich Geld überweisen ließ. Aber die Zusagen der Kunden hatten wir in der Tasche.

Das führte dazu, dass wir im Oktober 2011 kurz überlegten und dann schnell ein Unternehmen gründeten. Diese Entscheidung haben wir allerdings nicht alleine getroffen: Der Mann, der uns dabei am meisten geholfen hat, war der Start-up-Investor Hansi Hansmann.

Hansi habe ich auf der Start-up-Week 2011 in Wien kennengelernt, einem Start-up-Festival, das damals nur wenigen Personen bekannt war. Im Jahr 2011 waren Start-ups in Österreich eine Randerscheinung, und von einer Gründung hätten einem die meisten Menschen abgeraten. Ein solcher Schritt brachte viele Unwägbarkeiten mit sich, und es gab keine Vorbilder, an denen man sich hätte orientieren können. Andreas Tschas und Jürgen Furian, zwei Pioniere der Szene, hatten sich deshalb ein Herz gefasst und versuchten, mit der Start-up-Week das Thema in Österreich voranzubringen. Jahre später wurde aus der Start-up Week das global bekannte und erfolgreiche Pioneers Festival und Andreas Tschas einer meiner besten Freunde. Obwohl das Festival 2011 noch eine Randerscheinung darstellte, war es *the place to be* für Gründer und Interessierte, die ihr Glück in der digitalen Zukunft suchen wollten.

Selma Prodanovic, eine der wenigen Investorinnen in

Österrreich – ich hatte sie einige Wochen zuvor bei einem noch kleineren Start-up-Event kennengelernt –, nahm mich damals an der Hand und schleppte mich zu einem Mann mit verschmitztem Grinsen und festem Händedruck. Sie stellte mich vor: »Hansi, schau. Das ist der Ali von whatchado. Die Jungs brauchen ein Investment.«

Mein erster Gedanke war damals nur: »Nein, brauchen wir nicht.«

Im Gegenteil. Jubin und ich hatten uns in den Wochen vor diesem schicksalshaften Treffen mantramäßig vorgebetet, dass wir kein Investment brauchten. Ich wollte niemanden haben, der uns bei strategischen Entscheidungen dazwischenredete, uns wie eine reife Zitrone ausquetschte und uns Stück für Stück den Handlungsspielraum einengte. Dieses Bild hatten wir damals von Investoren, obwohl wir keinen einzigen kannten.

Jetzt stand ich dort, drückte Hansis Hand und fand ihn unglaublich sympathisch. Er sagte nur: »Es ist nicht die Frage, ob ich bei euch investiere. Die Frage lautet: wie.«

Wir beschlossen, unserem Bauchgefühl zu folgen und uns mit ihm zu treffen. Wir konnten ja immer noch nein sagen, und außerdem war ich neugierig, wie so ein Investmentgespräch ablaufen würde.

Am kommenden Tag trafen wir uns beim selben Event zu viert bei einem Kaffee – Hansi, Stefan, Jubin und ich. Nach ungefähr zwölf Minuten war klar, dass wir einen Investor mit sehr viel Erfahrung vor uns hatten und wir ihn sehr wohl brauchen konnten. Nicht wegen des Geldes, das er investieren würde – Unternehmen, die Kunden werden wollten, hatten wir ja bereits. Entscheidend waren vielmehr Hansis Erfahrung und das Gefühl, einen Partner an Bord zu holen, der mit uns durch dick und dünn geht. Wenn ein Start-up von einem Investor nur das Geld will, nennt man das »Stupid Money«. Wir waren jedoch sowohl an Hansis Investment als auch an seiner Berufs- und

Die whatchado-Truppe 2012. Hinten v. l. n. r.: Ranya, Manuel,
Kambis, Koko, Lisa, Jubin, Ali, Harald, Miriam, Markus, Stefan,
Leni und Philipp. Vorne v. l. n. r. unsere späteren Business Angels
Niko Alm, Selma Prodanovic und Hansi Hansmann.

Lebenserfahrung interessiert – die beste Voraussetzung für
»Smart Money«.

Hansi hat uns damals zur Gründung einer GmbH geraten.
Sein Geld haben wir im ersten Jahr nicht angerührt, weil wir
durch den TV-Auftritt viele Kunden und genug zu tun hatten.
Wir griffen erst auf das Investment zurück, als wir im zweiten
Jahr auf Wachstumskurs gingen, das Team aufbauten und dadurch größere Kosten hatten. Als wachstumsgetriebenes Unternehmen greift man immer dann zu Geldreserven, wenn man
schneller als der Markt wachsen möchte und weiß, dass man das
mit den aktuellen Einnahmen nicht realisieren kann.

Heute, fünf Jahre später, glaube ich, wir hätten das erste
Jahr ohne fremdes Geld auf dem Konto überstehen müssen, um

in unserem unternehmerischen Handeln zu reifen. Wir haben Hansis Kohle nicht angegriffen, aber wir wussten, dass sie auf unserem Konto schlummerte und nur auf uns wartete. Das war gut gegen die Zweifel und Ängste, die immer wieder in uns hochkamen. Es war allerdings schlecht für unsere Entwicklung von Gründern zu Managern einer Firma, die wachsen möchte. Zu wissen, dass du in der Hinterhand über eine Menge Geld verfügst, das dich notfalls auffängt, führt dazu, Entscheidungen nicht völlig selbständig mit dem notwendigen Realismus zu treffen. In etwa so wie ein Kind, das bis zum 30. Lebensjahr immer noch Taschengeld bekommt. Dieser Mensch wird sich später weitaus schwerer tun, mit eigenem Geld umzugehen, als wenn er das schon früher gelernt hätte.

Die Sicherheit hat uns viele Erfahrungen gekostet, die wir später schmerzhaft nachholen mussten. Durch die ersten Kunden und das Investment waren wir gut gepolstert. Und wir hatten uns. Wir hätten lernen müssen, unser Unternehmen gesund wachsen zu lassen – stattdessen machte ich den Fehler, das Wachstum ungesund und unnatürlich schnell anzutreiben.

Ich bemerke es heute bei vielen Start-ups. Viele gründen gar nicht mehr, wenn sie nicht von Anfang an mit einem großen Investment versorgt sind. Das Investment ist ihnen teilweise wichtiger als ihre Idee oder das Problem, das sie lösen, und wie sie selbst Geld verdienen wollen. Das ist verrückt. Jeder Schuster, jeder Bierbrauer, jeder Gärtner – jeder, der einen Laden hat, ist auch ein Gründer. Diese nichtdigitalen Unternehmer pitchen ihre Idee vor einem Bankberater statt einem Investor und stehen nach erfolgreicher Überzeugungsarbeit vor einem Berg Schulden, den sie über die nächsten Jahrzehnte abzahlen müssen. Diese Unternehmer drehen jeden Cent viermal um, bevor sie damit arbeiten. Kommt die Kohle von einem Investor, ist sie bei einem Misserfolg einfach weg. Und das mindert manchmal bei zu jungen Gründern das Verantwortungsbewusstsein. Kommt das Geld von einer Bank, bezahlt man Zinsen, und der Kredit ist irgendwann fällig. Diese beiden Wege, ein Unternehmen zu gründen, sind zwei völlig verschiedene Paar Schuhe.

Ohne Investment zu starten, bedeutet auf lange Sicht mehr Vorteile, als es an Entbehrungen für die Gründer bereithält. Man wird dankbar, wenn man die Herausforderungen aus eigener Kraft bewältigt und nicht einen Unverwundbarkeitsbonus auf dem Konto liegen hat. Ich frage mich oft, wie sich whatchado entwickelt hätte, wenn wir uns am Anfang statt auf die Investoren nur auf die Kunden fokussiert hätten. Hätten wir dieselben Entscheidungen getroffen?

Ein Investment macht frei. Es ist wundervoll. Aber wenn man als Gründer zu unerfahren ist, dann kann es passieren, dass man glaubt, es gehe ab jetzt für immer so weiter. Wir hatten riesiges Glück. Wir haben in den letzten Jahren immer wieder die Investments bekommen, die wir wollten. Hätten wir Hansi damals als Tippgeber und Zuflüsterer gewonnen und sein Geld erst später erhalten, wäre das der richtige Weg gewesen. Wir waren unter 30, euphorisch, Chefs, und hatten keine Ahnung, was wir dort eigentlich machten. Die Probleme, die wir uns damit schufen, fielen uns in den kommenden Jahren auf den Kopf. Ohne Investment wären wir gezwungen gewesen, über die Dinge tiefer nachzudenken. Doch unser Anfangsenthusiasmus half uns auch später immer wieder über den Berg. Mangelnde Lebenserfahrung glichen wir durch Euphorie und den Willen zu lernen aus.

Loslassen
Wann du dich voll auf das Risiko
einlassen musst

Mama hob den Hörer ab.

»Du, ich gründe jetzt eine Firma.«

Sie fragte: »Womit?«

»Mit whatchado.«

»Das ist doch keine Firma«, sagte sie. »Das ist eine Spielerei.«

»Mama, ich mach das jetzt und werd auch Angestellte haben.«

»Mein Sohn, jetzt bist du verrückt geworden.«

Dazu muss man wissen, dass meine Mama Sozialarbeiterin ist und inzwischen bei einer Tochterfirma des Berufsförderungsinstituts Österreich arbeitet. Nach dem Tod meines Vaters ist sie wieder zurück nach Wien gezogen, um in der Nähe ihrer Kinder zu sein. Ihre Aufgabe ist es, Langzeitarbeitslose zu vermitteln. Das ist hart verdientes Brot. Zu ihr kommen Menschen, die seit Jahren keine Arbeit finden und manchmal auch jede Perspektive verloren haben. Und nun will ihr Dreikäsehoch alles hinschmeißen – obwohl er einen sicheren Job hat, Urlaubs- und Weihnachtsgeld bekommt, sozial abgesichert ist und endlich einen Weg gefunden zu haben scheint. Sie fing an zu weinen. Ob ich denn über Lohnnebenkosten Bescheid wüsste, über Sozialversicherungsabgaben und Gewerbeordnungen? Klar, ich hatte keine Ahnung. Doch man kann alles lernen, richtig?

Unsere Diskussionen in dieser Zeit waren durchwachsen von meinem Enthusiasmus und ihren Sorgen. Ein Satz, den ich zu ihr sagte, ist später einer der wichtigsten in meinen Vorträgen geworden. »Mama, ich glaube, dass wir Menschen lernen müssen, zu sehen, was wir alles haben – statt nur das, was wir verlieren können.«

Ich habe meiner Mutter gesagt: »Mama, ich lebe im Paradies.« Erstens habe ich alle Fähigkeiten, die ich brauche. Zweitens fängt mich, selbst wenn ich pleitegehe, notfalls ein Sicherheitsnetz auf – für Essen, Trinken, Gesundheit und ein Dach über dem Kopf wird gesorgt sein. Und drittens will ich nicht mit 80 Jahren auf mein Leben zurückblicken und meinen Enkelkindern sagen müssen, dass ihr Opa eine coole Idee hatte, um den Menschen ein Problem abzunehmen, aber zu feige war, es durchzuziehen.

Ja, es war ein verdammtes Risiko. Im Jahr 2011 wusste praktisch niemand in Österreich, was ein Start-up ist, und keine der Zeitungen hatte sich je mit dem Thema ausführlich befasst. Und doch spürte ich, dass es jetzt an der Zeit war, loszulassen und zu schauen, wo sich die Sache mit whatchado hinbewegte

Der Beamte in der Gewerbescheinvergabe der Wirtschaftskammer Wien schaute ungläubig durch seine Gleitsichtbrille, als ich vor ihm stand. Und noch ein bisschen ungläubiger, als ich ihm sagte, dass wir ein Start-up für Berufsorientierung gründen wollen und das finanzieren können. Ob er uns die benötigten Gewerbescheine auch ausgestellt hätte, wenn er nicht dazu verpflichtet gewesen wäre – da bin ich mir bis heute nicht sicher. So richtig wollte er mir nicht glauben, dass wir wussten, was wir taten, und dass man im Internet wirklich Geld verdienen konnte.

Wir machen in unserem Leben oft zu viele Dinge gleichzeitig. Das versperrt uns die Sicht auf die Beschaffenheit unserer Aufgaben – auf das, worum es dabei wirklich geht. Erst, wenn wir uns auf etwas einlassen und Vergangenes abschließen, öffnen sich neue Türen. Damals war es so. Wir gingen volles Risiko ein, wohl wissend, dass es krachend scheitern könnte. Als wir wenig später erste Mitarbeiter einstellten, war ich ehrlich und habe in den Bewerbungsgesprächen immer betont, dass wir ein Himmelfahrtskommando seien und ich nicht garantieren könne, dass whatchado in drei Jahren noch existiert.

02. 01. 2012, der erste Tag als Gründer. V. l. n. r.: Stefan, Jubin und Ali, Manuel machte das Foto.

Und natürlich hat mir das Risiko große Angst eingejagt. Nachdem Manuel, Jubin, Stefan und ich kurz vor Weihnachten 2011 beim Notar die Verträge unterschrieben hatten, gab es kein Zurück mehr: Unser neues Unternehmen würde am 2. Januar 2012 als whatchado GmbH an den Start gehen. Alle haben gejubelt, die Korken knallten. Beim ersten Schluck Sekt kam mir vor Nervosität beinahe mein Mageninhalt wieder hoch.

In ihrer ersten Woche als Start-up-Gründer haben sich vier Jungs groß angeschaut: Keiner von uns hatte eine Ahnung vom GmbH-Gesetz, von Haftung oder Bilanzen. Aber wir haben weitergemacht und sind besser geworden. Und schließlich wurde mir bewusst, dass nicht zu gründen das größere Risiko gewesen wäre. Dann wäre ich jetzt noch im Hamsterrad in irgendeinem großen Unternehmen. Es wäre ein anderes Leben geworden.

Es kristallisierte sich schnell heraus, dass Jubin und ich das Unternehmen als Manager führen würden, während Manuel und Stefan all die Spezialprojekte übernahmen, die für die Entstehung von whatchado wichtig waren und für die es einen von uns Gründern brauchte. Sei es das Aufsetzen eines neuen Bereiches oder das Entwerfen und Umsetzen neuer Konzepte.

Unsere neue Hymne wurde der Song »99 Problems« von Jay Z, dessen Refrain wir abwandelten in »*I got 99 Problems, but the job ain't one*«. Alles in allem hatten wir in unserem Tagesgeschäft bestimmt mehr als 99 Probleme, aber was unsere Jobwahl anging – sie gehörte nicht dazu. Wir durften endlich an etwas arbeiten, in dem unser ganzes Herzblut steckte, und die Chance darauf wollten wir anderen durch whatchado weitergeben.

2.
FIRST THINGS
FIRST

6000 Lebensgeschichten
Wie wir sogar den Präsidenten von
unserer Idee begeisterten

Das Herzstück von whatchado sind die Videointerviews. Ohne sie wäre das ganze Unterfangen nicht denkbar. Nur mit Hilfe der Videos lässt sich die Begeisterung derjenigen Menschen, die ihren Job lieben, auf andere übertragen, die nach Orientierung suchen. Doch nicht jeder war sofort bereit, uns die sieben whatchado-Fragen zu beantworten.

Deshalb will ich in diesem Teil erzählen, wie wir es schafften, wirklich jeden vor die Kamera zu bekommen. Am besten erkläre ich unsere Technik anhand unseres größten Wurfs, dem – inzwischen ehemaligen – Bundespräsidenten der Republik Österreich, Heinz Fischer.

An dem TV-Beitrag, den der ORF über uns gesendet hat, haben uns viele gemessen. Dort hatte ich angekündigt, dass auf whatchado alle Menschen porträtiert werden – vom Busfahrer bis zum Präsidenten –, weil jede Geschichte wichtig ist. Denn wenn der Bundespräsident genauso mitmacht und dieselben sieben Fragen beantwortet wie jemand, der bei McDonald's Burger brät oder im Marketing eines Unternehmens arbeitet, dann funktioniert das whatchado-Konzept, alle gleich zu behandeln und damit zu zeigen, dass wir Menschen einander auf einer grundlegenden Ebene gleich sind.

Nur wie sollte ich diesem Anspruch gerecht werden? Einen Termin beim Präsidenten Heinz Fischer zu bekommen, ist nicht ganz so einfach, wie einen Busfahrer zu erwischen. Natürlich hat mein ganzes Umfeld gezweifelt. »Warum sollte er das denn machen?« »Euch kennt doch niemand!« »Was soll es ihm politisch bringen?« »Er ist ja schon der wichtigste Mann im Land.« Und so weiter und so fort. Ich schrieb also gleich am ersten Tag nach der Gründung eine E-Mail an seine Assistentin. Der Brief war ungefähr halb so lang wie dieses Buch. Ich habe meinen Werdegang und unsere Idee geschildert, ihm für seine Art und sein Engagement gedankt und alles Gute für die Zukunft gewünscht. Ich dachte mir, wenn er erst unsere Geschichte kennt, dann wird er verstehen, weshalb ein Interview sinnvoll wäre. Ich erhielt keine Antwort. Eine Woche verstrich. Ich schrieb die nächste E-Mail. Ich argumentierte, dass es vielleicht da draußen auch Jugendliche gäbe, die den Traum haben, Präsident zu werden, und die gerne wüssten, was so ein Präsident den ganzen Tag lang macht. Und dass ich Österreich eines Tages als ein Land erleben möchte, in dem jedes Kind mit österreichischer Staatsbürgerschaft, – egal, wo es ursprünglich herkommt – sagen kann: »Ich kann hier Präsident werden.«

Was ich auf der Reise, den Präsidenten vor die Kamera zu kriegen, gelernt habe: Es geht wirklich ganz stark darum, wie du deine Information verpackst und welche Person sie transportiert. Am Schluss kommt es immer darauf an, ob man dem Menschen, der eine Botschaft übermittelt, glaubt oder nicht.

Im Endeffekt habe ich über eineinhalb Jahre lang jede Woche eine E-Mail verschickt. Jede Woche. Immer an seine Assistentin, die Frau Astrid Salmhofer – sie war phantastisch. Eine langjährige Mitarbeiterin, die quasi sein Leben und das ganze Drumherum organisiert hat. Ihre Antwort war: Nein. Ich bat sie: Wenn Sie wollen, dass ich mich nie wieder melde, bitte schreiben Sie mir das genau so. Dann hätte sie ihre Ruhe gehabt. Sie tat es nicht, sondern schrieb von großen Tageszeitungen, die sie täglich abwimmeln müsste, von Magazinen und dem ORF. Sie schrieb, dass sie meine Hartnäckigkeit und meine freundliche Art sehr bewundere und ich es weiter probieren soll.

Ab diesem Zeitpunkt schickte ich jeden Montagmorgen um 7:30 Uhr eine Mail an Frau Salmhofer, eine halbe Stunde später rief ich an. Manchmal hob sie ab. Dann fragte ich sie, wie ihr Wochenende war und was der Tag so für sie bringen würde. Hatte sie Namenstag, habe ich gratuliert. Zu Weihnachten habe ich ihr eine Karte geschickt. Zu Ostern, Pfingsten und Neujahr auch. Erst am Ende eines jeden Gesprächs habe ich die E-Mail erwähnt. Sie hat durch den Hörer gelächelt und gesagt: Nein, der Präsident hat leider keine Zeit für Sie. Das ging die nächsten eineinhalb Jahre so weiter.

In dieser Zeit habe ich mir mein Netzwerk genauer angesehen. Ich kannte einen Fotografen namens Ingo Pertramer, von dem ich erfuhr, dass er Heinz Fischer öfters für Magazine und die Presseseite fotografierte. Ich habe ihn einmal angerufen und ihn gebeten, beim nächsten Shooting meinen Namen fallen zu lassen, falls es für ihn passt und falls die Situation es zulässt. Ich habe nie mit Druck versucht, auf jemanden einzuwirken, sondern darauf geachtet, dass es sich für die Menschen, die uns helfen, gut anfühlt. So habe ich es auch mit einem Journalisten gemacht. Plötzlich hörte das Umfeld des Präsidenten immer wieder den Namen whatchado. Das Irre ist: Wenn du etwas unbedingt möchtest, helfen dir die Menschen fast automatisch. Frau Salmhofer hat auch nie gesagt: »Hören Sie auf damit, Herr Mahlodji.« Sondern nur: »Der Präsident ist ein sehr beschäftigter Mann.«

Mein Team hat immer zu mir gesagt: »Ali, jetzt tu dir nichts an, wir haben sowieso schon so viele Videos, wir brauchen den Bundespräsidenten nicht.« Sie haben mich ausgelacht: »Und, schon bei deiner Freundin angerufen heute Morgen?« »Den nächsten Liebesbrief verschickt, Ali?« Ja, hatte ich. Immer pünktlich um 7:30 Uhr.

Ich wusste bald, wann Frau Salmhofer im Urlaub war und auch, wann sie wiederkam. An ihrem ersten Arbeitstag nach dem Urlaub war ich der Erste, den sie am Hörer hatte. Ich fragte, ob es entspannend war, und sagte ihr, dass ich mich jetzt mal 14 Tage nicht melde und sie nicht wegen des Interviews nerve, damit sie in Ruhe ankommen könne. So habe ich es gemacht. Und eines Tages, nach 18 Monaten und 125 Mails und ebenso vielen Telefonaten, saß ich gerade in einem Board-Meeting. Hansi neben mir. Wir sprachen über die Unmöglichkeit, alles planen zu können. Da klingelte mein Telefon. Ich sah den Namen auf dem Display. Astrid Salmhofer. Es war das erste Mal, dass sie mich anrief. Ich stürmte aus dem Zimmer, hob ab und fragte, wie es ihr gehe.

»Wundervoll! Herr Mahlodji, der Bundespräsident würde Sie gerne kennenlernen. Wann haben Sie denn Zeit?«

Und ich so: »Uh, die nächsten Wochen sind schon ziemlich dicht. Vielleicht im Herbst.«

Wir haben beide gelacht und einen Termin in der nächsten Woche vereinbart.

Es war jedenfalls der entspannteste Termin meines Lebens. Davor hatten wir uns fast in unsere Anzughosen gemacht vor Aufregung. Uns gesorgt, ob die Technik funktioniert. Manuel hat zehnmal geprüft, ob die Akkus an der Kamera auch geladen sind. Wir haben uns auf endlose Security-Checks eingestellt. Und darauf, dass sie unsere Kamera auseinandernehmen und nach Bomben durchsuchen. Als wir dann in der Hofburg am Heldenplatz aufschlugen – Jubin, Manuel und ich –, müssen wir

Endlich, der Bundespräsident himself auf whatchado. Wir waren stolz und verdammt nervös.

wie Clowns ausgesehen haben in unseren H&M-Anzügen. Aber dann war alles cool. Wir fragten einen Portier, wo wir den Bundespräsidenten finden, und er sagte: »Die Stiegen rauf, erste Tür links.« Das war es schon. Frau Salmhofer kam uns entgegen, und wir trafen uns zum ersten Mal persönlich.

Wir haben dann eine Stunde mit Heinz Fischer geredet. Jubin hat den Reflektor gehalten, Manuel hat gefilmt, ich habe geplaudert. Das Interview hat vielleicht 20 Minuten gedauert. Es war wirklich witzig. Heinz Fischer hat von den schwierigen Seiten seines Jobs erzählt: dass sogar an seinem Hochzeitstag ein Bodyguard neben ihm und seiner Frau stehe und er nie wirklich alleine sei. Wir haben danach ein Foto geschossen, auf das wir sehr stolz sind. Der Bundespräsident hat sich verabschiedet und ist gegangen. Ich habe Frau Salmhofer gefragt, warum es denn heute keine Security gebe. Sie lachte und sagte, dass wir sie nur nicht sehen würden. Wenn der Präsident einen Schritt macht, bewegen sich viele andere Menschen mit. Wir seien beobachtet worden, seit wir aus dem Taxi gestiegen sind.

Bei der Verabschiedung wollte ich noch wissen, weshalb wir das Interview nun bekommen haben. Sie lachte wieder und sagte: »Weil Sie so verdammt nervig waren. Und wie ein Uhrwerk: Ihr Anruf jeden Montag. Die netten Mails. Und sauer waren Sie auch nie nach den ganzen Absagen. Das fand ich nervig und reizend zugleich und ich wusste, dass Sie auch noch in fünf Jahren jeden Montag auf der Matte stehen würden, wenn ich Ihnen nicht irgendwann eine Zusage gebe.«

Und natürlich hatte uns Frau Salmhofer den ganzen Zeitraum über beobachtet und unsere Entwicklung mitverfolgt. Die Zeitungsberichte, unser Engagement in den Schulen, der Fotograf Ingo Pertramer und unsere Einflüsterer aus den Medien haben sicher einen Teil dazu beigetragen. Es war die Summe unserer Anstrengungen, die ihr ein Bild von uns gezeichnet hatte und uns schließlich zu einem Interview mit dem Bundespräsidenten brachte.

Insgesamt haben wir inzwischen über 6000 Lebensgeschichten gefilmt. Neben dem österreichischen Bundespräsidenten haben wir unter anderem auch Interviews geführt mit dem Friedensnobelpreisträger Muhammad Yunus, der Schimpansenforscherin Jane Goodall, dem Bayernspieler David Alaba, der Eurovision-Songcontest-Gewinnerin Conchita Wurst und den in Deutschland bei Kids richtig beliebten YouTubern von Y-Titty. Und mein nächstes großes Ziel ist die deutsche Bundeskanzlerin Angela Merkel.

Prominente, wie der Präsident einer ist, sind es gewohnt, vor der Kamera zu stehen. Doch 95 Prozent der Interviewten haben noch nie einen Satz in eine Kamera gesprochen. Es herrscht oft Angst: »Ich habe nichts zu erzählen, mein Leben ist fad, ich bin ja nicht wichtig« und dergleichen. Das stimmt natürlich nicht. Wir haben deshalb einen Trick entwickelt: Wir schicken unseren Interviewpartnern das Material vorab zu und versprechen ihnen, dass wir es nicht online stellen, wenn es ihnen nicht gefällt. Dann haben sie die Kontrolle über das Geschehen und keine Angst mehr.

Oft erzählen die Leute zuerst chronologisch und ohne jede Emotion. Wir bohren nach. Dann entfaltet sich die Schönheit eines jeden Lebens. Der Umzug von Stuttgart nach Wien war gar nicht wegen dem Job, sondern weil jemand verliebt war. Details kommen ans Licht, Erlebnisketten werden sichtbar, Glück, Pech, Schicksalsschläge, Hoffnung, Zufall und Trauer. Am Ende des Interviews haben die Leute teilweise Tränen in den Augen, weil sie selbst vergessen hatten, was sie in ihrem Leben alles erlebt haben. Weil so selten jemand danach fragt.

Als ich 2013 einmal in der Therme Stegersbach in der Steiermark war, sprach mich ein Familienvater an, weil er beobachtet hatte, wie ich mir mit meiner Kamera die Zeit vertrieb. So kamen wir ins Gespräch. Am Ende fragte ich ihn – er war Anwalt –, ob ich ihn interviewen dürfe. Zuerst war es ihm unangenehm, doch letztlich willigte er ein. Wir setzten uns auf eine Wiese, seine Frau und seine Kinder spielten ein paar Meter entfernt. Er begann zu erzählen: von seiner Kindheit in der Ukraine, dem frühen Tod seines Vaters und der Verantwortung, als Ältester plötzlich für sieben Menschen verantwortlich zu sein.

Als ich ihn nach den drei Tipps an sein 14-jähriges Ich fragte, stiegen ihm Tränen in die Augen. Er beugte sich nah zu mir herüber und flüsterte: »Ich habe nur einen Ratschlag: Verlasse nie deine erste Liebe, nur weil du glaubst, dass es danach besser wird.« Seine Frau blickte zu uns herüber. Sie war es nicht gewesen. Ich versprach ihm, die Passage aus dem Film zu schneiden, und wir verabschiedeten uns. Am nächsten Morgen saß ich im Frühstücksraum, als der Familienvater zu mir herüberkam. Er hatte tiefe Schatten unter den Augen, und seine Hände zitterten. Er hatte die ganze Nacht nicht geschlafen, sondern nachgedacht. Er sagte mir, dass er dankbar für sein Leben, seine jetzige Frau und seine Kinder sei. Weil Entscheidungen, die er zwar lange bereut hatte, trotzdem zu etwas Wunderbarem und Neuem geführt hätten und ihn zu dem gemacht haben, was er heute ist – ein glücklicher Familienvater.

Während wir all die Interviews geführt haben, ist uns bewusst geworden, dass jeder Mensch eine Lebensgeschichte in sich trägt, die andere inspirieren kann. Jede Geschichte ist wundervoll und einzigartig. Nehmen wir zum Beispiel die Geschichte des U-Bahn-Fahrers Patrick Cerny. Vor dem Interview dachte ich – so wie wahrscheinlich viele Menschen –, dass er als U-Bahn-Fahrer wohl nur für sein Urlaubs- und Weihnachtsgeld lebt. Er fährt jeden Tag stundenlang durch dunkle Tunnel, sieht selten die Sonne und drückt nur ein paar Knöpfe, um die Wagen in Bewegung zu setzen und rechtzeitig zu stoppen. So stellte ich mir sein Leben vor. Wie arrogant ich doch war.

Patrick ist ein echter Wiener. Ironisch und immer ein wenig auf der Hut. Beim Interview war jedoch niemand von der Pressestelle der Wiener Linien dabei, und ich habe ihn gebeten, frei Schnauze seine Geschichte zu erzählen. Als ich ihn nach der coolsten Sache in seinem Job fragte, gab ich mir innerlich schon selbst die Antwort: der Feierabend. Wie falsch ich doch lag.

Patrick aber antwortete, dass er es liebe, wenn Menschen sich bei ihm bedanken, wenn er auf sie gewartet hat. Er fühle sich als ein Teil eines wichtigen Systems. Denn wenn der öffentliche Verkehr stillsteht, kommen tausende Leute in Wien nicht in die Arbeit oder in die Schule. Patrick sagte: »Ich bewege die Stadt.« Diese Stelle in unserem Gespräch hat mich tief beeindruckt. Die Sequenz dauert auf Video knapp eine Minute. Ich spiele sie vor jeder Präsentation, vor jedem Vortrag und vor jedem Pitch ab. Seitdem fluche ich über keine verspätete U-Bahn mehr. Weil Menschen wie Patrick in der Fahrerkabine sitzen, die sich der Wichtigkeit ihres Jobs bewusst sind und lieben, was sie tun.

Wenn wir Mitarbeiter in großen Unternehmen interviewen, stehen die Führungskräfte aus dem Marketing und den Pressestellen oft daneben. Ich erlebe immer wieder, dass sie verwundert sind, weil sie nicht wussten, wie lange manche Kollegen schon bei ihnen arbeiten oder dass es der sehnlichste Wunsch eines Menschen war, genau die Aufgaben zu machen, die er jetzt tun durfte. Auf der anderen Seite sind viele Mitarbeiter erst einmal nervös, da sie oft nicht wissen, was sie über ihr Unternehmen erzählen dürfen. Sie schielen dann zu den Führungskräften, sind unsicher und stottern herum. Wir nehmen ihnen die Angst, indem wir ihnen sagen, dass das Konzept von whatchado darin besteht, dass das jetzt ihre 15 Minuten sind. So geben wir den Mitarbeitern die Chance, endlich einmal frei und ohne Stress über sich und ihre Arbeit zu sprechen. Und fast alle sind dann danach unendlich stolz auf sich selbst. Dass nicht immer nur der Vorstand im Vordergrund steht, sondern auch einmal der Quereinsteiger, die Praktikantin oder der Azubi. Jeder hat sich seinen Platz im Unternehmen erarbeitet und eine Geschichte dazu zu erzählen.

Bei einem großen Telekommunikationsanbieter gab es ein Problem zu lösen. Jahre zuvor war das Unternehmen mit einem anderen fusioniert worden – zwei Unternehmen wurden zu einem zusammengeführt. Für das Management ist so eine Fusion ein logischer Schritt, der viele Kosten spart und die Effizienz steigert. Für die Mitarbeiter nicht. Dort saßen Menschen gemeinsam im selben Stockwerk, und obwohl die Fusion Jahre zurücklag, redeten sie nicht mit ihren Kollegen. Die Angst voreinander war groß. Wird mein Job nun doch irgendwann von den anderen übernommen? Gibt es meinen Job bald überhaupt noch? Durch die whatchado-Interviews hatten die Leute plötzlich die Möglichkeit, anonym miteinander zu sprechen – über unsere Plattform. Wir übernahmen die Funktion von Arbeitspsychologen. Die Leute konnten sich zu Hause ein Bild von ihren Kollegen machen, die sie jahrelang gemieden hatten. Die Stimmung besserte sich in einigen Bereichen, nachdem die Videos online waren, und das Unternehmen bat uns, bald noch mehr Interviews mit Mitarbeitern zu führen.

Viele unserer Kunden haben unser Konzept mittlerweile in ihre internen Maßnahmen integriert. Für die Personalabteilungen sind diese Einblicke pures Gold. Sie lernen viel über die Menschen, die sie auf die geeigneten Posten setzen sollen. Der große Unterschied zu normalen Mitarbeiterevaluationen ist, dass wir nicht an der Oberfläche kratzen, sondern wirklich Kontakt mit den Gefühlswelten der Menschen aufnehmen. Allerdings achten wir immer auf eine ausgewogene Darstellung, in der wir die positiven Emotionen hervorheben, damit unsere Videos kein gefundenes Fressen für Hobbypsychologen werden. Bei unseren Interviews fangen wir das ein, was man auch einem fremden Menschen anvertrauen würde, wenn man sich wohl fühlt. Das Wichtigste ist, dass sich unser Interviewpartner verstanden weiß und nicht das Gefühl entsteht, wir haben die Person zu Gunsten von Klickzahlen hinters Licht geführt.

In meinen Zeiten als Angestellter dachte ich immer, dass Karrierewege linear verlaufen: Ein Mensch sucht sich seinen Job aus und klettert langsam die Karriereleiter rauf, bis er dann hochdekoriert in den Ruhestand geht. Doch über 85 Prozent der Lebensgeschichten, die wir aufgezeichnet haben, sind Zickzack-Werdegänge. Wir haben die Leute ja nicht nach einem speziellen Muster ausgesucht, sondern völlig willkürlich zusammengestellt.

Ein 40-Jähriger, der in einem Konzern arbeitet, antwortet auf die Frage, ob er das mit 15 schon machen wollte, meistens gar nicht. Er lacht dich eher aus. Weil er in dem Alter weder die Firma kannte, geschweige denn den Jobtitel, den er jetzt auf seiner Visitenkarte vor sich herträgt. Jugendliche und Studenten glauben allen Ernstes, eine schlüssige Antwort auf diese Frage parat zu haben. Sie glauben, wissen zu müssen, wo sie sich in 20 Jahren sehen. Die Erfahrung hat uns dagegen gelehrt, dass das Leben so viele Höhen, Tiefen und Überraschungen bereithält, dass es oft unmöglich ist, die kommenden zwei Wochen akkurat zu planen.

Leider stehen die wenigsten Menschen der erfolgsgetriebenen westlichen Welt zu ihrer Geschichte, vor allem nicht zu ihren Misserfolgen und falschen Entscheidungen. Aber wenn sie beginnen, darüber zu reden, macht es sie stärker. Weil sie merken, dass sie damit nicht alleine sind. Das ist eine der coolsten Erfahrungen an meinem Job.

Wie whatchado sich anfühlen soll
Warum Mitarbeiter wichtiger sind
als Kunden und Investoren

Ich bin Unternehmer aus Leidenschaft. Ich freue mich über Umsatz und Gewinne. Allerdings ist das nicht der erste und einzige Antrieb hinter whatchado. Ich kümmere mich um die Zukunft jedes Einzelnen. Ich will Menschen zum Denken anregen, will Orientierung vermitteln. Damit kann man Geld verdienen, es darf aber nicht die einzige Maxime sein. Deshalb braucht ein Unternehmen Werte.

Wir haben uns bei der Gründung sehr viele Gedanken gemacht, was uns wichtig ist und vor allem, warum. Unsere Werte sind mehr als nette Buzzwords, wie sie oft in den Fluren großer Konzerne zu lesen sind, ohne dass die Mitarbeiter je erfahren, was es damit auf sich hat. Für uns sind sie das Fundament dessen, was whatchado jeden Tag lebt.

So wollen wir die Dinge anpacken:

Klar. Wenn wir miteinander reden, dann wollen wir klare Antworten – kein Wischiwaschi, keine Ausreden, keine Entschuldigungen. Wenn wir auf jemanden sauer sind, dann muss das auch ausgesprochen werden. Jeder soll wissen, wo er steht und warum. Whatchado soll kein Ort für diese dämlichen Spielchen sein, in denen sich Lager bilden und Leute gegeneinander verschwören. Diese Kultur wollten wir bei whatchado nicht haben. Deshalb haben wir klare Kommunikation als die wichtigste Voraussetzung für unsere Zusammenarbeit eingeführt.

Richtungsweisend. Eine Idee darf abgelehnt werden, aber nur, wenn es eine Alternative gibt. Wir wollen nicht abwarten, was der Markt macht, sondern immer ein Stück vor ihm agieren. Diese Innovationskraft liegt in zwei Dingen versteckt. In Neugierde und Naivität. Deshalb haben wir eine Kultur der Neugierde und Naivität entwickelt, alle Fragen und Ideen erst einmal zu akzeptieren, weil dahinter der nächste Quantensprung für unser Unternehmen schlummern könnte.

Schnell. Weil wir große Dinge ermöglichen wollen, müssen wir unsere Ideen schnell ausprobieren. Das hilft uns, abenteuerlich und mutig viele Fehler zu machen. Wo andere Fehler als Bremse sehen, sehen wir sie als Chance, um schnell zu lernen. 99 Fehler bedeuten für uns, 99 Wege gefunden zu haben, wie es nicht geht. Damit sind wir allen anderen, die lange abwarten, um viel Wissen voraus. Es ist okay, bei neuen Schritten »nein« zu sagen, jedoch nur, wenn wir uns Alternativen überlegt haben. Ein »nein« darf nicht automatisch zum Stillstand führen, denn sonst finden wir uns in einer Kultur wieder, die sich nicht nach vorne bewegt, sondern nur hofft, keine Fehler zu machen.

Kumpelhaft. Vom Chef bis zur Putzfrau haben wir alle einen Vorteil, wenn es dem Unternehmen gutgeht: Wir können damit unseren Lebensunterhalt bestreiten. An jedem, der bei uns sein Geld verdient, hängen Freunde, Kinder, Eltern oder Partner. Treffen wir im Management eine falsche Entscheidung, kann sich das bis zur zweijährigen Tochter des Securitymanns auswirken. Wir rudern wirklich alle im selben Boot. Das muss uns bewusst sein. Deshalb reden wir nicht abfällig über andere, weil wir verstehen müssen, dass wir alle Teile des gleichen Puzzles sind. Das gilt auch für unsere Kunden und unsere Kooperationspartner. Geht es ihnen gut, geht es auch uns gut, und umgekehrt.

Es sind Menschen, die diese Werte leben. Wir brauchen keine PowerPoint-Folien und keine Berichte, in denen wir unsere Werte erklären. Die Leute, die uns besuchen kommen, spüren, dass wir ein bisschen anders ticken. Unsere Werte sind echt, und sie sind Teil der Menschen, die wir beschäftigen. Viele Besucher freuen sich über die Stimmung in unserem Büro. Alles ist bunt, alle sind gut drauf. Alle reden miteinander auf Augenhöhe. Einige hat das wahnsinnig irritiert. Sie dachten, wir hätten irgendeine versteckte Agenda und tun nur so freundlich. Dabei ist alles echt – weil wir das Glück haben, bei whatchado unsere Werte leben zu können.

Wir haben alle Prioritäten. Manche ziehen Geld der Freizeit vor, andere fahren lieber öfter in den Urlaub, anstatt sich ein Auto zu kaufen. Unternehmen ticken wie Menschen – sie bestehen ja auch aus Menschen. Man erkennt diejenigen, bei denen Dividende und Shareholdervalue im Vordergrund stehen. Und man erkennt die sozial engagierten, die ihre Mitarbeiter fördern.

So wollten wir auch sein: vernünftig wirtschaftende und soziale Unternehmer. Denn die Sache ist so: Diejenigen, die jeden Tag Ideen umsetzen, die ein Unternehmen am Leben halten, das sind die Mitarbeiter. Das ist wie bei einem Auto: Die Mitarbeiter sind die Bestandteile, und je nachdem, wie gut sie integriert sind, so gut fährt das Auto. Wenn man Mitarbeiter hat, die nicht motiviert sind und die mit traurigen Augen vor den Kunden stehen, hat man verloren. Die Kunden stehen an zweiter Stelle. Glückliche Mitarbeiter sorgen für glückliche Kunden. Glückliche Kunden sorgen für glückliche Investoren. Dieses Modell setzt jedoch voraus, dass man Investoren an Bord holt, die genauso nachhaltig über Mitarbeiter und deren Priorität denken und dies fördern.

Dreht man diese Pyramide um und stellt die Shareholdervalue der Investoren an oberste Stelle, dann trifft man Entscheidungen, die den Investoren gefallen, aber der Realität des Unternehmens nicht guttun. Es sind nicht die Investoren, die die Arbeit machen. Es sind auch nicht die Kunden, die die Arbeit machen. Es sind die Mitarbeiter. Und ja, klar – die Miete zahlt der Kunde. Aber er zahlt nur, wenn er das Gefühl hat, dass dein Produkt gut ist und dass du nächstes Jahr noch da bist. Er zahlt nur, wenn er das Gefühl hat, dass du deine und seine Ziele auch langfristig umsetzen kannst.

Als wir die zweite Managementebene bei whatchado einzogen, habe ich einmal den Fehler gemacht, eine wichtige Managementposition zu besetzen, ohne dem neuen Kollegen dieses Fundament und seinen Sinn zu erklären. Ein halbes Jahr später hatten wir große Probleme. Es gab nur noch Streit. Er sagte in einem Gespräch: »Na ja, das Wichtigste sind die Investoren, und dann kommt alles andere.« Da verstand ich den Grund unserer Streitereien. Er hatte im Laufe seines Lebens zu oft nur mit Investorenwünschen zu tun gehabt. Umsatz, Gewinn, Bilanz. Dieser Mitarbeiter war für mich fast verloren, weil er schon zu tief in diesem Schema drinsteckte und jeder weitere Tag größere Gräben in unsere Arbeit riss. »Er ist nicht mehr zu retten«, dachte ich zuerst. Es dauerte fast ein halbes Jahr, bis wir es schafften, ein gemeinsames Bild der Prioritäten zu entwickeln. Hätten wir von Anfang an ein gemeinsames Fundament gehabt, hätte uns dies viele Nerven und viel Zeit erspart.

Mitarbeiter, deine Helden
Warum manch einer den Chef im
Büro vergeblich suchte

Hätte ich gewusst, wie schwer es tatsächlich ist, Verantwortung für Mitarbeiter zu übernehmen, hätte ich den ganzen Quatsch vielleicht gelassen. Mein halbes Leben lang habe ich Bücher über das Thema gelesen, als Angestellter habe ich kleine Teams geleitet und mit hunderten Managern in allen möglichen Positionen gesprochen. Ich wusste schon – man kann es nur falsch machen. Der Chef ist immer schuld. Immer. Auch, wenn wirklich alles perfekt läuft: volle Auftragsbücher, Highfive-Stimmung und gratis Champagner jeden Freitagnachmittag. Als Chef ist es unmöglich, alle glücklich zu machen. Doch wenn es dein eigenes Unternehmen ist, wiegt der Rucksack umso schwerer.

Als wir den ersten Mitarbeiter einstellten, habe ich mir vor Angst beinahe in die Hose gemacht. Plötzlich sah ich mich mit Kollektivverträgen und Dienstgeberabgaben, Sozialversicherungen, Steuern und dem ganzen Vokabular der Unternehmerwelt konfrontiert. F***, hatte ich Respekt. Ich war beim Einstellungsgespräch definitiv nervöser als Kambis Kohansal-Vajargah, der erst Assistent bei Jubin, später Marketingchef, dann Mitgesellschafter und im Nachhinein zum Mitgründer ernannt wurde. Es gab über Jubin und mir niemanden mehr, an den wir die Verantwortung abtreten konnten.

Schon ein paar Monate vor der offiziellen Gründung wollte uns der amerikanische Karriereriese Monster aufkaufen. Oliver Eger war Marketingleiter der österreichischen Dependance und hatte als Erster nach dem TV-Bericht angerufen, um zuerst eine Kooperation und danach den Deal einzufädeln. Da wir nicht verkaufen wollten, wurde aus der Übernahme zwar nichts, doch mit Oliver entstand eine enge Freundschaft. Wir wollten ihn unbedingt abwerben, doch als Start-up die marktüblichen Gehälter zu zahlen, war jenseits des Möglichen. Ein Jahr später konnten wir ihn uns leisten und haben ihn eingestellt. Unser erster »erwachsener« Mitarbeiter. Verheiratet, Papa, ein Haus – das volle Programm.

Zwei Tage vor der Vertragsunterzeichnung habe ich begriffen, welche Verantwortung wir für ihn und seine Familie tragen. Mir war drei Tage lang schlecht. Wenn irgendetwas nicht geklappt hätte und wir ihn vor die Türe hätten setzen müssen, wäre seine ganze Familie davon betroffen gewesen. Das hat mir Magenschmerzen bereitet. Natürlich sind Menschen für sich selbst verantwortlich. Aber als Unternehmer sieht man das soziale Geflecht hinter jedem Mitarbeiter, die tollen Kinder, die Familie und deren Bedürfnisse. Man stellt sich vor, wie sie gemeinsam beim Essen sitzen und ihr Leben planen – das whatchado mitfinanziert. An guten Tagen macht dieser Gedanke stolz, an schlechten kann er einen fast um den Verstand bringen.

Heute haben wir über fünfzig Mitarbeiter aus mehr als zehn Nationen, die zwanzig verschiedene Sprachen sprechen. Unsere Mitarbeiter kommen aus diversen Kulturen, Religionen und Altersschichten. Es gibt Mitarbeiter, die 18 Jahre alt sind und als Lehrlinge zu uns kamen, und Mitarbeiter, die über 50 Jahre alt sind. Leute in ihrem ersten Job und Leute aus großen Konzernen mit 20 Jahren Berufserfahrung. Wir haben Mitarbeiter, die für uns in der Schweiz und Italien arbeiten. Wir haben auch den spanischen und französischen Markt getestet. Bei uns sind viele Leute aus unterschiedlichsten Bereichen angestellt. Sie alle müssen wir unter einen Hut bringen. Aber alle sind gemeinsam unter demselben Dach einer Idee und Vision verpflichtet, die alte Strukturen des Arbeits- und Bildungsmarktes verändern will.

Das Problem war: Ich wusste nicht, wie dieses empfindliche Spiel funktioniert. Manager aus Unternehmen kennen die Unsicherheit eines Gründers nicht – wie es ist, die gesamte Verantwortung allein zu tragen. Wie schaffe ich es, Menschen, die zum Teil älter sind und viel mehr Erfahrung haben, in eine erfolgreiche Zusammenarbeit zu führen? Ich musste meinen eigenen Stil finden.

Von Anfang an achtete ich penibel darauf, dass die neuen Mitarbeiter zu unserer Kultur passten. Wir konnten sowieso keine genauen Jobbeschreibungen veröffentlichen, weil sie keine Woche lang den tatsächlich anfallenden Aufgaben entsprochen hätten. Wir mussten dynamisch auf die Veränderungen reagieren, die jeden Tag auftauchten. Jeder Neue musste sich seinen Job deshalb selbst schaffen und seine Stelle selbst definieren. Es kann ja durchaus passieren, dass der Markt sich innerhalb von drei Monaten total verändert und die Person, die heute Marketing macht, morgen einen großen Kunden bedienen muss. Die ersten zehn Leute bei whatchado haben das erledigt, was gerade angefallen ist. Stefan war einmal Social-Media-Manager, am nächsten Tag war er der Leiter der Kundenbetreuung, am dritten hat er ein Videoteam geleitet. Bei Jubin und mir war es genauso. Wir haben alle dort angepackt, wo es gerade brannte. Als die Zahl der Mitarbeiter immer weiter anstieg, war es jedoch irgendwann Zeit für festere Strukturen.

Von patriarchalischen Familienunternehmen über globale

Konzernmonster und innovative Tech-Schmieden habe ich in der Hinsicht viel gesehen. Die Führungsstile waren genauso unterschiedlich wie die Produkte, die diese Firmen in die Welt setzten. Von Laisser-faire bis zu autoritären Strukturen habe ich alles erlebt. Die effizientesten Teams gab es in den Unternehmen, die auch den Praktikanten erlaubt haben, in ihrem Bereich eigene Entscheidungen zu treffen, und deren Meinung genauso zählte wie die vom Chef. Die hierarchisch aufgebauten Firmen dagegen, in denen der Boss vom ehrwürdigen Büro aus seinen Stil diktierte und alle ängstlich nickten, waren starr. Menschen dürfen Kinder in die Welt setzen, eine Regierung wählen, ein Auto lenken – und am Arbeitsplatz sollen wir plötzlich nur noch brav nicken und warten, bis der kleine Zeiger endlich auf der Fünf ist?

Das ist dieses altmodische Modell: oben die Ameisenkönigin, die alles vorgibt, unten die fleißigen Ameisen. Damit reißt man heutzutage nichts mehr. Wenn sich ein Markt verändert, sind die Ersten, die das mitbekommen, die Ameisen ganz unten. Und wenn die merken, dass Veränderungen da sind, aber selber nicht darauf reagieren, sondern warten müssen, bis die Ameisenkönigin es checkt, dann gehen Ameisen und Königin gemeinsam drauf.

Wenn der Chef der klügste Mensch im Raum ist, ist er der Flaschenhals, an dem sich die Entscheidungen ansammeln. So ein Unternehmen kann nicht schnell sein. Wenn der schicksalhafte Bus den Chef morgen ins Jenseits befördert, stehen die Maschinen still. Bis es einen Nachfolger gibt, der die Dinge genauso einsam löst wie der Dahingeschiedene. Aus diesem Grund wollte ich klassische Unternehmensstrukturen auf jeden Fall vermeiden.

Stattdessen stellten wir eine einfache Regel auf: Wenn Besuch ins Büro kam und zum Chef wollte, durfte er nicht sofort merken, wo oder wer der Chef war. Wir wollten einen Raum schaffen, in dem weniger Hierarchien existieren als in anderen Unternehmen. Schließlich arbeiten wir gemeinsam an einer Sache und verbringen mehr Zeit miteinander als mit unseren Familien. Außerdem hasse ich jeden Gedanken daran, dass ich ein Chef bin. Chefs haben Autorität und sind unnötig streng. Auch an das Wort »Mitarbeiter« musste ich mich erst einmal gewöhnen, »Kollegen« hingegen fühlt sich gut an.

Mitarbeiter sind Menschen. Wir möchten diese Menschen nicht auf ihre Rolle im Unternehmen reduzieren, weder die Geschäftsleitung noch die Praktikanten oder die Reinigungskräfte. Wenn diejenigen, die bei uns arbeiten, privat Probleme haben, wenn sie sich vor etwas fürchten, dann wirkt sich das auf alle anderen aus, die mit ihnen den Tag verbringen. Geht es einem Menschen schlecht, braucht er Unterstützung von den Leuten, mit denen er den Tag verbringt – seiner Familie. Und während eines großen Teils des Tages ist uns die Familie in der Firma näher als die, die zu Hause auf uns wartet. Deshalb versuchen wir eine whatchado-Familie aufzubauen, die sich traut, Probleme offen anzusprechen, und sich gegenseitig unterstützt.

Unsere Mitarbeiter sind aber auch Superhelden. Natürlich können sie weder fliegen, noch sind sie unverwundbar. Doch sie arbeiten jeden Tag daran, Jugendlichen ohne Orientierung neue Perspektiven zu geben. Das macht sie in unseren Augen zu Superhelden. Jeder Mitarbeiter bei whatchado hat deshalb neben seinem offiziellen Jobtitel einen Superheldentitel auf seiner Visitenkarte stehen. Zuerst haben alle verdutzt geschaut, und keiner hat sich getraut. Dann kam der Erste, der Indiana Jones immer toll fand. Die Nächste wollte Dancing Queen dort stehen haben – und irgendwann hatten alle einen Superheldentitel. Damit haben wir ins Schwarze getroffen, weil die Leute das Gefühl bekamen, dass nicht nur ihre Professionalität wichtig ist, sondern dass sie für uns einzigartig sind.

Für uns stand im Vordergrund, Leute zu finden, die menschlich zu uns passen. Erst danach war ihr Können wichtig. Wir haben klare Aufgaben verteilt, aber viel Raum für Verrücktheiten, Wünsche und Träume gelassen.

Doch wie ist es möglich, geschlossen als ein Unternehmen zu agieren, während gleichzeitig alle Mitarbeiter sie selbst sein können? Entscheidend ist, sich gegenseitig kennenzulernen und wirklich zusammenzuwachsen. Normalerweise geht man zu diesem Zweck nach der Arbeit zusammen ein Bier trinken oder fährt gemeinsam für ein oder zwei Tage auf Klausur. Leider denken die Leute währenddessen oft noch ans Tagesgeschäft und haben gar keinen Nerv, sich fallen zu lassen.

Deshalb habe ich gesagt: »Okay, einmal pro Jahr machen wir gemeinsam Urlaub – und zwar richtig.« Die Devise war klar: Alle fahren mit. Also ab nach Thailand. Dort haben wir im ersten Jahr zehn Tage auf einer Insel verbracht. Logisch, wir haben auch über die Arbeit geredet, aber vor allem über uns als Menschen. Über unsere Wünsche, Träume und Ziele. In den Workshops am Strand sind die besten Ideen entstanden. Weil die Leute den Raum hatten, sich komplett auszuspinnen. Unsere gemeinsamen Urlaube sind einzig dafür da, den Menschen die Zeit zu geben, von ihrer Rolle, die sie spielen, wieder zu den Menschen zu werden, die sie sind. Und das geht nur, wenn man mehrere Tage ganz woanders ist.

Wir sind als Freunde zurückgekommen – und erholt haben wir uns auch. Mittlerweile fahren unsere Mitarbeiter auch privat gemeinsam auf Urlaub und verbringen in ihrer Freizeit viel Zeit miteinander. Als Digital Natives haben wir uns in einer anonymen Umfrage bei den Leuten erkundigt, wie viele Kollegen aus der Firma sie als ihre Freunde bezeichnen würden. Im Durchschnitt wurden über zehn Personen angegeben. Planen kannst du so etwas als Chef nicht, nur dankbar sein.

Einige Mitarbeiter hatten die Idee, einmal im Jahr eine große Party zu veranstalten, zu der alle, die irgendetwas mit whatchado zu tun haben, eingeladen waren. WhatchaClubbing war geboren. Später wurde daraus das HR Barcamp, die whatchado-Konferenz für Unternehmen und Pioniere, die den Arbeitsmarkt verändern wollen. Sie gehört mittlerweile zu den wichtigsten Personalmanagement-Veranstaltungen im deutschsprachigen Raum und ist jedes Jahr im Herbst regelmäßig ausverkauft.

Die Gründer mögen whatchado in die Welt gesetzt haben, aber wir alle halten es gemeinsam am Leben. Mit dieser Einstellung haben wir Mitarbeiter gefunden, die für kein Geld der Welt zu kaufen sind. Unser Einstellungskriterium war ihr Charakter und nicht ihr Uni-Abschluss. Euphorische, positive Leute, die Lust hatten, etwas umzusetzen, oder raus aus ihrem alten Job wollten, der ihnen jede Energie raubte. Vielen war das Gehalt nicht das Wichtigste. Es sind Menschen, die sagen: »Durch whatchado konnte ich meinen eigenen Weg finden.« Damit es bei dieser Zufriedenheit bleibt, haben wir »Happiness Contracts« mit unseren Leuten unterzeichnet. Darin halten wir fest, was unsere Mitarbeiter glücklich macht – an welchen Faktoren wir messen können, ob sie zufrieden sind. Das reicht von Themen der Selbstentfaltung bis hin zur Umsetzung gemeinsamer Teamevents.

So haben wir die Leute an uns gebunden. Dieser Ansatz wird sich in den kommenden Jahren überall durchsetzen. Unternehmen werden immer größere Schwierigkeiten bekommen, gute Leute langfristig zu halten, wenn sie sich nur an dem orientieren, was in den Lebensläufen steht. Das hat früher funktioniert, in einer Welt, in der es nur darum ging, einen sicheren Job zu ergattern, den man sein Leben lang ausübte. Doch diese Welt existiert nicht mehr, die alten Sicherheiten sind passé. Selbst der größte Konzern kann keine Jobgarantie mehr aussprechen. Die Welt dreht sich mittlerweile viel zu schnell. Und daher braucht es eine neue Art der Sicherheit, die den Menschen als einzig wahre Konstante anerkennt, und zwar in seiner gesamten Individualität.

Wir geben unseren Mitarbeitern die Sicherheit, dass ihre Lebenszeit, die sie bei uns verbringen, gut angelegt ist.

Und die Summe all dieser Maßnahmen – von unseren Urlauben über die Superheldennamen bis hin zu den Happiness Contracts – hat dazu geführt, dass sich die richtigen Leute bei uns beworben haben und wir sie nicht suchen mussten.

Wenn es mal schlecht läuft, wird das Klima zum entscheidenden Faktor. Wer dann mit Menschen zusammensitzt, die um 17 Uhr den Schlüssel fallen lassen und ein Drei-Tage-Regen-Gesicht machen, der kann den Laden gleich zusperren. In diesen Phasen braucht es Zusammenhalt, Kooperation und helfende Hände.

Auch wir hatten harte Zeiten. Ende 2014 warteten wir auf ein Investment, das beinahe an Details gescheitert wäre. Wir haben offen und ehrlich mit der ganzen Truppe gesprochen und ihnen gesagt, dass wir auf Geld warten, es aber noch nicht da sei. Und dass uns das Geld ausgehen werde, wenn die Investition nicht kommt. Wir haben keine unserer eigenen Ängste geheim gehalten. Als wir interne Sparmaßnahmen durchführen mussten, haben alle ohne zu murren die Entscheidung mitgetragen und daran geglaubt, dass wir das Tal schon durchschreiten werden. Kein Einziger hat gekündigt, krankgefeiert oder den Kopf in den Sand gesteckt, weil er den Druck nicht ausgehalten hat. Uns trug das gemeinsame Bewusstsein, dass wir alle in einem Boot sitzen. Wir haben gemeinsam überlegt und entschieden, wo wir in diesen Wochen Geld sparen können. Ich habe solche Krisen auch in Konzernen erlebt. Dort liefen die Mitarbeiter sofort nach den Ankündigungen zum Computer und suchten nach neuen Jobs. Die Krise gemeinsam durchzustehen, war niemandem auch nur einen Gedanken wert. Jeder wollte nur seine Schäfchen ins Trockene bringen. Bei uns ist das Gegenteil passiert.

Da wir von Anfang an eine Familienkultur hatten, halfen wir uns auch in diesem Moment gegenseitig. So haben wir die Krise gemeistert. Kurz vor Weihnachten ging das Investment durch, und wir konnten wieder aufatmen. Und Junge, das hat uns zusammengeschweißt.

Das klingt nach einem Idyll und einer wirklichen Familie. Bullshit. Natürlich gibt es auch bei uns Reibungen, die auf unterschiedlichen Erwartungen und Denkmustern basieren. Und manchmal auch Kündigungen.

Ich habe schon erzählt, wie wichtig es ist, zu wissen, womit man seine Arbeitszeit verbringen möchte. Genauso wichtig ist es, zu wissen, womit man seine Arbeitszeit nicht verbringen möchte, weil man dieser Tätigkeit nicht gewachsen ist oder sie schlicht und ergreifend hasst. Das ist kein Mangel, den es in den nächsten 25 Jahren auszugleichen oder zu ertragen gilt, sondern ein Fakt.

Kinder können das: Der Versuch, einen Fünfjährigen zu Spinat und Blumenkohl zu bewegen, scheitert in vielen Fällen vor der ersten Gabel an seiner Abwehrhaltung: »Schmeckt mir nicht, esse ich nicht.« Punkt. Unternehmen brauchen in dieser Hinsicht Offenheit und Flexibilität. Sie müssen jemanden suchen dürfen, der Spinat über alles liebt. Und müssen dem, der seine Probleme damit hat, andere passende Aufgaben vermitteln. Es ist unsere Aufgabe als Chefs, die Menschen, die nicht so gut zu uns passen, mit einem neuen Job zu versorgen. Wenn ich jemanden kündigen musste, dann habe ich mich auch in der Zeit danach um ihn gekümmert – ihn gecoacht und ihm neue Kontakte ermöglicht. Wer, wenn nicht wir Start-up-Gründer, hat Beziehungen zu anderen Firmen, wo die Fähigkeiten dieser Person vielleicht besser passen?

Philip war bei uns im Video-Team. Er war ein genialer Produzent. Leider wollte er unbedingt Drummer werden. Also – für uns war das ein Unglück. Doch wir haben ihm ermöglicht, im

Ost Klub in Wien einen Auftritt hinzulegen, und haben sehr viele Tickets seiner Show gekauft, um ihn zu finanzieren. Er hat es geliebt. Kurze Zeit später hat er gekündigt und eine Reise durch Frankreich gemacht – als Schlagzeuger. Zum Glück sehen wir ihn noch jedes Jahr bei unseren Partys. Wir legen Wert darauf, alle ehemaligen Mitarbeiter zu unseren Partys einzuladen, und freuen uns, dass auch immer viele kommen.

Viele Berater und Experten halten mich für verrückt, weil ich gute Mitarbeiter verliere, wenn ich ihnen ihre Träume bezahle. Aber mir ist es ehrlich gesagt lieber, wenn jemand seine Träume verfolgt, anstatt bei mir im Büro zu sitzen, aus dem Fenster zu schauen und von seinem richtigen Leben zu träumen. Ich will, dass Menschen mir kündigen, wenn sie etwas anderes machen wollen, das sie in ihrem Leben weiterbringt. Dann ist so eine Kündigung etwas Schönes. Ein Schritt in die richtige Richtung. Für den Menschen und das Unternehmen. Viele meiner Management-Kollegen waren verwirrt, als ich diesen Weg verteidigt habe. Aber mein Unternehmen lebt nicht durch mich als einen der Gründer, sondern durch all die Menschen, die es jeden Tag mit Leben füllen. Und für deren Einsatz muss man ihnen bestmöglich danken und ihre Lebenszeit respektieren. Auch wenn das die Kündigung bedeutet.

Aber man muss natürlich nicht gleich kündigen, wenn man seine Träume leben will. Wir haben viele Mitarbeiter, die nebenher eigene Projekte vorantreiben – der eine ist DJ, der andere Fotograf, der Nächste macht eigene Videoprojekte. Wir bremsen niemanden, sondern ermutigen die Leute, dass sie ihre eigenen Träume umsetzen. Ein Mitarbeiter hat mir gesagt: »Bei euch, da bin ich ich. Ich muss mich nicht verstellen oder versuchen, euch irgendetwas vorzuspielen.« Das ist es, was wir uns wünschen. Die Mitarbeiter sind bei uns, damit wir gemeinsam weiterkommen. Deshalb lassen wir ihnen Freiheiten.

Wenn man durch unsere Büros geht, sieht man die lustigsten Sachen. Unser Branding-Team hat Wendy-Pferdeposter an den Wänden, in einem anderen hängen Boxhandschuhe, und ein Kollege kommt bis in den Oktober barfuß ins Büro. Das Zimmer des Organisationsteams ist im Kontrast dazu ziemlich clean und ordentlich. Das Education-Zimmer wirkt wie eine Kinderspielecke. Da liegen Puppen herum, die Wände sind mit My-Little-Pony-Postern dekoriert, und überall kleben Polaroids. Es ist nicht immer alles mein Stil. Aber unsere Mitarbeiter sitzen den ganzen Tag in diesen Büros, also sollen sie es sich gemütlich machen. Niemand wird sie davon abhalten. Sie verbringen dort ihre Zeit. Nicht ich.

Als die österreichische Bildungsministerin Sonja Hammerschmid zu Besuch kam oder Thomas Vollmoeller, der Vorstand von Xing, bei uns vorbeischaute, da haben wir alle gebeten, nur ein klitzekleines bisschen aufzuräumen. Zumindest die Pizzakartons und die Coladosen. Der Rest ist so geblieben. Diese Haltung schätzen die Leute an uns. Sowohl in den guten als auch in den harten Phasen. Wir nehmen Menschen nur dann ins Team auf, wenn wir das Gefühl haben, sie passen zu uns und ergänzen das Ganze. Wir wollen auch niemanden verändern oder verbiegen. Ein Freundeskreis besteht schließlich auch aus den unterschiedlichsten Menschen, die sich aus den unterschiedlichsten Gründen gut verstehen. Es ist verdammt egal, wer wo aufgewachsen ist und wer was gelernt hat. Hauptsache, er trägt unsere Idee. Der Rest kommt dann von alleine. Das ist eines unserer größten Geheimnisse.

Kunden, die wahre Liebesgeschichte
Wie wir alles für unsere Kunden tun,
indem wir uns selbst treu bleiben

Als wir die whatchado-Webseite in Hochgeschwindigkeit aufbauten, weil uns der ORF ins Fernsehen bringen wollte – da
ging es mir hauptsächlich darum, das Ding endlich online zu
kriegen und zu schauen, ob es eine gute Lösung für Orientie-
rungslose ist. Das war damals mein einziger Antrieb. Doch dann
rief mich Frau Riegler von McDonald's an und bestellte gleich
zwanzig Videos. Damit hatte ich mein Lebtag nicht gerechnet.
Plötzlich hatten wir ein Businessmodell. Frau Riegler, danke!
Es braucht manchmal genau diese Menschen, die dich in die
richtige Richtung stoßen, während du selbst nicht checkst, was
möglich ist.

Und nach Frau Riegler kamen andere Anrufe und E-Mails.
Alle mit ähnlichem Klang: »Wir haben Sie im Fernsehen gesehen und würden uns gerne als Arbeitgeber positionieren. Wir
sind ein sehr bekanntes Unternehmen. Nur das Bild, das Menschen von den Jobs bei uns haben, ist völlig falsch. Jeder denkt
nur an Kassenjobs. Aber wir sind ein großes internationales Unternehmen. Wir haben so viele Jobs, die einfach niemand kennt.
Wenn jemand in einem bestimmten Bereich einen Job sucht,
dann weiß er vielleicht gar nicht, dass es da auch Stellen bei uns
gibt. Obwohl er uns als Marke kennt. Deshalb würden wir gerne
mit Ihnen zusammenarbeiten ...«

Bei den Wiener Linien zum Beispiel denkt jeder nur an die
sichtbaren Jobs: Busfahrer, Straßenbahnfahrer, U-Bahn-Fahrer.
Aber dass es dort ein Social-Media-Team gibt und ein Immo-
bilienteam, das durch Wien rennt und plant, wo die nächsten
Bahnhöfe entstehen, weiß kein Mensch. Oder die Großbäckerei
Ströck. Jeder denkt an die Verkäufer in den Filialen. Niemand an

die Personalabteilung, das Rechnungswesen und die Logistik. Siemens hat fast 400 000 Mitarbeiter. Die öffentliche Wahrnehmung: Ach, irgendetwas mit Technik. Aber dass es dort genauso viele Teams und Abteilungen gibt, die sich um Management, Beratung, Controlling, Öffentlichkeitsarbeit und Social Media kümmern – darunter dutzende Facebook-Pages für die Mitarbeiter –, ist niemandem bekannt. Als sich der Verbund bei uns meldete – das ist der größte Energiehersteller Österreichs –, sagte deren Marketing-Verantwortliche, dass wir für sie wie ein Stand auf einer Karrieremesse seien, nur eben nicht für zwei Tage im Jahr, sondern rund um die Uhr, 365 Tage im Jahr. Damit hatte sie mir das perfekte Verkaufsargument für die nächsten Jahre geliefert. Jetzt hatten wir nicht nur ein Businessmodell und Kunden, sondern auch die besten Argumente, warum der Personalmanagement-Markt whatchado als Werkzeug braucht.

Heute sind auf der whatchado-Webseite über zweihundert Unternehmen vertreten – aus Deutschland, Österreich, der Schweiz und sogar Italien. Es sind internationale Unternehmen, die auf uns setzen, aber auch kleine Betriebe. Von einem Bäcker Ströck, der nur im Großraum Wien Filialen führt, bis hin zur Unternehmensgruppe Umdasch, die weltweit mehr als 175 Niederlassungen und über 7000 Mitarbeiter hat, oder dem globalen Riesenunternehmen Siemens. Wir haben für Umdasch und andere Unternehmen sogar Videos in Dubai, Shanghai, New York und Brasilien gedreht.

Damit haben wir ein großes selbstgestecktes Ziel erreicht. Wir hatten uns vorgenommen, über zweihundert Unternehmen als Kunden zu gewinnen, einfach weil diese Zahl so groß und unglaublich ist. Außerdem rechneten wir, dass wir bei jedem Unternehmen an die zwanzig Storys drehen würden. Bei zweihundert Unternehmen ergibt das über 4000 Storys. Und bei einer durchschnittlichen Videodauer von fünf Minuten sind das um die 20 000 Minuten (!) an Lebensgeschichten. Diese Marke wollten wir knacken. Aber nicht mit den marktüblichen Methoden.

Wir wollten nicht argumentieren müssen: Wir sind die Besten oder die Billigsten. Apple hat mit dem iPhone auch nicht ein Handy auf den Markt gebracht, das alle brauchten, sondern eines, das alle wollten. Das Ding besaß zu Beginn nicht einmal die Funktion »Kopieren und einfügen«, und der Akku hielt auch nur für vier Stunden. Doch Apple gelang es, die Idee und den Stil zu vermarkten.

Durch whatchado entdecken Jugendliche den Arbeitsmarkt auf eine entspannte Art und Weise. Sie werden von Leuten abgeholt, die sie in naher und ferner Zukunft sein können. Beim Scrollen durch unsere Videos entsteht ein neues Bild der Unternehmen. Ohne Motivationssprüche und wunderhübsche Models, die in Uniformen gesteckt worden sind. Bei uns sprechen echte Menschen ihre echten Geschichten. Ein hochemotionaler, menschlicher Zugang. Wir mussten viele Unternehmen erst dazu erziehen. Sie hatten keine Ahnung, wozu das Ganze gut war und wie es funktioniert. Durch Storytelling haben wir das geschafft – indem wir die whatchado-Geschichte erzählten.

Deshalb sind Jubin und ich auch auf jede Konferenz gerannt und haben zu allen möglichen Themen unseren Senf abgegeben. »Wie wichtig werden die Mitarbeiter?« (Eine Frage, die allen Ernstes auch heute noch gestellt wird.) »Wie verändert sich der Arbeitsmarkt?« »Wie spricht man junge Generationen an?« »Wie wirkt sich die Digitalisierung auf die Stahlproduktion aus, und welche Auswirkungen hat dies auf den Arbeitsmarkt?« So haben wir mit tausenden Personal- und Marketingleitern über die Welt von heute und morgen gesprochen. Wir wurden zu Experten und schafften es, für jede Veranstaltung den richtigen Vortrag aufs Brett zu zaubern. Am Schluss ging es immer nur um ein Thema: das Potential der Mitarbeiter und die Kraft ihrer Lebensgeschichten als Konstante in einer schnelllebigen Welt. Unser Thema kam an, und die Tore für whatchado standen offen.

Über 90 Prozent der Unternehmen verlängern aktuell bei whatchado jedes Jahr ihren Auftrag. 90 Prozent. Darauf sind wir sehr stolz, weil es zeigt, dass die Unternehmen unsere Arbeit wertschätzen. Und sie tun das, obwohl – inzwischen vielleicht gerade weil – wir von Anfang an sehr konsequent an unseren Prinzipien festgehalten haben. Wir haben uns nicht reinreden lassen. Wir haben gesagt: »Wir stellen die Fragen. Wenn Ihre Mitarbeiter nicht alle whatchado-Fragen beantworten dürfen, dann geht das Video nicht online, und es gibt keine Zusammenarbeit.« Es kommen keine störenden Firmenbanner und keine Logos in das Video, die die Mitarbeiter zum Werbeträger deklassieren. Aus diesen Gründen haben uns zu Beginn viele Unternehmen abgesagt. Aber da mussten wir durch. Das war im ersten Jahr verdammt hart.

So konsequent zu sein ist leichter gesagt, als getan. Schließlich weiß man am Anfang noch nicht, ob man tatsächlich Umsatz machen wird. Da mag es verlocken, dem Kunden in jeder nur möglichen Weise entgegenzukommen. Es kann jedoch gefährlich sein, sich aufgrund einzelner Kundenwünsche zu verbiegen. Hätten wir an unseren Prinzipien gerüttelt, wären wir wahrscheinlich eine ganz normale Videoproduktionsbude für »Branded Content« geworden. Langfristig ist es besser, sich selbst treu zu bleiben und das Produkt nicht abzuändern, nur weil einigen Kunden irgendetwas nicht in den Kram passt.

Die Voraussetzung für unsere Standhaftigkeit war einerseits, dass wir intuitiv spürten, dass whatchado Potential hatte, Umsatz zu generieren. Und andererseits, dass wir dieser Intuition Vertrauen schenken konnten, weil wir abgesichert waren. Wir hatten durch unseren ersten Investor ein probates Sicherheitsnetz im Hintergrund, das uns die ärgsten Sorgen nahm.

Dieses Sicherheitsnetz war Gold wert, auch wenn – wie ich bereits geschildert habe – für unerfahrene Gründer so einige Gefahren mit einem frühen Investment einhergehen. Im Nachhinein denke ich, im Idealfall sollte ein Gründer beweisen, dass seine Lösung einen Mehrwert am Markt schafft, und gleichzeitig finanziell so lange unabhängig bleiben, bis sein Produkt stabil steht.

Whatchado ist aus einem sozialen Projekt entstanden. Es war ein gemeinnütziger Verein, und erst später haben wir eine GmbH gegründet, um das Kundengeschäft abzuwickeln. Ich wusste genau, dass viele Menschen uns mit Argusaugen dabei zusahen. Das Argument, wir seien jetzt käuflich geworden, lag vielen auf der Zunge. Uns war klar, dass nicht jeder unser Kunde werden darf, nur weil Geld in Aussicht gestellt wird. Es gibt viele Unternehmen, die der Gesellschaft schaden, und egal, wie man es dreht und wendet, an ihren Aktivitäten ist an keinem Punkt eine positive Auswirkung ersichtlich.

Firmen aus der Waffen- oder Tabakindustrie zum Beispiel haben wir bereits mehrmals – dabei immer freundlich und bestimmt – abgelehnt. Einige Angebote haben wir auch zurückgewiesen, weil uns aufgefallen ist, dass die Firma intern mit ihren Mitarbeitern schlecht umgeht. Andere wollten uns nur für Werbezwecke nutzen und haben die Mitarbeiter vor den Interviews mit wenig authentischen Inhalten gebrieft oder Fragen aus unserem Katalog gestrichen. Das war für uns ein klarer Deal-Breaker. Das hat sich angefühlt, als ob die Unternehmen ihre Leute wie befehlsempfangende Sklaven behandeln und ihnen einen Stempel aufdrücken wollen, auf dem steht, wie super doch ihr Arbeitgeber ist.

Der größte Deal, den wir je abgelehnt haben, hatte eine Größenordnung von 50 000 Euro. Es ging um ungefähr sechzig Videos für einen Konzern aus der Handelsbranche. Ich habe den Marketingleuten die sieben whatchado-Fragen erklärt. Als wir zu »Welche Einschränkungen bringt der Job mit sich?« kamen, wollten sie diese Frage auf Biegen und Brechen streichen. Doch wir haben uns darauf nicht eingelassen. Wenn wir angefangen hätten, unser Konzept zu verwässern, hätten wir gleich zusperren können.

Im ersten Jahr haben wir zehn Unternehmen abgelehnt, im zweiten waren es sieben. Und dann gab es auch Firmen, wo die Führung wechselte, plötzlich vernünftige Menschen die Entscheidungen trafen und die dann drei Jahre später zu Kunden geworden sind. Auf einmal hatten sie unser Konzept verstanden, und es war okay, dass die Mitarbeiter die Wahrheit sagen.

Als whatchado Ende 2012 eine gewisse Größe erreicht und wir uns in Österreich etabliert hatten, lag es nahe, auch Kunden aus Deutschland für unsere Sache zu gewinnen. Doch der Markteintritt in Deutschland war ein brutaler Kulturschock. Ich hatte das völlig unterschätzt. Gleiche Sprache, gleiche Politik, gleiche Hautfarbe – wird nicht groß anders sein als in Österreich. F***! Die Leute da drüben leben in einer anderen Welt. Sie lachen über Sachen, die ich nicht einmal ansatzweise verstehe. Sie haben eine Businesskultur, die mir die Schuhe ausgezogen hat, und sie nehmen Österreicher nicht immer ernst. Geschäfte in den USA machen: easy. In Italien, Spanien, Frankreich: easy. Man weiß, dass es Unterschiede gibt, und lebt diese Unterschiede bewusster. Aber Deutschland? Da passierte mir der Fehler, dass ich dachte, es sei alles genauso wie in Österreich.

Wir sind in die ersten Kundenmeetings marschiert und haben unsere typische Show abgezogen. Kleine Sticker verteilt mit witzigen Sprüchen drauf und unsere Erfolgsstory und unsere Vision erzählt. Normalerweise kann man diese Sätze erst einmal wirken lassen. Nicht so in Deutschland. Da sitzt ein Manager im Anzug, kurz geschnittene Haare, rasiert, perfekter Anzug, messerscharf analytisch.

»Schön für euch. Wir sind ein 80-Millionen-Markt, und mein Sohn hat noch nie etwas von euch gehört.«

Bumm. Das war eine klare Ansage. Da habe ich diesen dezenten kulturellen Unterschied wie eine Ohrfeige gespürt. Wir aus der Provinz, hier ist die Welt zu Gast. Wir Wiener schauen ja gern über die Stadtgrenze raus und lächeln über die Bauern im Rest des Landes. Dasselbe macht Deutschland mit Österreich. Es liegt nicht einmal an den Deutschen selbst. Es ist dieser schiere Größenunterschied.

In Österreich funktioniert es folgendermaßen: rein zum Kunden, eine halbe Stunde plaudern. Man hat keine Ahnung, ob man angelogen wird oder nicht. Wenn österreichischen Kunden die Präsentation nicht gefallen hat, sie deine Nase nicht mögen oder sie aus einem anderen Grund doch kein Interesse an einer Zusammenarbeit haben, sagen sie: »Wundervoll! Wir melden uns bei Ihnen!« Das führt dazu, dass Jubin und ich uns öfters ein überschwängliches Highfive gegeben haben, nachdem wir bei einem Kunden waren, und dachten, wir hätten den Auftrag in der Tasche. Und dann kam vier Wochen lang keine Nachricht. Man telefoniert nach. Keiner hebt ab. Keine Sau traut sich, dem anderen die Meinung ins Gesicht zu sagen. Es wird nur gekuschelt, und alle sind per du. In Österreich ist immer alles sehr schwammig. In Wien kann man monatelang miteinander reden, alle sind mit allem einverstanden, und der Deal platzt manchmal trotzdem, ohne dass man genau wüsste, weshalb. Wenn Geld im Spiel ist, ist die Sache erst dann in trockenen Tüchern, wenn der Vertrag unterschrieben und die Tinte trocken ist. Für uns, die wir fast alle unentgeltlichen Kooperationen im Bildungsbereich mit Handschlag besiegeln, war es ein harter Weg, auch unsere Kunden vom Mehrwert des Vertrauens zu überzeugen.

Versuche die Duz-Taktik nicht in Deutschland. Ich kannte das Land bislang nur als Tourist. Da wollten sie meine Kohle haben. Jetzt war es umgekehrt. Wir hatten einen Termin bei einer großen Firma. Ich gehe fröhlich auf den Marketingleiter zu, will ihm die Hand reichen, mich vorstellen und wie immer gleich das Du anbieten.

Er schaut nicht mal auf, sagt: »Nein, per du ist nicht okay. Ich habe mich umgehört: Kein Mensch kennt euch!«

Er hat das nicht unfreundlich rübergebracht. Sondern ganz knapp und neutral, sogar sympathisch. Wir waren trotzdem entgeistert und haben auch während der Präsentation völlig versagt. In Österreich könnte das Gegenüber eine Allergie auf das Wort »Du« haben, er würde sich nie trauen, so ein Angebot auszuschlagen.

Wir saßen oft im Zug auf dem Weg zurück nach Wien und haben uns gefragt, ob das jemals klappen wird mit den Deutschen. Wir waren wirklich niedergeschlagen. Wir dachten: »Whatchado international – weltweit, überall, so schnell es geht, über den Atlantik!« Und dann bringt uns ein Marketingleiter bei einem deutschen Mittelständler dermaßen aus dem Konzept. »Alter, wir kriegen es ja nicht einmal mit dem Nachbarn gebacken.« Vielleicht war ihnen unsere Art einfach nur suspekt.

Aber dieses harte, korrekte Verhalten der Deutschen beim Geschäftemachen hat auch seine Vorteile. Wer dort bewiesen hat, dass er etwas kann, kann wirklich etwas. Wenn den Kunden dort etwas gefällt, dauert der Termin 20 Minuten, und am nächsten Morgen ist die Auftragsbestätigung im Postfach. Mittlerweile liebe ich es, mit Deutschen zu arbeiten. Ich musste mich nur an die Kultur gewöhnen. Weil sie auf den Punkt kommen, weil sie ehrlich sind. Wenn sie etwas schlecht finden, sagen sie es. Wenn sie etwas gut finden, dann meinen sie es wirklich so. Sie sind hochprofessionell – nicht nur im Fußball. Sie haben ihre Prozesse verdammt noch mal im Griff. Die Kunden, die wir jetzt schon einige Zeit haben, arbeiten gemeinsam und vor allem proaktiv mit uns die Kooperationen aus. Sie bringen sogar eigene Ideen ein.

Die Allianz hat uns gebeten, unser Matching auf ihrer Karrierewebseite einzubauen. Damit können die Allianz-Mitarbeiter sehen, wer aus dem riesengroßen Konzern ähnlich denkt wie sie selbst. Das war nicht unsere Idee. Die kam von einem Employer-Branding-Zuständigen. Er rief bei uns an und hat uns das ganz selbstverständlich vorgeschlagen. So etwas kennt man als österreichischer Unternehmer nicht. Da heißt es in vielen Fällen: Wir haben das Problem, wir bezahlen, und ihr löst das für uns.

Dieses Proaktive schätze ich wirklich sehr an den Deutschen. Ich genieße auch meine Auftritte dort. Es ist immer alles perfekt organisiert, und die Leute begegnen mir auf professioneller Augenhöhe. Egal, ob Lehrer oder Kunde. Bei den Deutschen habe ich das Verkaufen so richtig gelernt. Sie sind effizient, aber nicht überoptimiert. Sie trennen klar zwischen Business und Privatem. Sie eiern nicht lang herum und sind grundehrlich. Besseres Feedback als von Deutschen habe ich nie bekommen, selbst wenn sie whatchado in der Luft zerrissen haben und ich nach Terminen nicht nur einmal Tränen in den Augen hatte.

Trotzdem würde ich Wien und Österreich gegen kein Land der Welt eintauschen. So sehr ich das Schwammige gerne durch klare direkte Ansagen ersetzt haben möchte, so gerne mag ich die Bodenständigkeit dieses Landes, die dazu geführt hat, dass es einer der sichersten, schönsten und lebenswertesten Flecken der Welt ist. Wenn ich mal Kinder habe, weiß ich jetzt schon, dass sie in Österreich groß werden sollen.

In der Höhle der Löwen
Wie wir ohne Pitch die renommiertesten
Investoren an Land zogen

Die Höhle der Löwen, 2 Minuten 2 Millionen – diese Gründer-TV-
Shows erinnern mich an die Gladiatorenkämpfe im alten Rom.
Euphorische Erfinder erklären in kürzester Zeit allwissenden
Imperatoren ihre Idee. Nach dem Pitch heben oder senken sich
die Daumen über ihr Schicksal.

Wir haben im klassischen Sinn nie gepitcht. Ich habe in meinem Leben keinen einzigen Pitch vor einem Investor gemacht,
bei dem ich ehrfürchtig zu Kreuze kriechen musste. Wenn jemand zu mir sagt: Du hast fünf Minuten Zeit, pitch mir deine
Idee. Dann sage ich: Weißt du was? Vergiss es! Denn bei uns
geht es um mein verdammtes Lebenswerk und darum, etwas
in der Gesellschaft zu verändern. Wenn jemand sich nur fünf
Minuten Zeit nimmt, um sein Geld bei mir zu investieren und
Anteile zu bekommen, dann sage ich: Vergiss es. Das ist, als
ob ich auf der Suche nach der Liebe meines Lebens in eine Bar
gehe und ein Mädel kennenlerne, das mir vorschlägt: Hey, erklär
mir in fünf Minuten deine Vorteile – warum soll ich mit dir ins
Bett gehen? Mädchen, nicht mit mir. Wenn du mich nicht erst
kennenlernen willst, da ist die Tür!

Wir haben coole Investoren, die uns verhältnismäßig viel
Geld anvertraut haben. Sie gehören jetzt quasi zur Familie. Bei
unserem letzten Investment erhielten wir insgesamt 2,5 Millionen Euro von zwei Frauen, die zuvor noch nie in ein Start-up
investiert hatten. Das war eine große Premiere in Österreich.
Vor beiden haben wir jedoch keinen klassischen Pitch hinge-
legt, sondern ganz normale Gespräche auf Augenhöhe geführt.
Was ich an klassischen Pitches nicht mag, ist das Unterwürfige.
Wenn Gründer auf die Gnade der Investoren angewiesen sind

und das Kräfteverhältnis schon in seiner Grundstruktur einseitig zugunsten der allwissenden Investoren verschoben ist.

Wie so oft gab es auch bei unseren Investorengesprächen keinen perfekten Plan und keine perfekte Strategie. Hansi Hansmann wollte im ersten Schritt keinen Businessplan sehen, keine Zahlen, nichts. Innerhalb von nicht einmal einer Viertelstunde war ausgemacht, dass er bei uns einsteigt und wir die Firma gründen. Ihm waren – und das verbindet alle guten Investoren – das Team, dessen Idee und sein Vertrauen in die Menschen, die es durchziehen, das Wichtigste. Diese Haltung hatte er bereits 2011, als noch niemand das Wort »Start-up« buchstabieren konnte.

Ein paar Jahre später, als wir die zweite Finanzierungsrunde angehen wollten, hörte ich, dass sich Brigitte Ederer aus dem Vorstand von Siemens zurückgezogen hatte und wieder nach Österreich kam. Hansi gab mir den Tipp, dass sie an Investments interessiert sei. Ein paar Tage später haben wir gemeinsam bei uns im Büro gefrühstückt. Ich habe ihr in Ruhe unser Unternehmen gezeigt und meine Vision erklärt. Wir saßen 90 Minuten zusammen. Brigitte Ederer war im Vorstand eines der größten Konzerne der Welt gewesen. Sie hatte wenig Erfahrung mit dem digitalen Start-up-Business, aber sie sagte: »Ich vertraue Euch.« Ihre einzige Frage war, was uns nachts nicht schlafen lässt. Lucanus Polagnoli, neben Jubin und mir heute unser dritter Geschäftsführer, der damals Vater geworden war, antwortete: »Meine Kinder.« Jubin und ich erzählten über die anderen Mitarbeiter mit Kindern, für die wir manchmal die einzige Einnahmequelle waren. Wenn wir das Unternehmen gegen die Wand fahren würden, dann hätten wir Familien auf dem Gewissen. Am übernächsten Tag schrieb sie Hansi eine SMS: »Ich mache mit.«

Kein klassischer Pitch, kein klassischer Umsatz- und kein klassischer Businessplan.

Claus Raidl, der Präsident der Oesterreichischen National-
bank, saß auch bei uns, und wir haben unser Unternehmen präsentiert. Zu Hause fragte er seinen Sohn, ob das eine Plattform
sei, der man vertrauen könne. Sein Sohn bejahte. Claus Raidl
stieg ein. Kein klassischer Pitch, kein klassischer Umsatz- und
kein klassischer Businessplan.

Keiner hat bei uns wegen zukünftiger hoher Renditen investiert, in erster Linie ging es darum, dabei zu sein, wenn wir
eine große Vision umsetzen. Alles andere hätten Jubin, Stefan,
Manuel und ich auch nicht gewollt.

Bei den Gründer-TV-Shows gibt es allzu oft kein faires Auf-
einandertreffen. Bei klassischen Treffen zwischen Gründern
und Investoren im Übrigen auch nicht. Die Unternehmer sind
Bittsteller, die Investoren die erhabenen Mäzene. Kein Verhältnis auf Augenhöhe, obwohl das für Start-ups sehr wichtig
ist. Jubin und ich haben immer darauf geachtet, dass alle Menschen, mit denen wir arbeiten, mit uns auf Augenhöhe agieren.
In dieser Hinsicht vertraue ich meinem Bauchgefühl, und diese
Strategie erweist sich als großer Vorteil. Ich möchte mit Leuten
zusammenarbeiten, die ich mag und denen ich vertraue. Denn
dann läuft im Normalfall alles gut.

Wir haben mit vielen großen Unternehmen gesprochen,
Verlage und Konzerne zeigten Interesse, bei uns einzusteigen.
Doch wir wollten keine strategischen Partner, die uns nur als
eine Zahl in ihrem System sehen. Wir bekamen Anfragen, bei
denen wir wussten, dass wir zu einem rein kapitalgetriebenen
Unternehmen gemacht werden sollten. Wir haben alle abgelehnt. Geld ist nicht alles – Geld, das nachhaltiges Wirken unterstützt, umso mehr.

Business Angels waren unser Ziel – Privatpersonen mit
viel Erfahrung, die ihr Wissen und ihr Kapital investieren wollen. Wir hatten so gute Erfahrungen mit Hansi gemacht und
wünschten uns ein breiteres Mentoren-Netzwerk. Das Problem

war jedoch: In Österreich gab es kaum Business Angels. Vor allem keine, die unseren Kapitalbedarf von zwei Millionen Euro ohne mit der Wimper zu zucken investiert hätten. Der Start-up-Markt war damals erst wenige Jahre alt, und selbst die Experten und Branchenkenner hatten kaum einen Überblick über sein Potential.

Evi Roseneder, die ich in Linz bei einem Business Breakfast kennengelernt hatte und die heute zu einer der wichtigsten Personen in meinem Umfeld zählt, rief eines Tages an und sagte mir, dass die Unternehmerin Hilde Umdasch in Wien sei und mich gerne treffen möchte. Diesen Tag werde ich nicht vergessen: Wir haben uns in einem sehr schönen, gesetzten Wiener Kaffeehaus getroffen. Ich trug Jeans, Pulli und hatte nasse Hände vor Nervosität. Wir haben uns über das Leben unterhalten, über menschliche Potentiale, über Kinder, über die Jugend. Dann habe ich über den Alltag an Brennpunktschulen erzählt. An diesem Tag hatte ich keine Präsentation dabei – ich habe den Laptop nicht einmal aufgeklappt. Am Ende des Gesprächs fragte sie mich, ob sie whatchado unterstützen könne. Und ich erzählte ihr von den fehlenden zwei Millionen, und sie war sofort dabei. Hansi und Lucanus besprachen mit ihr die Details.

Zeitgleich war Jubin beim Unternehmen EVVA, einem österreichischen Hersteller für Sicherheitstechnik, um es als Kunde für whatchado zu gewinnen. Nicole Ehrlich-Adam ist dort nicht nur Leiterin der Personalabteilung, sondern führt auch zusammen mit ihrem Ehemann die Geschäfte des Familienunternehmens. Eigentlich wollte sie whatchado nur als Lösung für das Personalmanagement kennenlernen. Am Ende von Jubins Präsentation sagte sie: »Das machen wir sicher, aber noch eine Frage: Nehmt ihr auch ein Investment?«

Ich glaube nicht an Zufälle. Das passierte innerhalb einer Woche. Im Endeffekt war innerhalb von 14 Tagen ausgemacht, dass Hilde Umdasch und Nicole Ehrlich-Adam insgesamt

2,5 Millionen investieren. Die Medien haben gefragt: »Wie habt ihr das geschafft?« »Wie seid ihr da taktisch rangegangen?« »Von wem habt ihr euch ein Intro geben lassen?« Wir haben gesagt: »Ganz ehrlich, wir haben den Markt gefragt. Und uns wurde gesagt, es gebe niemanden, der so eine Summe als Business Angel investiert. Vor allem nicht in der Phase, in der wir uns als Start-up gerade befinden.« Hätte ich also versucht herauszufinden, ob jemand Investoren kennt, die uns helfen würden, hätte uns keiner diese zwei Namen genannt.

Stattdessen haben Jubin und ich das gemacht, woran wir glauben und was wir immer machen: Er war bei einem Kunden, hat alles gegeben. Ich war bei einer Präsentation in Linz und habe begeistert von unserer Vision und der Jugend gesprochen. Und plötzlich kam etwas ins Rollen. Genauso wie bei Hansi Hansmann oder bei Brigitte Ederer.

Geht ruhig raus und macht euch zum Affen. Oder werft euch in den besten Anzug und pitcht vor irgendwelchen Venture-Capital-Leuten und steckt die Kohle ein. Aber seid euch bewusst: Dieses Verhältnis ist, wenn ihr nicht aufpasst, von der ersten Sekunde an ein unterwürfiges, wenn man sich an die falschen Menschen bindet. Du gehst mit einem Investor eine engere Beziehung ein als in einer Liebesgeschichte – das kann schon passieren. Wenn du nach drei Wochen in einer Beziehung siehst, es passt nicht, kannst du Schluss machen und weißt, das Leben geht weiter. Wenn es aber mit einem Investor nicht passt, kannst du nicht plötzlich sagen: »Du, wir verstehen uns menschlich doch nicht. Wir lösen die Verträge auf.« Denn dann redest du nur noch über den Anwalt miteinander. Wenn du von Anfang an unterwürfig in die Zusammenarbeit mit einem Investor gehst, wirst du immer die Ansicht haben: »Oh, der große Investor.« Unsere Boardmeetings dagegen sind auf Augenhöhe. Wir sind alle per du – von Tag eins an. Wir verstehen uns gut und haben eine sehr offene Diskussionskultur.

Wenn ich den Fernseher einschalte und Sendungen wie *Die Höhle der Löwen* sehe, wo junge Menschen, die etwas auf der Welt verändern wollen, so herablassend behandelt werden, dann spüre ich, weshalb einige dieser Fernsehformate eigentlich keine Zukunft haben dürfen. Es geht nur darum, den Zuschauern Menschen vorzuführen, die in der Sendung wie irgendwelche Trottel erscheinen.

Wir laufen in der Investorenszene aktuell in eine falsche Richtung. Denn dort gibt es auch in der Realität mehr Show als Substanz. Um ein Unternehmen mit Arbeitsplätzen zu schaffen, kann der Gründer auch eine langweilige Socke sein. Wenn er seinen Job gut macht. Doch wenn er sich so eine Sendung mit lauter Gründern ansieht, die pitchen, bis der Arzt kommt, denkt er sich vielleicht: »So einer bin ich nicht. Ich habe Pickel und eine dicke Brille. Ich kann das nicht.« Dann kann es sein, dass diese Person niemals gründet. Weil die Vorbilder nichts mit seiner eigenen Welt zu tun haben.

Was wir den Leuten eher erklären sollten: Gründung bedeutet, du gehst deinen Weg. Wenn du ein Start-up gründest, dann gibt es Menschen, die bei dir investieren. Gleichzeitig kannst du aber als Individuum so sein, wie du bist. Aktuell wird immer nur suggeriert: Start-up gründen heißt, zu den großen Investoren gehen und um dein Leben pitchen. Ich habe in meinem Leben noch keinen klassischen Pitch gemacht. Ich habe mich nicht einmal hingestellt und gesagt: »Huh, fünf Minuten, die Zeit rennt – go!« Ich bin bei einem Kaffee gesessen und habe erzählt. Und am Ende des Gesprächs hatten wir 1,2 Millionen. Und kein einziger Investor hat zu dem Zeitpunkt, wo wir über das Investment gesprochen haben, einen Businessplan gesehen. Der Anwalt von Hilde Umdasch, der sich um die Verträge gekümmert hat, wollte Wochen später eine Liste von Dingen haben. Aber Hilde Umdasch selbst nicht. Investoren investieren in Menschen und deren Potential.

Ich halte jedes Jahr an der Wirtschaftsuniversität Wien eine Lehrvorlesung im Bereich Unternehmensgründung. Wo es dann heißt, dass ich die Träume der jungen Gründer zerstöre. Hört sich schlimm an, ist aber meistens als Kompliment gemeint. Ich stelle mich hin und sage: »Wer glaubt, dass der Pitch das Wichtigste ist, und wer von euch hat einen Businessplan?« Dann zeigen sie mir ihre Businesspläne. Doch sie waren noch nie bei einem Kunden draußen. Ihre Businesspläne enden beim ersten Kunden. Wenn da 17,90 Euro für das Produkt veranschlagt wird, aber der Kunde dir nicht mehr als 4 Euro zahlen möchte, kann der Businessplan in die Tonne. Hätte ich es so gemacht, wie es in Businesskursen und im Fernsehen suggeriert wird – ich schwöre, ich würde heute noch in meinem Wohnzimmer sitzen, wäre angestellt und würde das Weihnachts- und Urlaubsgeld als das Höchste aller Dinge sehen. Weil ich innerhalb von fünf Minuten nicht einmal meiner Freundin einen Liebesschwur machen kann. Alleine dafür brauche ich eine halbe Stunde.

Und wo ist der Haken?

Warum Vertrauen die wichtigste Zutat
jeder Partnerschaft ist

Wir haben bei whatchado heute über hundert Partnerschaften: im Bildungsbereich, im Arbeitsbereich, mit kleinen und großen Unternehmen, Vereinen, staatlichen Einrichtungen und Schulen. Noch vor der GmbH-Gründung habe ich zum Beispiel den Leiter des Berufsinformationscomputers BIC.at kennengelernt, einem Portal der Österreichischen Wirtschaftskammer, auf dem alle Berufsbilder in Österreich vorgestellt werden. Diese Webseite wird in Schulen verwendet, damit sich Kinder informieren können. Der Leiter des Projekts erzählte mir, dass die Seite sehr textlastig sei und dass ihm whatchado gefalle, weil die Menschen dort selbst über ihre Berufe sprechen. »Dann arbeiten wir doch zusammen«, habe ich ihm vorgeschlagen. »Wir geben euch unsere Videos, und ihr baut sie auf eurer Webseite ein.« Das ist jetzt über fünf Jahre her – und bis heute existiert kein Vertrag mit Rechten oder Pflichten. Weil es sich gut anfühlt, wir uns auf Augenhöhe begegnen und vor allem, weil beide Seiten ein gemeinsames Ziel vor Augen haben: Jugendlichen bei der Berufsorientierung zu helfen.

Wir gehen generell nur Kooperationen ein, die sich für uns gut anfühlen, und das ist immer dann der Fall, wenn wir uns gegenseitig vertrauen, weil wir wissen, dass unser Partner das große Ganze im Blick hat. Im Vergleich zu anderen Unternehmen schließen wir dafür nur relativ wenige bis gar keine Kooperationsverträge ab. Bei uns zählt die Handschlagqualität, und diese gilt mehr als jedes Blatt Papier. Außer mit BIC.at kooperieren wir so zum Beispiel mit Lehrlingsausbildungen oder mit dem Unternehmen Schoolgames, das Brettspiele für Schulen entwickelt, um Schülern die Wirtschaft näherzubringen. Wir geben ihnen unter anderem Informationen über Berufsbilder mit Links zu unseren Videos. Das sind Partnerschaften, die wir mögen.

Auch heute bekommen wir immer wieder Anfragen. Wenn wir sagen: »Ja, ihr könnt unsere Videos umsonst haben, und ihr dürft auch unsere sieben whatchado-Fragen für interne Videos eins zu eins übernehmen, wenn ihr das wollt« – dann sind die Leute oft irritiert. »Wo ist der Haken?« »Was ist der Hintergedanke dabei?« Es gibt keinen. Wir bei whatchado möchten, dass beim Thema Berufsorientierung etwas weitergeht. Wenn wir jemanden dabei unterstützen können, dann wird Menschen geholfen. Wir geben – und gehen davon aus, dass es in das große Ganze einzahlt. Dafür wurde ich am Anfang oft belächelt und kritisiert. Menschen glauben, dass wir etwas vorhaben, das auf den ersten Blick nicht ersichtlich ist. Sie fragen sich: »Worauf lasse ich mich da ein?« Es ist ganz einfach: Wenn es mehr Leute gibt, die whatchado verwenden, dann wird auch mehr Menschen geholfen. Die Leute haben sich oft gedacht, das sei eine Lüge. Es gab zum Beispiel die Idee für eine Kooperation mit einem Radiosender. Wir wollten gerne das Berufsbild des Radiomoderators auf unserer Webseite vorstellen. Der Radiosender sollte durch das Video natürlich ebenfalls auf unserer Webseite vertreten sein. Bei diesem Kooperationsvorschlag wären beide Seiten mit Null ausgestiegen. »Wo ist der Haken, was kostet es?« Nichts. Es hat schließlich ein halbes Jahr gedauert, bis wir eine Zusage bekommen haben, weil so viel Misstrauen da war. Unser Ansatz ist: Wir vertrauen der Gegenseite und geben immer mehr. Anfangs glauben die Leute, du willst sie über den Tisch ziehen, aber wenn du das dann im fünften Jahr auch noch so machst, dann hast du ihr Vertrauen.

Es gab aber auch schon oft Kooperationsvorschläge, wo wir wussten, das fühlt sich nicht gut an – egal, wie viele Verträge wir aufgesetzt hätten, das hätte nur in die Hose gehen können. Mit großen Organisationen, vor allem aus dem Ausland, haben wir zwar Vereinbarungen unterzeichnet – aber nur, weil es ihnen wichtig war, uns weniger. Wenn der Tag kommt, wo wir diese Vereinbarungen brauchen, dann haben wir ohnehin alles falsch gemacht. Daher leben wir lieber eine Kultur, die auf Vertrauen setzt, damit Kontrolle gar nicht notwendig wird. Wir sitzen alle im selben Boot. Wenn unser Partner Probleme hat, dann sind das auch unsere Probleme, und umgekehrt.

Dieses Grundvertrauen wurde allerdings schon einmal auf die Probe gestellt. Als einer unserer Kooperationspartner, der eine der größten Jobplattformen Österreichs betrieb, uns in den Rücken fiel und uns fast eins zu eins kopierte, war ich nicht sauer wegen des Ideenklaus. Sondern weil sie uns fast ein Jahr lang vorgespielt hatten, dass unsere gemeinsame Kooperation auf Vertrauen basiere. Uns ein Jahr auszuspionieren und dann unsere Idee umzusetzen, war an sich ein Kompliment erster Güte, auch wenn es anfangs Bauchschmerzen bereitete und unser ganzes Team dazu brachte, am Guten im Menschen zu zweifeln. Wir hatten beim Aufbau des Unternehmens mit allem gerechnet, doch nicht mit solch einer Aktion von jemandem, dem wir vertrauten. Die Unzufriedenheit und der Schock führten dazu, dass wir als Team sehr nervös wurden, weil wir uns in den schlimmsten Farben ausmalten, wie dies unser Ende einläuten könnte. Wir wechselten zwischen »Jetzt erst recht«- Parolen und innerlicher Aufgabe. Es gab Tage, da lagen unsere Nerven blank, und wir stritten die ganze Zeit, obwohl wir uns als Team mehr brauchten als je zuvor. Doch diese Phase hielt nur wenige Wochen an und schweißte uns schließlich mehr zusammen. Allein dafür bin ich unserem ehemaligen Kooperationspartner dankbar.

Im Endeffekt lehrte uns dieser Vorfall, dass wir noch schneller an unserer Qualität arbeiten mussten. Ideen klauen, das kann jeder, doch es ist immer die Qualität der sorgfältig konzipierten Einzelteile, die einen Audi von einem chinesischen Gebrauchtwagen unterscheidet. Und trotz des Schocks und der Enttäuschung beschlossen wir, dass ein schwarzes Schaf nicht die Basis für unsere Kooperationen kaputtmachen durfte: das Vertrauen in unser Gegenüber.

3.
KEEP IT SIMPLE, STUPID

Der Kuss
Weshalb simpel zu denken die Königsklasse ist

Ein Vorgesetzter bei Siemens hat öfters zu mir gesagt: »Wenn du Probleme hast, Ali – denk an den Kuss.« Was er damit meinte? »Kuss« ist die deutsche Übersetzung für das englische Wort *kiss*. Was manch einer als einen Austausch von Liebesbekundungen deuten würde, war in der Welt des Projektmanagements die Abkürzung für *Keep It Simple, Stupid*.

In Großkonzernen laufen die Menschen schnell Gefahr, alles groß und wichtig machen zu wollen. Sie bauschen Themen auf. Je komplexer, komplizierter und verklausulierter, desto besser. Unser Hirn schaltet dabei allerdings schnell ab. Es scheint nicht darauf ausgelegt zu sein, im hohen Tempo der Businesswelt mit großen und komplexen Erklärungen zu arbeiten, da das schlicht und einfach zu viel Energie verbraucht. Punktuell kann so ein Vorgehen nötig und sinnvoll sein – aber im Alltag mögen wir Menschen einfache Gedanken. Sie sind leichter zu vermitteln – gerade in Teams, die gemeinsam an einer Sache arbeiten.

In all den Jobs, die ich in meinem Leben hatte, habe ich die guten Chefs schnell erkannt. Das waren diejenigen, die die scheinbar dümmsten Fragen gestellt haben. Als ich unsere späteren Investoren Claus Raidl und Brigitte Ederer kennenlernte, haben sie viel mehr zugehört als gesprochen. Später hat Brigitte Ederer oft Fragen gestellt, die immer so einfach klangen, dass sich das kaum ein anderer getraut hätte. Doch diese Fragen brachten die Thematik immer genau auf den Punkt und uns richtig ins Grübeln. Einmal diskutierten wir alle länger als geplant über mögliche Entscheidungen für die Zukunft, bis Brigitte Ederer plötzlich in den Raum fragte: »Welches Problem wollen wir eigentlich lösen?« Mit einem Schlag war uns allen klar, dass wir die letzten 20 Minuten mit den falschen Inhalten verbracht hatten.

Je mehr Erfahrung Menschen haben, desto schneller bringen sie Dinge auf den Punkt. Junge Unternehmer tendieren dazu, Prozesse unnötig zu verkomplizieren. Man will zu den Großen gehören, und die machen es schließlich auch so. Prozesse sind nur effizient, wenn sie einfach und nachvollziehbar sind. Dann sind sie stark, und jeder versteht sie. Sie sind oft der einzige Weg zu einer guten Problemlösung. Wir können keine Berufsorientierungsplattform sein, die selbst Probleme mit den Prozessen hat, die notwendig für ihre Arbeit sind. Wenn wir uns zu weit von unserer Kernaufgabe – der Orientierung für Jugendliche – entfernen, beschäftigen wir uns nur noch mit uns selbst.

Wandel ist aktuell ein großes Thema für Unternehmen. Disruption, Digitalisierung, Diversity Management, Umweltauflagen – es gilt viel zu verändern. Konzerne, die im Lauf der Zeit zu komplex und behäbig geworden sind, tun sich damit am schwersten. Vorstände, die Jahresplanungen und Quartalsergebnisse als einziges Schaffensziel interpretieren, wissen oft nicht einmal mehr, zu welchem Zweck ihr Unternehmen ursprünglich angetreten ist. Kaum ein Vorstand kann in einem

Satz erklären, was sein Milliardenunternehmen für Probleme löst.

Chefs müssen heute aufstehen, der Komplexität auf die Füße treten und sie aus dem Meeting schmeißen. Die wichtigsten Meetings sind die, bei denen schnell klar wird, dass man das soeben besprochene Add-on der Webseite gar nicht braucht. Diese Erkenntnis hat uns schon mehrfach vor langen Umwegen gerettet.

In der Summe haben wir verdammt viel Geld und noch mehr Zeit verbraten, um unser Unternehmen komplex zu gestalten, und haben es dadurch nur unnötig verkompliziert. Mittlerweile fragen Jubin und ich – und ich weiß, dass es verdammt hart für unsere Leute ist – bei jedem neuen Konzept: »Warum machen wir das? Was lösen wir damit?« Wenn wir keine einfache Antwort bekommen, setzen wir das Konzept nicht um. Schnelle Unternehmen schaffen es, Probleme herunterzubrechen und zügig einen gemeinsamen Nenner zu finden. Es ist eine Kulturfrage: Will man eine verklausulierte Strategie, bei der sich der Intellekt in der Sonne föhnt, oder Flexibilität und Effizienz in den Vordergrund stellen?

Rauf auf die Bühne, sonst sieht dich keiner
Warum wir uns zu Idioten machen müssen

Ich habe in meinem ganzen Leben noch nie ein fremdes Mädchen angesprochen, weil es mir gut gefallen hat. Nicht ein einziges Mal. Wenn ich einer nähergekommen bin, dann wurde sie mir vorgestellt, oder sie hat mich angesprochen. Oder ich habe die Situation genau beobachtet und dann dafür gesorgt, dass ich »zufällig« plötzlich neben ihr stand, und mich ins Gespräch eingemischt. Aber so direkt, mit einem Anmachspruch? Niemals.

Das hängt erstens mit meiner Schüchternheit zusammen und zweitens mit dem Klischeebild, das ich von Verkäufern habe. Haare bis in den Nacken, mit viel Gel zurückgekämmt, Karoanzug und Haifischgrinsen – der typische Verkäufer. Will man bei ihm ein Auto kaufen, das vier Reifen hat und brummt, fährt man in einem SUV mit Subwoofer, Einparkhilfe, ausklappbarem Tablet-Halter und einem Leasingvertrag, der einen bis ans Ende aller Tage verfolgen wird, nach Hause. Ich weigere mich, diese Art des Verkaufens zu akzeptieren.

Diese Art, Bedürfnisse zu befriedigen, die vor dem Gespräch noch gar nicht existiert haben – das hat genau wie ein plumper Anmachspruch keinen Stil. Außerdem ist so ein Eingriff in das Leben von Menschen moralisch verwerflich. Keiner von uns ist so selbstbewusst, dass er der ewigen Versuchung durch einen hartnäckigen Verkäufer widerstehen könnte. Das Gehirn reagiert mit Hormonausschüttungen auf bestimmte Reize, und die lassen sich nicht ausschalten. Ich habe whatchado klar gegen diese Art des harten Verkaufs positioniert. Ich wollte keinen Ausverkauf, keine Rabattaktionen, keine Plakate, keine Presseaussendungen, keine Inserate. Wir mussten anders bekannt werden.

Als Teenager habe ich die Biographie des Gründers von Virgin Records, Richard Branson, verschlungen. Sein Mentor sagte Branson, dass er auch ohne Geld Marketing machen könne: »Wenn du kein Geld für Marketing hast, dann bist du das Marketing.« Nämlich mit seinem Gesicht. Das ist der Grund, weshalb meines auf jeder Bühne zu sehen ist, die mir angeboten wird. Einerseits – so ehrlich muss ich sein – pusht es mein Ego, andererseits habe ich Bransons Ansatz verinnerlicht. Der ist simpel: Eine Idee oder eine Firma ist immer mit Menschen verbunden, die dieser Idee folgen. Doch niemand glaubt an eine Idee, wenn die Person, die sie transportiert, nicht glaubwürdig ist. Mahatma Gandhi, John Lennon oder Bob Marley folgten die

Leute wegen deren Überzeugung. Bei Apple war es nicht anders. Steve Jobs war das personifizierte Unternehmen. Seit seinem Tod hat die Firma viel an Strahlkraft und Innovationsfähigkeit verloren.

Jack Welch, CEO von General Electric, hat mir den zweiten Ansatz geliefert, um whatchado bekanntzumachen. Seine Praktiken habe ich zwar des Öfteren in Frage gestellt, weil ich sie mitunter zu radikal finde. Doch es gibt eine Sache, die er erkannt hat: Wenn man etwas oft genug wiederholt, dann wird es zur Realität. Und wenn Menschen etwas oft genug hören, beginnen sie es zu verinnerlichen.

Wissen wird in Zeiten der Hektik nicht nur durch persönliche Erfahrungen generiert, sondern uns oft auch zugetragen. Es wird von den Medien, die wir konsumieren, und unserem direkten Umfeld konstruiert. Wer jeden Tag nur Boulevardblätter liest, glaubt den Unsinn nach einiger Zeit. Wer nur rechtsradikalen Seiten auf Facebook folgt, glaubt bald an die jüdische Weltverschwörung und gelenkte Flüchtlingsströme, die unseren Kontinent destabilisieren sollen. Wer dagegen Qualitätsmedien liest und einen weltoffenen Freundeskreis hat, der wird eine aufgeklärtere Vorstellung von der Welt entwickeln. Menschen und Medien transportieren nicht nur Informationen, sie transportieren Visionen. Eine Firma kann das auch. Doch sie muss es immer im Wissen um ihre gesellschaftliche Verantwortung tun.

Die Wiederholung der Vision ist Aufgabe der Chefs und der Gründer. Einerseits gegenüber den Mitarbeitern, andererseits gegenüber potentiellen Kunden und Investoren.

Meistens sind die Mitarbeiter so stark im Tagesgeschäft verankert, dass sie den Blick auf das große Ganze schnell verlieren. Das Schlimmste wäre für mich gewesen, wenn wir das nächste HR-Start-up geworden wären, das sich über die Probleme am Arbeitsmarkt mokiert. Ich wollte etwas mit mehr Sinn. Gott, bin ich den Leuten damit auf die Nerven gegangen. Jede Woche habe ich vor jedem wichtigen Meeting erzählt, was unsere Ziele sind und wie wir sie erreichen. Nicht nur Umsatz oder Reichweite, sondern die ganz großen: Menschen Orientierung geben. Die Welt ein bisschen besser machen. Ich habe immer ähnliche Worte benutzt. Auch in den Interviews habe ich meine Botschaft wieder und wieder gebracht, bis es der Letzte verstanden hatte.

Whatchado ist für mich wie eine Pflanze. Wenn man nicht weiß, wie der Samen aussah, der damals gepflanzt wurde, kann man nur den Baum bewundern. Die Wurzeln bleiben dem Auge verborgen, doch sie sind überlebenswichtig, weil sie versorgen und verankern. Solange wir unsere Vision – unseren Samen und unsere Wurzeln – kennen, kann man noch so viele Äste abschlagen, und die Pflanze wird trotzdem weiterleben. Wenn wir aber unsere Vision nicht mehr kennen, dann haben wir plötzlich einen Baum vor uns, bei dem wir nicht wissen, ob er starke oder schwache Wurzeln und damit eine hohe oder niedrige Widerstandskraft besitzt. Wir werden ihn so schmücken, wie es für uns passt, egal ob der Baum das aushält oder nicht. Dann ist die Gefahr groß, dass der Baum nachgibt, weil seine Wurzeln die Last nicht tragen. Das wird der Baum nicht überleben. Deshalb ist es wichtig, die Vision in den Köpfen der Menschen wachzuhalten.

Die ersten beiden Jahre trug ich bei meinen Auftritten Lederhosen – auch auf den ernsten Konferenzen in Deutschland. Eine bleibende Erinnerung habe ich an die Social Media Conference in Hamburg. Vor dem Auftritt stand ich mit Stutzen, Mignon-Shirt und Lederhose vor dem Spiegel und fragte mich, was ich da eigentlich gerade vorhabe. Stefan sagte: »Ali, du machst dich zum Affen.« Im Publikum saßen diese typischen deutschen Start-up-Typen. Alle hatten Schnurrbärte, Fred-Perry-Kragen und schicke Slimfit-Jeans an, und ich sah aus, als würde ich den

Clown auf einem Kindergeburtstag geben. Dann habe ich über veränderte Lebenswelten und den radikal neuen Arbeitsmarkt gesprochen. Ich habe die verächtlichen Blicke gespürt. Ein Perser, der in Lederhosen und Wiener Dialekt spricht.

Mit meinem Auftritt habe ich gleichzeitig jedes Klischee erfüllt und gebrochen. Meine radikalen Ansagen gepaart mit dem irritierenden Erscheinungsbild haben Eindruck hinterlassen. Ich habe polarisiert. Das bleibt in den Köpfen hängen: Irritation führt zu Aufmerksamkeit – und wenn die transportierte Message noch den Nerv der Zeit trifft, kann sich das Gehirn gar nicht mehr dagegen wehren, sich die Information zu merken.

Und das führt zu erstaunlichen Ereignissen. Ich habe in Halle an der Saale mal einen Vortrag mit dem Titel »Warum die Beziehung zwischen dem Arbeitgeber und dem Arbeitnehmer 1:1 wie eine Liebesgeschichte ist« gehalten. Beide laufen genau nach demselben Schema ab: kennenlernen, auf sich aufmerksam machen, attraktiv sein, rosarote Brille, Alltag, Unstimmigkeiten, Bruch. Einer klammert, der andere will weg. *Story of my life.* Ich ging vor dem Vortrag im Foyer herum und trieb die Menschen laut und wild gestikulierend in den Saal. Das mache ich immer, wenn parallel noch andere Vorträge stattfinden. Der Berater Levent Rothmann stand direkt vor mir, und ich habe ihn an den Schultern gefasst und gesagt: »Los, rein mit Ihnen. Das wird der geilste Vortrag, weil ich ihn halte.« – So was von übertrieben. Levent setzte sich jedenfalls in die erste Reihe und hörte mir zu.

Ein paar Monate später – wir waren inzwischen auf Facebook befreundet – sehe ich ein Posting von ihm: »Noch einen Workshop bei meinem jetzigen Arbeitgeber, und dann sind wir geschiedene Leute. Endlich wieder frei atmen.« Er hatte mich getagged und zitierte meine Worte aus dem Vortrag, der mindestens ein Jahr zurücklag. Das hat mich unheimlich gefreut, weil ich gemerkt habe, dass sich mein Einsatz lohnt und die Botschaft ankommt.

Deshalb nutze ich jede Bühne. Egal, ob da 20 oder 2000 Leute sitzen. Das hat auch viel mit meinem Verständnis von Zufall zu tun. Wenn nur ein Mensch im Raum sitzt, der danach die Botschaft weiterträgt, dann habe ich mein Ziel erreicht.

Viele CEOs sagen Einladungen ab, wenn nur dreißig Gäste erwartet werden. Ich nicht. Jeder Auftritt ist eine Chance. Wenn im Publikum eine Person sitzt, die ich erreiche, war es ein Erfolg. Die berühmte Unternehmerin Hilde Umdasch wurde Investorin bei uns, weil ich bei einem Business Breakfast vor 35 Leuten eine Rede gehalten habe – die Geschichte habe ich ja schon erzählt. Nur deshalb sind Hilde Umdasch und Evi Roseneder heute Teil der whatchado-Familie.

Investoren, Kunden oder Multiplikatoren interessieren sich nicht für Unternehmen und Produkte wegen der Präsenz einer Marke im Markt, sondern wegen der Message, die hinter der Marke steht. Für eine gute Message braucht niemand ein Marketingbudget oder externe PR-Agenturen.

Weil ich nicht künstlich eine Message erfinden wollte, wurde ich selbst die Message. Ich habe meine Geschichte von der Flucht, dem Schulabbruch und meiner Idee zu whatchado wieder und wieder erzählt.

Die Multiplikatoren kamen dann von alleine. Jeder Schreiber sucht nach echten Typen und einer guten Story. Und meine Story ist die, dass ich die Welt rette. Also zumindest von einem Menschen, und daran glaube ich zutiefst. Denn wenn du das Weltbild von einem Menschen zum Positiven wendest, dann hast du seine Zukunft für immer verändert und im besten Fall seine Welt gerettet. Für alle sieben Milliarden wird es sich nicht ausgehen, doch ein paar Menschen möchte ich helfen. Und beim Erzählen habe ich gemerkt, dass die Leute mir zustimmen und meine Geschichte sogar weitererzählen.

Ich glaube daran, dass es unmöglich ist, einem enthusiastischen Menschen nicht zu helfen. Wenn jemand brennt, felsenfest hinter seiner Idee steht und dafür die Welt auf den Kopf stellt, dann ist das sympathisch und weckt das Helfersyndrom in vielen Menschen. »Dieser Kerl muss doch unterstützt werden.« So habe ich Investoren, Kunden und eben auch den ORF-Redakteur kennengelernt, der sich bei der nächsten internen Team-Konferenz an meine Geschichte erinnert hat und dazu beitrug, dass wir unseren Go live vom ORF begleitet sahen.

Wir waren seit der Gründung von whatchado oft in den Medien. Alleine zweimal hintereinander bei *Im Zentrum*, der wichtigsten Talkshow im ORF. Wir waren auf Ö3, im Fernsehen, im *Spiegel*, in *Brand Eins* und vielen anderen internationalen Medien. Wie wir das gemacht haben? Nicht, indem wir Presseaussendungen verschickt oder Inserate geschaltet haben, sondern weil wir bereit waren, uns auf jede verdammte Bühne zu stellen, die uns angeboten wurde, und unsere Geschichte zu erzählen. Wir stehen zu unserer Geschichte. Ich vermute, dass wir aus demselben Grund auch die ganzen Auszeichnungen bekommen oder gerne von Schulen und Bildungseinrichtungen eingeladen werden. Wir machen das konstant seit über fünf Jahren – aber weil wir daran glauben, und nicht, weil wir das jetzt machen müssen. Richtig viel Geld im Marketing verbraucht ein Unternehmen erst dann, wenn ein Produkt schlecht ist oder sich niemand mehr an seine Geschichte erinnert.

Bushido hat seine Karriere auf sechs Europaletten auf einem Supermarktparkplatz begonnen. Drei Kumpels haben zu seinen Zeilen mit dem Kopf genickt. Ohne diese Erfahrung würde er heute keine Stadien füllen. Derjenige, der die Message des Unternehmens verbreitet und sich auf die Bühne stellt, kann O-Beine haben, stottern oder einen Rüssel anstatt einer Nase haben – es bringt ihm sogar einen Vorteil. Hauptsache ist, dass er die Marke lebt. Wenn sie durch seine Adern fließt, erreicht er die Leute. Wer etwas zu sagen hat, muss rauf auf jede Bühne, sonst hört niemand zu.

Wir leben in einer verdammt schnellen Zeit. Unsere Telefonate dauern durchschnittlich keine Minute, wir jagen Halbsätze durch die sozialen Medien. Auf einer Bühne hat jeder für 30 Minuten die ungeteilte Aufmerksamkeit der Zuhörer. Was ich in 30 Minuten in den Köpfen der Leute bewirken kann, schafft selbst das fetteste Facebook-Ads-Budget der Welt nicht. Aufmerksamkeit ist die solideste Währung unserer Welt. Mark Zuckerberg hat das verstanden. Früher wurde um Reichweite gekämpft, heute um Aufmerksamkeit. Wenn ich vor dreißig Personalern eine Stunde lang meine Story erzähle, dann habe ich von dreißig Leuten eine Stunde Zeit. 30 Stunden voll mit meiner Information. Das klingt nicht nur gut. Das ist gut.

Disruptives Denken
Wie man den Großen ans Bein pinkelt

Wenn man nicht selbst der Bagger ist, der bestehende Märkte umkrempelt und aushebt, kommt eben ein anderer Bagger und übernimmt den Job. So wie bei Kodak. Das Unternehmen wurde 1888 gegründet. Ein Ingenieur namens Steven Sasson hat dort 1975 die erste Digitalkamera erfunden. Er hat es seinem Chef erzählt und ihm von seiner Vision vorgeschwärmt: »Eines Tages werden wir unsere Fotos auf flachen Monitoren anschauen.« Keiner hat ihm zugehört. Wozu auch? Kodak machte als Marktführer Milliarden mit analogen Fotografie- und Druckerzeugnissen und war phantastisch aufgestellt. Durch den genialen Ingenieur hatte das Unternehmen intern Zugang zu bahnbrechendem Knowhow und verfügte über genug Geld, um das Patent in ein Produkt zu verwandeln. Doch man wartete ab und sagte Sasson: »Schauen wir, wie sich der Markt entwickelt.«

2012 hat Kodak Insolvenz angemeldet. Drei Monate später kaufte Facebook den digitalen Fotodienst Instagram für eine Milliarde Dollar. In allen technischen Grundlagen, die Instagram für sein Geschäftsmodell braucht, in jeder Handykamera, steckt das Patent von Sasson. Instagram hatte damals nicht einmal 50 Mitarbeiter. Im Grunde ist die Erfindung von Instagram ähnlich revolutionär wie die der Digitalkamera. Radikal neu gedacht. Kodak hätte alle Chancen gehabt, das selbst zu machen. Nur hatte die Firma Angst davor, sich selbst zu ersetzen. Das schöne Druckgeschäft geht uns ja sonst kaputt. Die Geschichte von Kodak ist ein wunderbares Beispiel. Wenn Du nicht naiv und simpel denkst, gehen dir die Chancen verloren, und ein anderer bestimmt die Zukunft.

Konzerne kaufen Start-ups, um neue Inspiration und Talente zu bekommen. Sie veranstalten Hackathons und richten Co-working Spaces ein, um die jungen Wilden mal beschnuppern zu können. Solche Unternehmen sind ausschließlich an der Verlängerung ihres Erfolgsmodells interessiert. Sie entwickeln Produkte weiter und weiter, erfinden neue Spin-offs, fügen hier ein Feature hinzu, lassen dort eines weg. An sich bleiben die Produkte aber gleich. Auch viele neugegründete Start-ups funktionieren nach einer Weile genauso.

Doch es kann immer jemand kommen, der plötzlich eine tausendmal bessere Version deines Babys auf den Markt wirft und du von einer Sekunde zur nächsten keine Rolle mehr spielst. Denn da draußen lauert ständig irgendjemand, der in deiner Branche an einem Ding baut, das deinem sehr ähnelt. Das liegt in der Natur der Sache. Doch wenn schon eine Firma ein besseres Produkt baut, dann doch bitte die eigene.

Man sollte deshalb regelmäßig folgendes Gedankenexperiment machen: Du schlägst morgens die Zeitung auf. Und plötzlich steht da etwas über ein Unternehmen mit einem neuen Produkt, das dein Geschäftsmodell völlig überflüssig macht.

Und du denkst dir: »Verdammt, ich bin tot.«

Wer wäre das, der dich ersetzen könnte? Wer könnte morgen mit welchem Produkt auf den Markt kommen, damit die Leute sagen, sie brauchen dich nicht mehr? Anstatt ein Feature an deinem Produkt immer ein bisschen besser zu machen, sollte man selbst dieser Mistkerl sein, der überlegt, wie er sich ersetzen kann.

Ich glaube, dass sich die Branchen aktuell nur dann verändern lassen, wenn man nicht nur den Produkten, sondern gleich dem ganzen Markt seine Daseinsberechtigung entzieht. Man muss sich fragen: Was funktioniert in diesem Marktsegment? Weshalb wurde es erfunden? Und wie kann ich das zugrundeliegende Problem so lösen, wie es noch nie jemand versucht hat? Dann ist man im disruptiven Start-up-Geschäft unterwegs.

Warum lieben die Leute Tesla? Da kommt einer daher, der von Autos keine Ahnung hat, kopiert das Apple-Prinzip, und die Leute wollen seine Produkte haben. Weil sie super aussehen und sich so anfühlen, als hätte endlich mal jemand an den Menschen gedacht und nicht nur an die Features. Weil die Software das ganze Auto steuert und damit das Leben leichter macht. Weil die Idee neu ist und noch nie in der Form da war. Das zieht die Leute wie magisch an. Und die Konkurrenz war kein bisschen auf Teslas Markteintritt vorbereitet und verliert langsam, aber sicher den Anschluss.

Als ich bei einem großen deutschen Autobauer eingeladen war, hat man mich gefragt, was ein Elektroauto in meinen Augen alles können müsse – außer schnell fahren. Natürlich autonom fahren! Doch der Autobauer hat dann als Maßnahme gegen »den Wandel da draußen« ein neues Werk für herkömmliche Autos gebaut, um die Produktion stabil halten zu können. Das ist weder ein gutes Mittel gegen Tesla und Konsorten noch das kleinste bisschen innovativ, sondern nur der mäßige Versuch, mit dem bestehenden Businessmodell zu wachsen. So schaufelt man sein eigenes Grab.

Wir hätten bei unserem Thema Berufsorientierung auch den Ist-Zustand anschauen können: Aha, eine Broschüre mit Texten und Bildern über Berufe. Dann hätten wir einen cooleren Einband entworfen und mehr Seiten, schönere Fotos und vielleicht ein paar innovative Links zu Internetseiten und Videos hineingepackt. Fertig.

Oder wir fragen uns: Was ist das wirkliche Problem? Die Jugendlichen haben keine Orientierung und das in einer vernetzten und digitalen Welt. Okay!

Wo sind sie denn unterwegs, ganz simpel gefragt? Im Internet.

Was interessiert sie? Ah, Videos, gute Geschichten, kurz und knackig.

Und plötzlich haben wir eine Internetplattform gebaut, über die alle gesagt haben: »Wahnsinn – super, toll.«

Das war ein ganz simpler Lösungsansatz, und einige Große haben sich ans Bein gepinkelt gefühlt, weil sie selbst nicht auf die Idee gekommen sind.

Disruptiv zu denken heißt nicht, ein Produkt besser zu machen. Es bedeutet, den ganzen Markt neu zu erfinden und mit der Lösung eines Problems komplett auf der grünen Wiese zu beginnen. Damit tun sich viele große Unternehmen sehr schwer. Sie waren die letzten Jahrzehnte auf sich selbst und auf einen bestimmten Markt spezialisiert. Dadurch verschwindet irgendwann der Blick für Probleme, die da draußen darauf warten, gelöst zu werden. So fangen Krisen an. Mein Ratschlag ist stattdessen: Denk naiv! Die komplexen Gedankengänge sollte man sich für die Konkurrenzanalyse und die Produktentwicklung aufheben.

Die erste Million
Das Gefühl, in der Champions League mitzuspielen

Als whatchado auf den Markt kam, war es ein Produkt, das es so nicht gab. Anfangs hatten wir einen irrsinnigen Zulauf von interessierten Unternehmen. Doch als dieser abflaute und wir damit begannen, selbst auf potentielle Kunden zuzugehen, haben wir gemerkt, dass uns viele gar nicht richtig einordnen konnten.

»Seid ihr eine Videoproduktionsfirma?« – Nein.

»Eine Employer-Branding-Plattform vielleicht?« – Na ja, nur ein Unternehmensprofil bekommt man bei uns nicht, im Paket enthalten sind die Mitarbeiter-Videos, die Beratung, und man ist auf der Webseite vertreten – mit einmaliger Bezahlung für die Videos und Jahreszahlung für das Profil.

»Ein HR-Tool?« – Ja, wir unterstützen das Personalmanagement auch beim Recruiting, aber nicht nur.

»Ah, ihr seid ein Kommunikationstool, ihr unterstützt bei der PR!« – Ja, genau, das können wir auch.

»Okay, ihr seid perfekt dafür, unsere Marke dort zu präsentieren, wo man uns noch nicht kennt. Also fürs Marketing.«

Und plötzlich wurden wir gefragt: »Willst du mit dem Marketing, dem Personalmanagement oder mit der PR-Abteilung reden?« – »Eigentlich mit allen dreien.«

Das Interessante ist: Die besten Termine hatten wir dort, wo neben dem Geschäftsführer sowohl jemand aus der Personal- und der PR-Abteilung als auch aus dem Marketing dabei war. Jeder erkennt etwas für sich – und dann tun sich die Führungskräfte oft auch bei den Budgettöpfen zusammen und zahlen die Sache gemeinsam.

Jedes Start-up, das sich auf einem Markt etabliert, den es selbst mitaufbaut, muss sich dieser Herausforderung stellen.

Den Employer-Branding-Markt gab es 2012 noch gar nicht richtig. Es bildeten sich erste Ansätze heraus, doch war es bestenfalls ein Nischenmarkt, in den sich niemand hineintraute. Und Video-Employer-Branding in der Art, wie wir es ausprobierten – da gab es überhaupt keine Vergleichsmöglichkeit. Wenn du einen Markt mitprägst und ein Produkt hast, das keiner kennt, dann ist es irrsinnig schwer, zu Vertragsabschlüssen zu kommen. Und immer wieder wurde uns die Frage gestellt, ob es uns in einem Jahr noch geben würde.

Hinzu kam, dass unsere Kunden am Anfang zum großen Teil große Konzerne waren. Und bei einem Konzern können Entscheidungen bis zu sechs Monate dauern, und auch die Abwicklung der Zahlung braucht ihre Zeit. Wir mussten echt lernen, einen verdammt langen Atem zu entwickeln. Das ist herausfordernd für ein junges Start-up, das ungeduldig seine Ideen umsetzen will und immer schauen muss, wie viel Kohle noch da ist.

In den ersten sechs Monaten haben wir trotz alledem 125 000 Euro Umsatz gemacht. Deshalb brauchten wir das Investorengeld in den ersten Jahren nicht. Erst als wir auf Wachstumskurs gingen, griffen wir darauf zurück. Und dann haben wir es echt geschafft, unseren Umsatz jedes Jahr zu verdoppeln. 2012 haben wir 250 000 Euro gemacht, 2013 waren es 500 000 Euro. Ich werde es nie vergessen, wie Jubin zu mir kam und sagte: »Wenn wir so weitermachen, dann schließen wir 2014 mit unserer ersten Million ab.« Ich habe mir damals gedacht: »Verdammt, das ist richtig viel Geld.«

Wenn du als Unternehmer in den Jahren davor gekämpft hast, dann freust du dich wirklich. Aber du merkst auch, das ist sehr viel Geld – und du siehst, welchen Aufwand und welche Kosten du dem gegenüberstellen musst. Die erste Million ist natürlich geil, Champions League, du hast deine erste Million. Gleichzeitig spürst du diese Last auf den Schultern. Jetzt hast du eine Riesen-Verantwortung.

Das ist so, wie wenn du sagst: »Ich hab fünf Kinder, yeah!« – Aber gleichzeitig denkst du dir: »Puh, ich hab fünf Kinder.«

Oder: »Ich werde das erste Mal Vater!« – Aber: »Verdammt, was heißt das für mein Leben?«

Du fühlst dich nicht so, wie du dir diese Top-Fußballer immer vorgestellt hast – jedes Kind will ein Top-Fußballer sein, Ronaldo, Messie –, sondern merkst, was die für einen Druck haben. Wenn Ronaldo zehn Spiele lang kein Tor schießt, kannst du dir vorstellen, was dann für ein Druck entsteht. 2014 war auch das erste Mal, wo ich langsam begonnen habe zu spüren, dass das wehtun kann. In der Champions League zu spielen ist eine ganz andere Nummer. Je weiter oben du bist, umso weiter kannst du auch herunterfallen.

Trotzdem ist es ein geiles Gefühl, herumzulaufen und jemand fragt dich: »Und wie ist der Umsatz?« – »Wir haben jetzt eine Million.« Erst im dritten Jahr haben wir überhaupt gecheckt, dass wir bis dahin unser Wachstum jedes Jahr verdoppelt hatten. Wir hatten nie Wachstumsziele. Wir haben immer gesagt: »Schauen wir mal, was passiert.« Und plötzlich kam der erste Kunde aus Deutschland und sagte, er wolle mit uns arbeiten. Und dann haben wir nach Deutschland expandiert.

Am Anfang ist eine Million für dich ungreifbar – und an diesem Punkt habe ich begonnen nachzudenken: »Okay, wenn wir uns jedes Jahr verdoppeln – geht das so weiter?«

Dann redet dir jeder ein: »Bist du irre, jetzt geht's ab. Das nächste Mal treffen wir uns bei zwei Millionen.« Und du lässt dich zuerst mitreißen von diesem Start-up-Millionen-Gedanken. Gleichzeitig stehst du da und denkst dir: »Nur, weil das alle cool finden – ist das auch der richtige Weg in fünf Jahren?«

Nach fünf Jahren spielst du plötzlich in einer Liga, wo dich die Leute anders wahrnehmen. Letztes Jahr, 2016, waren wir bei einem Umsatz von 2,4 Millionen. Und die Leute sagen dir:

»Nächstes Jahr machst du fünf Millionen.« Ich sage: »Seid ihr wahnsinnig?«

Die Leute erklären dir, man müsse seinen Umsatz jedes Jahr verdoppeln. Warum? »Ja, das ist cool.« Alle reden über den »Hockey Stick«, das Lieblingswort der Szene. Sieht man sich Wachstumskurven an, die exponentielles Wachstum versprechen, ähneln diese dank ihres radikalen Anstiegs einem Eishockey-Schläger.

Ich sage: »Schau, wir sind keine App, die man einfach nur herunterlädt. Wir müssen zu Menschen fahren, sie überzeugen, Videos machen, schneiden, zuschicken ...« Uns, einem reinen Menschenbusiness, dasselbe Modell wie einer App überzustülpen – das passt nicht zu unserer DNA. Auch wenn wir die Million geschafft haben, auch wenn es auf den ersten Blick so aussieht, als würden wir wie eine App wachsen – wir sind keine App.

Nach der ersten Million sagt man dir: »Champions League, Hockey Stick, yeah« – und du hörst, wie dein Ego sagt: »Yeah.« Aber dann ziehst du dich zurück und reflektierst. Vielleicht liegt es an der Entwicklung, die ich durch meine Eltern erlebt habe, die bei ihrer Flucht alles verloren haben. Ich war mir mein Leben lang immer bewusst, dass alles nur geborgt ist. Wenn also Google morgen sagt, sie machen Videos und Employer Branding – Entschuldigung, dann könnten wir zusperren.

Und das war der Moment, wo ich festgestellt habe: »Wenn wir uns verdoppeln, dann ist das cool, solange das Wachstum organisch ist. Aber ich will keine Unternehmensziele haben, die unrealistisch sind.« Ich kenne andere Start-up-Gründer, die so dachten – eine halbe Million, eine Million, zwei Millionen –, und plötzlich war das Ziel für das nächste Jahr sieben Millionen, weil es in ihrem Kopf nur noch den Hockey Stick gab und sie Investoren anlocken wollten. Das machen wir nicht. Wir reden in den Boardmeetings über Ziele, die realistisch sind, am oberen Rand des Erreichbaren.

Wachstum ist wichtig und der Kern des Lebens. Ein Baum, der in der Sonne steht und Wasser und Nährstoffe bekommt, wächst ja auch. Nur: Kein Baum in dieser Welt wächst ins Unendliche. Kein Kind, kein Mensch wächst unendlich, alles in der Natur hat sein Tempo und ein natürliches Ablaufdatum.

Small is beautiful
Wachstum um des Wachstums Willen ist dein Grab

Die Natur wächst und vergeht – und der Mensch als Teil von ihr auch. Unternehmen werden von Menschen gebaut. Sie sind unser kreativer Beitrag zur Natur. Warum können wir nicht akzeptieren, dass es auch für ihr Wachstum Grenzen gibt? Vom Philosophen und Umweltaktivisten Leopold Kohr stammt der Ausspruch »*Small is beautiful*«. In seinem Buch *Das Ende der Großen. Zurück zum menschlichen Maß* beschreibt er, dass alle Dinge, die wir erschaffen, eine organische Wachstumsgröße haben. Wenn sie überschritten wird, gleitet unsere Schöpfung ins Chaos über. Wir können sie nicht mehr beherrschen. Kohr bezieht diese Theorie auf Nationen und Unternehmen. Wir leben in einer Zeit, in der wir dieses Phänomen gut beobachten können. Viele große altehrwürdige Konzerne und Institutionen kranken und werden von wendigen, kleinen Einheiten links und rechts überholt.

Was macht dieser Wunsch, finanziell und wirtschaftlich immer weiterzuwachsen, mit uns Menschen? Macht es uns glücklich? Ich habe viele finanziell sehr erfolgreiche Menschen kennengelernt. Doch Glück und Zufriedenheit haben die wenigsten ausgestrahlt. Die meisten waren innerlich unruhig und getrieben. Ich habe auch kaum einen Chef erlebt, der sich mit dem Wachstum seines Unternehmens zufriedengab und sich für das kommende Jahr die gleichen Ziele wie für das laufende gesetzt hat. Die simple Rechnung dahinter ist: Mehr Personal, mehr Kosten, mehr Umsatz. Deshalb müssen wir in den Himmel wachsen. Und dabei geben wir Jahr für Jahr die Möglichkeit, unsere Entwicklung zu steuern, aus der Hand.

Die Maxime, ständig zu wachsen, entfacht einen unheimlichen Druck auf die Verantwortlichen und die Mitarbeiter. »Unter Druck entstehen Diamanten«, sagte mir mal ein Vorstand. Aber Menschen sind keine Steine. Druck setzt für einen kurzen Zeitraum Kräfte frei und lässt uns Aufgaben zu Ende bringen, die wir sonst nicht erledigt bekommen hätten. Hält sich dieser Zustand über einen längeren Zeitraum konstant auf einem hohen Level, dann verwandeln sich die erzwungene Kreativität und Schaffenskraft in Versagensangst. Dieser Dauerdruck ist eine Art von negativem Stress, der krankmacht.

Starker Druck von außen bringt uns dazu, ein Tempo zu laufen, das nicht das unsere ist. Deshalb sollten intrinsische Zielsetzungen die Zukunft der Führung sein. Wenn man selbst beginnt, sich Ziele zu setzen, die dem eigenen geistigen und körperlichen Vermögen entsprechen, ist es weniger wahrscheinlich, aus dem Ruder zu laufen. Legen wir aber den Fokus auf Zielsetzungen, die nur von außen festgelegt werden, laufen wir Gefahr, in einem Hamsterrad zu landen, dessen Betrieb wir nicht mehr stoppen können.

Manche Selbständige und kleine Familienunternehmen haben das erkannt. Sie nutzen die Freiheit, die ihnen ein flexibles Arbeitsumfeld bietet, und stellen andere Attribute in den Vordergrund. Zusammenhalt, Kostendeckung, Nachhaltigkeit. Niemand muss auf Teufel komm raus jedes Jahr um 10 Prozent wachsen, nur weil es der Markt so will.

Bei Sun Microsystems habe ich diese Spirale von ihrer bittersten Seite kennengelernt. Wir hatten gerade ein schlechtes Jahr hinter uns gebracht. Und waren nur froh, dass es vorbei war. Wir standen knietief in den roten Zahlen. In der Zeit, als ich dort arbeitete, glaubte das Unternehmen noch an einen Turnaround. Ein CFO – Chief Financial Officer – wurde angeheuert, der weiter versuchte, die Zahlen zu optimieren, und hier und da ein paar Anpassungen vornahm. Währenddessen hatten HP und IBM begonnen, die besten Leute abzuwerben. Die Stimmung war im Keller. Bei jedem Strategiemeeting erklärten internationale Manager, wie es wieder aufwärtsgehen und um wie viel Sun im nächsten Jahr wachsen werde. Nämlich mindestens schneller als der Markt. Branchenanalysen gingen von 13 Prozent Wachstum aus. Wir wollten 14 schaffen. Wir Mitarbeiter wussten, wie weit diese Träume von der Realität entfernt waren. 14 Prozent? Wir hatten massenhaft Kunden und Talente an die Konkurrenz verloren und hätten dringend neue Perspektiven gebraucht. Ein erster Schritt wäre gewesen, sich gesundzuschrumpfen. Eine Schrumpfkur von 14 Prozent wäre angebracht gewesen.

Bei heutigen Start-ups läuft diese Wachstumsillusion ähnlich ab. Sie bekommen zu Beginn ein fettes Investment und wollen mit dem fremden Geld in den Himmel wachsen. Platz 1 der Download-Charts. Mindestens. Fragt man nach dem Warum, gibt es keine Antwort. Bei 95 Prozent der jungen Unternehmen geht es nicht um Problemlösungen, auch wenn das auf den Visitenkarten steht, sondern um Wachstum. Höher, schneller, weiter. Am besten quer in eine Branche hinein, deren aufgeblähte Struktur hunderttausende Jobs sichert.

Wachstum funktioniert auf Kosten der Qualität und entfernt den Gründer weit von seinen anfänglichen Zielen. Das ist so, als würde ich meinem zukünftigen Sohn sagen: »Du bist 1,80 Meter groß. Super. Jetzt schauen wir, dass wir dich auf 1,90 Meter bekommen, damit du besser im Basketball wirst.« Dann träufele ich ihm Wachstumshormone in die Frühstücksflocken, und er wächst. Nur dass seine Knochen porös werden, die Arterien verstopfen und er kaum mehr geradeaus laufen kann, geschweige denn Basketball spielen.

Diese Illusion zerrüttet unsere Gesellschaft und unser Miteinander. Alle wollen immer schöner, immer größer, immer besser werden. Sie kaufen Apps, die ihnen helfen, ihr Körperfett runterzutrainieren. Sie kaufen jede Woche neue Kleidung, neue Schminke, neue Sneakers. Weil die Mode plötzlich 52-mal pro Jahr neue Trends vorgaukelt. Dieser Wachstumswahnsinn wird uns noch das Leben kosten und höhlt jetzt schon unsere Natur und unsere Umwelt aus.

Es geht aber auch anders. Ein Start-up mit Schwerpunkt auf Medizintechnik für Kinder hatte in den ersten beiden Jahren phantastische Umsätze. Deshalb haben sie Personal eingestellt. Einer der Gründer hat sich hingesetzt und die Kosten durchgerechnet. Er erkannte, dass bei der aktuellen Konstellation ein weiteres Wachstum in dieser Größenordnung nicht zu erwarten ist. Er hat intern durchgeboxt, dass die Planung berücksichtigt, dass das Start-up im dritten Jahr nicht wachsen würde. Die Gründer haben die Hälfte der Belegschaft gekündigt, obwohl sie keine Zahlungsprobleme hatten, und sich eine Strategie überlegt. Ihre Fragen waren: Müssen wir um jeden Preis wachsen? Steigert sich unsere Lebensqualität, wenn wir in zehn Jahren tausend Mitarbeiter haben? Es zerreißt uns vor Arbeit. Was ist der Zweck, dass wir uns aufopfern? Sie entschieden, dass sie Umsätze und Mitarbeiter haben wollten, aber auch Zeit für ihre Familien und eine nachhaltige Entwicklung. Daran haben sie die Umsatzziele angepasst. Sie sind gewachsen, aber nur auf dreißig Leute. Der Plan ist aufgegangen. Dem Unternehmen geht es gut.

Wachstumsstreben gibt ein Tempo vor, das kaum mehr zu drosseln ist. Hat man seinen Investoren einmal versprochen, diese und jene Zahlen zu erreichen, dann ist der Kurs nur sehr schwer zu korrigieren. Dass ich bei whatchado die ersten drei

Jahre dieses Spiel mitgespielt habe, war einer meiner größten Fehler. Niemand zwang mich mit vorgehaltener Waffe dazu, und doch war ich ein Getriebener. Dafür kann ich niemandem außer mir selbst die Schuld geben.

Mein Leben lang habe ich gedacht, ich will dieses »höher, schneller, weiter«. Und dann bist du in einem Affentempo an einem Punkt, der dich körperlich und psychisch an deine Grenzen bringt, und fragst dich: »Muss das denn so sein?« Und da hat es bei mir zu rattern begonnen, ob ich langfristig der richtige CEO für whatchado bin. Wachstum ist wichtig, nur eben nicht, wenn es künstlich die Grenzen sprengt. Seien es die des Unternehmens oder die eigenen, die man als Mensch gerne mal übersieht.

Mittlerweile bremse ich, bevor solche Entscheidungen überhaupt anstehen, und erkläre den Investoren, weshalb ich permanentes Wachstum auf hohem Tempo für schädlich halte. Das Schöne ist, dass unsere Investoren – entgegen dem Trend – Nachhaltigkeit vor bedingungsloses Wachstum stellen und wir uns auch deshalb so gut verstehen. Wenn Start-ups mich als Berater engagieren, und sie schaffen es nicht, mir schlüssig zu erklären, weshalb sie so dramatisch wachsen wollen, wie sie es auf ihren PowerPoint-Folien präsentieren, dann können sie mich in dieser Sekunde von ihrer Mentorenliste streichen.

»Das gefällt den Investoren«, gilt übrigens nicht als Argument.

4.
GIVING BACK

One for One
Gesellschaftliche Verantwortung
als Basis jeden Tuns

Christian Felber ist – und das meine ich mit größtem Respekt – ein umtriebiger Kerl in Österreich. Er hat Attac Österreich mitgegründet, ist politischer Aktivist und sorgt sich um die gerechte Verteilung des Wohlstands auf unserem Planeten. Bei einem Vortrag hat er einmal einen Satz gesagt, der mir hängengeblieben ist: »In vielen Verfassungen dieser Welt steht geschrieben, dass die Wirtschaft dafür da ist, zum Gemeinwohl der Menschen beizutragen.« Komisch, dass Unternehmen heutzutage immer nur ein Ziel zu haben scheinen: Gewinnmaximierung.

Unternehmen – da hat Felber recht – haben eine ganz andere Aufgabe. Sie sollen Menschen eine sinnvolle Tätigkeit bieten und idealerweise zum Wohlstand der Allgemeinheit beitragen, etwa indem sie Brot backen oder Löcher in Fahrradreifen stopfen. Immer mehr Gründer und Unternehmer orientieren sich inzwischen an der Idee des Gemeinwohls, um etwas zurückzugeben.

Als ich für die großen Companies gearbeitet habe, blendete ich das aus. Ich war ein Highflyer, der Überchecker. Die Allgemeinheit konnte mich mal. Als Flüchtlingskind war das noch anders. Damals war ich glücklich über jeden geschenkten Pullover, den ich mir in Traiskirchen überziehen konnte. Heute weiß ich, dass unser Leben nur ausgeliehen ist. Unseren Planeten gibt es seit Millionen von Jahren, und wir erleben nur eine mikroskopisch kurze Zeitspanne. Wir teilen uns diesen Planeten mit anderen Menschen und nutzen seine Ressourcen für unseren Erfolg und unseren Wohlstand. Wer Unternehmer ist, hat deshalb aus meiner Sicht die Verantwortung, etwas zurückzugeben oder noch besser, von Tag eins in allem, was er tut, an die Gemeinschaft zu denken. Der Spalt, der mittlerweile durch die Gesellschaft geht, ist so gewaltig, dass unsere Kinder vielleicht schon erleben werden, wie Oberschicht gegen Unterschicht kämpft, weil die Gesellschaft keine Solidarität mehr aufbringt. Deshalb müssen wir Unternehmer etwas von unserem Reichtum zurückgeben. Und mit Reichtum meine ich, dass jeder Unternehmer reich ist. Allein ein Dach über dem Kopf und jeden Tag etwas zu essen zu haben sind ein unermesslicher Reichtum.

Wir wollten aus diesem Grund jedes Jahr etwas Sinnvolles tun. Für unsere Mitarbeiter war gesorgt. Wir sind jedes Jahr mit allen auf Urlaub gefahren, um die Truppe als Menschen zusammenzuführen. Aber das war nicht genug. Deshalb haben wir noch einmal nachgedacht und kurzfristig unsere Weihnachtsfeier abgesagt. Wir haben uns das Geld genommen, das sie gekostet hätte, und wollten es spenden. Also habe ich bei der Caritas angerufen und gefragt, wie das abläuft. Die Dame am Telefon hat mir gesagt, das größte Problem um Weihnachten herum sei, dass viele Schwerstbehinderte das Fest alleine verbringen müssten, weil die Heime und Pflegedienste rund um die Feiertage chronisch unterbesetzt waren. Ich habe die ganze Truppe geschnappt und bin mit ihnen und dutzenden Geschenken in ein Heim in Niederösterreich gefahren. Dort haben wir dann Weihnachten gefeiert. Ich habe selten so viele glückliche Menschen auf einem Fleck gesehen. Die Menschen mit Behinderung waren glücklich, weil sie sonst an Weihnachten selten Besuch bekamen, und unser Team war demütig und zufrieden, weil es helfen konnte – mit Geld, mit Ressourcen und am wichtigsten, mit seiner Zeit. Noch Monate später haben wir bei unserem gemeinsamen Frühstück über das Weihnachtsfest geredet und Geschichten ausgetauscht. Wir haben Jahr für Jahr ähnliche Aktionen rund um Weihnachten gemacht. Ein guter Weg, sich in die Gemeinschaft einzubringen, der auch für unser Team bereichernd ist.

Doch wir wollten nicht nur einmal im Jahr etwas tun, sondern regelmäßig. Deshalb haben wir uns das »One-for-One-Prinzip« ausgedacht. Halt, nein, das stimmt nicht. Dieses Prinzip habe ich geklaut. Von Blake Mycoskie, dem Gründer der Firma Toms Shoes. Das One-for-One-Prinzip bedeutet bei Toms Shoes, dass für jedes verkaufte Paar Schuhe eines an ein Kind verschenkt wird, das keine hat. Ich habe das eins zu eins übernommen: Für jedes verkaufte Video haben wir ein kostenloses gedreht.

Mit whatchado Geld zu verdienen ist super. Allerdings wären wir schnell Gefahr gelaufen, nur noch Inhalte von bestimmten Firmen und bestimmten Berufsgruppen auf der Plattform zu haben. Wie fragten uns also: Wie schaffen wir es, dass wir auch Videos von Leuten aufnehmen, die Freiberufler sind? Vom Gärtner, vom Bademeister? Oder wenn die Firma nicht mitmachen will, aber der Mitarbeiter cool ist – wie kriegen wir das hin?

Hier kommt das One-for-One-Prinzip ins Spiel: Fünf Videos für McDonald's, fünf für eine NGO. Das Prinzip gilt für Organisationen, mit denen wir Kooperationen machen, genauso wie für bestimmte Themenfelder, wie zum Beispiel »Frauen in technischen Berufen«, die wir uns ausdenken, um Vorbilder zu zeigen. Oder für den Fall, dass wir einen Weihnachtsmann sehen, der am Wiener Stephansplatz steht und arbeitet, und wir ihn unbedingt interviewen wollen. Da dürfen wir gar nicht fragen: »Oh, wie finanzieren wir das? Zahlt der Typ das?« Stattdessen müssen wir unser Business so aufstellen, dass wir das One-for-One-Prinzip leben können.

Das hat uns stark gemacht und whatchado zu dem, was es heute ist. Wir haben extra einen Mitarbeiter, der nur durch die Straßen rennt, nach außergewöhnlichen Menschen sucht und sich ihre Lebensgeschichten erzählen lässt. Weil ihre Stimmen und Jobs genauso wichtig sind wie alle anderen. Wir möchten die Vielfalt der Welt darstellen. Sonst wäre whatchado eines Tages nur eine Plattform für große Unternehmen – und das wollten wir nie.

Gesellschaftliche Veränderung
Was mir als EU-Jugendbotschafter wichtig ist

Das wirklich Coole, wenn du eine Firma aufbaust, ist: Es gibt keine Vorgaben – außer den gesetzlichen Bestimmungen –, also nichts, was du nicht machen kannst. Die meisten Firmen engagieren sich immer erst dann für etwas »Gesellschaftliches«, wenn es ihnen schon super gutgeht. Dann gibt es oft eine eigene Abteilung dafür, um der Gesellschaft etwas zurückzugeben.

Ich habe immer gesagt: Von der ersten Sekunde an, in der man Menschen einen Arbeitsplatz gibt, ist man für und in der Gesellschaft aktiv. Wenn man als Unternehmen agiert, muss man sich im Klaren darüber sein, welche Macht man hat, ein Vorbild zu sein. Ich kann als Start-up sagen: Zahlen, Zahlen, Zahlen – und wenn es uns gutgeht, spenden wir einmal etwas. Oder mir bei jedem Schritt, den ich setze, bewusst sein, dass mich die Menschen, die Mitarbeiter, die Kunden und der Markt ansehen. Ich wollte immer ein Unternehmen führen, das ein Vorbild für andere ist. Ein Unternehmen, das zeigt: Es gibt im Leben nicht nur »Entweder-oder«, sondern ebenfalls »Sowohl-als-auch«. Man muss sich nicht zwischen unternehmerischem Erfolg und sozialer Verantwortung entscheiden.

Ich glaube, dass wir aktuell die Verantwortung für gesellschaftliche Veränderung an die Politik auslagern oder an die, die es in unserer Gesellschaft ganz an die Spitze geschafft haben. Berufsorientierung anzubieten ist sehr wichtig, aber mein langfristiges Ziel ist es, gesellschaftliche Veränderung zu bewirken und eines Tages von Politikern und Medien ernstgenommen zu werden – Meinungsmacher zu sein. Seit Ende 2016 haben wir sehr oft an Talkshows und Experten-Panels teilgenommen – und obwohl wir damals die Underdogs in diesem Bereich waren, wird unsere Stimme plötzlich gehört. Ich merke aktuell ganz stark, dass gesellschaftlich etwas in Bewegung kommt.

Mit whatchado wollte ich beweisen, was andere in Frage gestellt haben: dass du als Schulabbrecher im Herzen Europas etwas schaffen kannst, das Schulabbrechern hilft. Ein toller Erfolg in dieser Hinsicht war, dass ich 2013 zum europäischen Jugendbotschafter auf Lebenszeit ernannt wurde. In dieser ehrenamtlichen Rolle bin ich für die europäische Jugend eine Art Sprachrohr hinein in die EU-Kommission, die aufgrund ihrer Größe und ihrer Strukturen teilweise sehr weit weg vom gesellschaftlichen Alltag agiert. Seit 2013 nominiert die EU Jugendbotschafter, damit sie als Bindeglied zwischen EU-Politikern und der Jugend fungieren. Die EU dabei beraten zu können, was für Jugendliche sinnvoll ist und was eher weniger Chancen auf Erfolg hat, ist für mich natürlich cool. Die whatchaSKOOL, unser Schulprojekt, mit dem wir Schüler inspirieren, wird mittlerweile von der EU als Best-Practice-Beispiel verwendet, und es gibt aktive Bemühungen, das Projekt in ganz Europa zu verbreiten.

Bei einem Vortrag als EU-Jugendbotschafter im EU-Parlament.

Außerdem bin ich für die EU als European Ambassador for the New Narrative unterwegs. 2015 hat mir der EU-Kommissar Tibor Navracsics diese Aufgabe übertragen. Ich berate die EU-Kommission bei ihrer Kommunikationsstrategie und dem großen Vorhaben, das Bild einer gemeinsamen EU zu prägen. In den USA kennt jeder die Geschichte vom Tellerwäscher zum Millionär, egal wen man fragt. Doch fragt man hundert Europäer, was die EU sei, bekommt man hundert unterschiedliche Antworten, und keine ist befriedigend. Aus meiner Sicht ist die EU das größte Selbstwirksamkeitsprojekt der Menschheit, weil ihre große Stärke darin liegt, dass ihre Bürger sie zu dem machen können, was ihnen wichtig ist. Vorausgesetzt, sie erkennen die guten und modernen Seiten eines gemeinsamen Europas. Und da setzt meine Rolle an: zu beraten, wo die größten Potentiale zur Entwicklung einer europäischen Zukunftsvision zu finden sind.

Meine Bemühungen, gesellschaftliche Veränderung zu schaffen, setzen also auf verschiedenen Ebenen an. Ich versuche, sowohl im Großen wie im Kleinen tätig zu werden. Kern meiner Arbeit bleibt natürlich whatchado. Denn darin, einen Teil der Gesellschaft dazu zu bringen, neu zu denken, seien es Erwachsene oder Kinder – da sind wir inzwischen verdammt gut. Wir werden immer mehr zum Vorbild für große Unternehmen, weil wir uns sowohl wirtschaftlich gut entwickeln, als auch ein gesellschaftliches Problem lösen und auf die Mitarbeiter schauen. Führungskräfte merken zunehmend, dass gesellschaftliche Veränderung nicht heißt, am Ende des Jahres eine große Summe zu nehmen und der Gesellschaft zurückzugeben oder mal Freiwilligenarbeit zu machen, sondern diese Aufgabe in die *tägliche* Arbeit zu integrieren. Denn egal, was wir tun – wir greifen immer in die Gesellschaft ein. Auch, wenn du nicht hinschaust, veränderst du etwas, und dann leider oft zum Negativen. Ich sage immer bei whatchado: Ja, die Zahlen müssen stimmen. Aber wenn wir am Schluss nicht dazu beitragen, die Gesellschaft positiv zu verändern, dann haben wir den falschen Job.

WhatchaSKOOL, die Revolution in Schulen
Warum Schulabbrecher die beste Berufsorientierung bieten

Schon ein Jahr nach der whatchado-Gründung fragten die ersten Schulen an, ob wir kurze Vorträge zur Berufsorientierung halten könnten. Da ich durch meine Tätigkeit als Lehrer Erfahrung mit Schülern hatte, habe ich gleich die erste Einladung angenommen. Ich bereitete eine Präsentation mit Videos vor, in denen Frisöre, Banker und Gemüseverkäufer über die Herausforderungen und Freuden in ihrem Beruf erzählten.

Kurze Zeit später stand ich vor zwanzig Zehnjährigen, die

mich mit großen Augen anschauten. Ich fragte sie, was sie später werden wollen: Die Antworten kamen wie aus der Pistole geschossen. Koch, Fußballer, Astronaut. Nicht alle Kinder sind ratlos, wenn man sie nach ihren Berufswünschen fragt. Doch bei der Frage nach dem Warum traten die ersten Unsicherheiten auf. Weil die Eltern ein Gasthaus haben. Weil man als Fußballer viel Geld verdient. Selbst die Wünsche der Zehnjährigen waren stark davon geprägt, ob man mit dem Beruf viel Geld verdienen kann und was Mama und Papa als das Beste empfinden. Wenn die Kinder Zeit bekamen und sich von Lehrern und Eltern unbeobachtet fühlten, machten sie sich schon sehr viele Gedanken darüber, was sie in zehn Jahren so anstellen möchten – nur hatten sie eben keine echte Ahnung, die ihnen Sicherheit gab.

Ich habe in diesen zwei Unterrichtsstunden mehr zugehört als geredet. Dabei ist mir aufgefallen: Die Eltern erzählen ihren Kindern wenig von der eigenen Arbeit. Es ist ein Mysterium für die Kinder, was die Eltern den lieben langen Tag so treiben. Doch selbst die Zehnjährigen haben schon einen wahnsinnigen Informationshunger, was dieses Mysterium Arbeit angeht. Die Lehrerin sagte mir anschließend, dass sie selbst keine Ahnung von all den Jobs habe, die es auf der Welt gibt. Die Schulbehörde stellte ihr regelmäßig einige Infomappen zur Verfügung, die nach dem Verteilen an die Schüler ungelesen im Altpapier landeten. Bei meinem Besuch in der Klasse habe sie den Kindern jedoch angesehen, wie wichtig ihnen das Thema war und dass sie wirklich zuhörten. Mit diesen Eindrücken ging ich zurück ins Büro, und dort wartete schon die nächste Anfrage einer Schule in meinem Postfach.

Die Schule ist so ein hermetisches System, neue Konzepte und Modelle finden nur schwer Einzug, außer es gibt beherzte Lehrer, die diese einbringen. Diesen Veränderungsprozess wollte ich durch unser Engagement mit whatchaSKOOL unterstützen. Das Projekt folgt keinem vorgefertigten Konzept. Seit 2012 gehen wir in Schulen und reden mit den Kindern über ihr Leben. *That's it.* Eigentlich nichts Neues, manchmal kommen ja auch Eltern in die Klassen und erzählen ein bisschen aus ihrem Arbeitsalltag, aber das lockt kaum ein Kind hinter dem Ofen hervor. Weil es immer Autoritätspersonen sind. Wir treten dort mit Basecap, Sneakern und lustigen Tattoos auf. Wir sehen uns als Anwalt der Kinder. Als einer von ihnen. Und das sagen wir ihnen auch. Die Lehrer sind anfangs oft skeptisch, erkennen aber dann, dass diese zwei Stunden mit Geschichten über den Arbeitsmarkt mehr wert sind als die Unterrichtsstunden, die dadurch entfallen. Die Kinder bekommen zum ersten Mal eine konkrete Vorstellung davon, was sie in ein paar Jahren zwangsläufig alle erwartet.

Nach meinen ersten Vorträgen in Schulen entstand die Idee zu whatchaSKOOL in der Form, in der es heute existiert. Wir saßen in einer kleinen Runde zusammen und fragten uns, weshalb es keine Initiative in dieser Art gibt. Als wir mit der Idee auf Lehrer zugingen, hörten wir, dass ihnen die Lehrpläne keine Zeit dafür ließen und dass sich auch sonst niemand darum kümmere, weil mit Berufsberatung für Schüler ja kein Geld zu verdienen sei.

In meiner Phantasie stellte ich mir ein Heer von Ehrenamtlichen vor, die alle mit Baseball-Mützen und Turnschuhen in die Schulen gehen und Aufklärungsarbeit leisten. Sie bräuchten Storytelling-Training, würden ihre Geschichte erzählen und die Kinder herausfordern, über ihre eigene nachzudenken. Eine Armee von Alis, Stefans, Jubins, Manuels oder anderen Wahnsinnigen, die sich zum Wohle der Kids zum Affen machen. Herrlich. Ich habe jedenfalls keine Einladung ausgeschlagen, bin von Simmering bis Kapfenberg und von Berlin bis nach Rom in jede Schule gefahren und habe mit den Kindern gesprochen.

Ich hatte eine riesige Wut auf das Bildungssystem, wie es bis heute Potentiale im Keim erstickt. Wir geben Unsummen für ein soziales Sicherheitsnetz aus, das gar nicht so allumfassend sein müsste, wenn wir die Bürger rechtzeitig auf die Arbeitswelt vorbereiten würden. Es gibt skandinavische Länder, die investieren in ein Kindergartenkind viel mehr Geld als in einen Studenten. Je mehr wir uns um die Kleinen kümmern, desto selbständiger werden sie sein, und desto weniger Kosten fallen später für sie an. So könnte ein ganz normales System auch aussehen.

Deshalb habe ich viel mit den Zuständigen in der Schulbehörde und im Bildungsministerium gesprochen. In diesen Meetings habe ich whatchaSKOOL vorgestellt und erklärt, dass Berufsorientierung dringend stärker in den Lehrplan verankert werden müsse. Die Beamten haben mich milde belächelt. Ich konnte beinahe ihre Gedanken lesen. »Da kommt einer mit einer schicken Webseite und will uns erklären, worüber wir seit Jahrzehnten nachdenken.« Es waren ergebnislose Gespräche.

Wir wünschen uns alle dasselbe: ein zufriedenes Leben.

Ab diesem Zeitpunkt haben wir einfach alle Anfragen für Schulvorträge angenommen und aus den Erfahrungen Stück für Stück ein Konzept entwickelt, das die Jugendlichen anspricht. Wir haben spezielle Best-of-Videos aus unseren whatchado-Videos erstellt, die nur auf ihre Bedürfnisse und Interessen zugeschnitten waren. Ziel der whatchaSKOOL war von Anfang an, Jugendlichen klarzumachen, dass sie gut sind, wie sie sind, und dass niemand von ihnen repariert werden muss. Diese Zuversicht führt bei Kids zu einer selbstwirksamen Grundhaltung.

Die Vorträge dauern in der Regel 90 Minuten, und danach gibt es noch 30 Minuten Zeit für die Fragen der Kids. Egal, wer die Vorträge für whatchado in den Schulen hält, sie folgen immer demselben Schema:

1. Los geht es mit einem motivierenden Video, einem Quiz und einer Darstellung der aktuellsten Erkenntnisse über den Arbeitsmarkt und der persönlichen Geschichte des Vortragenden, welche zeigt, dass Widerstände im Leben genauso dazugehören wie die guten Seiten. Hier geht es darum, den Jugendlichen auf Augenhöhe zu begegnen.

2. Wir stellen whatchado als coolste Berufsorientierungsplattform der Welt vor und zeigen Kids, wie sie sich unabhängig vom Einfluss Erwachsener in dieser Welt orientieren können.

3. Das motivierende Finale: Hier öffnen wir den Jugendlichen durch Fragen die Augen, damit sie erkennen, dass sie selbst für ihr Leben verantwortlich sind. In diesem Teil geht es darum, ihnen zu zeigen, dass sie die Zukunft der Welt sind und dass wir Erwachsene mehr von ihnen lernen können als sie von uns.

So kann Berufsorientierung auch aussehen.

Dieses Konzept ist so gut aufgegangen, dass sich die Anfragen für Vorträge an Schulen häuften. Wir waren bald jede Woche in einer anderen Schule.

In einer Woche hatte ich vier Auftritte in verschiedenen Klassen derselben Schule. Deshalb baten wir die Lehrer, eine gemeinsame Veranstaltung zu organisieren. Und dann – das werde ich nie vergessen – sollte ich vor über hundert Schülern sprechen. Ich habe vier Tage in die Vorbereitung investiert. Damals war ich das Sprechen auf großen Bühnen und vor richtig wichtigen Leuten schon gewohnt. Ich hatte immer Lampenfieber – doch so extrem wie an diesem Morgen war es nie gewesen. Vor Jugendlichen darf man sich keinen Fehler erlauben. Sie sind es gewohnt, in dieser passiven Haltung ihr Gegenüber nach Schwächen abzuscannen. Beim kleinsten Fehltritt bricht das komplette Chaos aus, und die Sache hat sich erledigt, so dachte ich zumindest. Die Coolness, die Autorität, die Vorbildwirkung ist dahin, und niemand im Saal glaubt dir noch ein Wort. Da reicht es, über seinen Schnürsenkel zu stolpern. Was, wenn zwei anfangen zu lachen, während ich über den Tod meines Vaters erzähle und es mich völlig aus dem Konzept wirft? Mir raste das Herz, als ich auf die Bühne in dem Turnsaal ging und über hundert Augenpaare auf mich gerichtet waren.

Ich hatte mir die Intro-Sätze sorgfältig zurechtgelegt, doch dann schwenkte ich um. Ich bat sie, mich Ali zu nennen, und begann zu erzählen, dass ich selbst einmal Lehrer gewesen war und jetzt 90 Minuten wilden Unterricht über den Arbeitsmarkt der Erwachsenen da draußen machen würde. Der Ausdruck in ihren Augen veränderte sich. »Es ist eure Lebenszeit, die ihr in den nächsten zwei Stunden mit mir verbringen werdet. Jeder, den das nicht interessiert, kann rausgehen.« Einige Lehrer vor den Sprossenwänden schauten ungläubig zu mir rauf, andere fanden es amüsant. Keine Gangaufsicht, kein Hofdienst – nicht gut. Aber nicht ein Kind ist gegangen. Ich habe ihnen die Freiheit zugestanden, selbst zu entscheiden. Ich sagte ihnen, dass sie nichts von dem glauben müssen, was ich ihnen erzähle. Dass sie alles in Frage stellen dürfen, weil sie die Profis von morgen sind. Die Unruhe schwand. Ich hatte sie.

Es war wirklich piepsegal, dass wir keine zertifizierten Bildungsexperten waren und keine Studien über den Sinn oder die Sinnlosigkeit der Berufsorientierung in unseren Vorträgen hatten. Mir wurde vorgehalten, dass es keine Experten gab, die den Erfolg meiner Methoden empirisch belegten. Keine Universität, die mich unterstützte. Da war große Unsicherheit. Tausende Fragen in den Vorgesprächen, sich ewig wiederholend: Welche pädagogische Ausbildung habt ihr? Wie ist das zertifiziert? Welchem Lehrplan folgt ihr? Und immer dieselben Antworten: gar keinem. Wir lassen uns erklären, aus welchem sozialen Milieu die Schüler sind, passen die Präsentation an und legen los. An

Brennpunktschulen motivieren wir die Jugendlichen, an Elite-schulen holen wir sie auf den Boden der Tatsachen zurück. Es gibt keinen Plan. Nur Menschenkenntnis, Lebenserfahrung und eine Grundhaltung der Selbstwirksamkeit für Jugendliche. Wir sprechen nicht für die Lehrer oder die Eltern, sondern für die Kinder. Denen ist egal, ob ich am T-Shirt einen Button vom Bildungsministerium trage oder vom Würstelstand um die Ecke. Hauptsache es ist nicht fad.

Ich bin Schulabbrecher. Deshalb weiß ich, was ich in der Schule nicht mochte. Ich war orientierungslos. Die Schule hat mir nicht geholfen, selbstsicher in diese Welt zu gehen. Und ich will nicht, dass das anderen Kindern auch passiert. Deshalb bin ich der beste Bildungsberater, den man bekommen kann. Ich war kein Musterschüler, sondern ein Stotterer. Ich bin nicht an Faulheit oder Dummheit gescheitert, sondern hatte Angst: vor Prüfungen und vor Lehrern, die Erwartungen in mich projizierten, die ich nicht erfüllen konnte. Mir hat selten jemand die Hand auf die Schulter gelegt und mir ins Ohr geflüstert, dass eines Tages alles gut wird. Dass die Schule nur eine Etappe ist und alles danach vielleicht ganz anders werden kann. Dass nicht alles ein für alle Mal festgelegt ist. Wir sind Experten für solche Fragen. Nicht auf Zeugnissen oder Zertifikaten, sondern aus Lebenserfahrung.

Als ich 2014 den Dokumentarfilm *Alphabet* im Kino sah, wurde mir noch einmal deutlich, was mir selbst als Schüler widerfahren war. Der Film beleuchtet, welche immense Bedeutung Bildung hat und was dabei heute schiefläuft. Unter anderem kam der Neurobiologe Gerald Hüther zu Wort. Mit seinem Beitrag, die Menschen zur Bildung einzuladen, statt sie dazu zu zwingen, hat er mich besonders beeindruckt. Ich hatte das Glück, ihn im Februar 2015 auf der #dclass-Konferenz in Berlin kennenzulernen. Aus dieser Begegnung ist eine für mich sehr bereichernde Freundschaft geworden, im Laufe derer er sich dazu bereiterklärte, mein Mentor zu werden. Seine Erkenntnisse aus der Gehirnfoschung und zur kindlichen Entwicklung haben mich sehr inspiriert und sind maßgeblich in meine Arbeit an whatchaSKOOL eingeflossen.

whatchaSKOOL entwickelte sich neben dem Tagesgeschäft von whatchado. Lange Zeit hatten wir weder einen Namen noch eine dahinterliegende Struktur. Geschweige denn eine Finanzierung. 2015 war dann der kritische Punkt erreicht. Wir brauchten einen coolen Namen, der auch medientauglich war. Und wir wollten uns zumindest die Reisekosten von den Schulen erstatten lassen. Manche hatten ein Budget, bei den meisten zahlten wir drauf.

WhatchaSKOOL wurde offiziell geboren. Und es wurde groß. Wir schalteten keine Werbung oder machten speziell

Mit meinem Mentor, dem Neurobiologen Gerald Hüther,
in Wien, 2015.

Zum Start unserer Kooperation besuchte uns die österreichische Bildungsministerin Sonja Hammerschmid im März 2017.

auf uns aufmerksam. Wir vertrauten der Sogwirkung und der Mund-zu-Mund-Propaganda. Innerhalb weniger Monate kamen die ersten Anfragen aus Deutschland. Fünf Tage in Berliner Schulen. 3000 Schüler in einer Woche. Dann Hamburg, dann Brennpunktschulen in Köln. Wir haben unseren Vortrag sogar in Rom und Mailand an deutschen Schulen gehalten. Allein im Jahr 2015 haben wir über 50 000 Schüler mit unserer Botschaft erreicht.

Die österreichische Bildungsministerin Sonja Hammerschmid hat uns besucht und sich gewundert, wie wir das so gut hinbekommen. Ich habe nur gelacht und erklärt, dass wir bei whatchado auch noch halbe Kinder sind und uns deshalb mit den Schülern solidarisch fühlen.

Wir haben whatchaSKOOL nicht für Geld oder Ruhm gestartet, sondern wegen der Kinder und der Zukunft unseres Planeten. Insgeheim sind auch die Lehrer froh, dass sie ausnahmsweise niemanden verordnet bekommen, der ihnen irgendetwas erklären soll, sondern wir das Programm gemeinsam entwickeln. Zurzeit bekommen wir Anfragen aus Rumänien und den USA. Ich überlege, ob ich nicht eine Blaupause aus der whatchaSKOOL mache und sie der Welt zur Verfügung stelle. Dann könnten Begeisterte die Idee auch in Chile oder Kasachstan verbreiten. Ich würde wirklich gerne Menschen ausbilden, die whatchaSKOOL in der ganzen Welt bekannt machen. Gerade arbeiten wir mit Improvisationskünstlern zusammen ein Konzept aus, wie Erwachsene Kinder besser erreichen können. Und wir haben von verschiedenen Schulen gehört, dass sie whatchaSKOOL-Feste veranstalten wollen und an der Sache im Unterricht dranbleiben.

Ich glaube, die Botschaft ist langsam angekommen.

Refugee-Storys
Den »Fremden« eine Stimme geben

Es hat mich sehr berührt, als 2015 all die Menschen aus Syrien nach Europa gekommen sind. Es gab so herzliche Momente. Ich hatte das Gefühl, am Wiener Westbahnhof live zu erleben, wie Geschichte geschrieben wird. Aus Zivilcourage entstanden dort wunderschöne Aktionen. So müssen sich die Berliner beim Mauerfall gefühlt haben. Es waren Momente, die zu groß für einen Menschen alleine sind. Die muss man teilen. Ich habe mich gut in die Flüchtlinge hineinversetzen können, und ich wusste, dass es ihnen so viel bedeutet, freundlich empfangen zu werden, nachdem sie mehrere Wochen lang durch die Hölle marschiert sind.

In unserer Gesellschaft gibt es leider einige Brandstifter und deren Gefolgsleute, denen eine klare Sicht auf die Geschehnisse verstellt ist. Viele von ihnen leben in den ruhigen Siedlungen der Kleinstädte und haben in ihrem Leben noch mit keinem Syrer gesprochen. Sie hören, dass Leute kommen, weil wir so ein tolles, begehrenswertes Leben haben. Und sie erzählen sich Geschichten, die sie in der Boulevardpresse lesen. Über topmoderne geschenkte Handys, gestohlene Arbeitsplätze und vergewaltigte Frauen.

Ein besseres Leben ist jedem Menschen zu gönnen. Doch niemand, wirklich niemand auf dieser Welt setzt sich in ein klappriges Fischerboot, um das Mittelmeer zu überqueren, wenn es nicht unbedingt sein muss. Niemand setzt sein Leben aufs Spiel, verlässt seine Familie, kommt in ein Land, in dem er weder die Kultur noch die Sprache versteht, wenn er in seiner Heimat nicht in existentiellen Nöten wäre. So wahnsinnig sind nicht so viele Menschen auf einmal. Ein Österreicher macht sich doch schon größte Sorgen wegen der unterschiedlichen Sprache und Kultur, wenn er von Wien nach Lienz umziehen muss. Wenn jemand in Syrien loswandert und alles hinter sich lässt, dann nicht auf die Aussicht hin, sich bei uns auf der Donauinsel die Sonne auf den Bauch scheinen zu lassen und mit seinem nagelneuen Handy anzugeben, sondern weil in seiner Heimat die Kacke so richtig am Dampfen ist.

In Österreich ist eine feindselige Stimmung gegen Flüchtlinge hochgekocht, die mir völlig unbegreiflich ist. Ich vermute, dass die Anzahl an Menschen, die nach Europa kamen, über jedes Vorstellungsvermögen der Österreicher hinausging und sich die Angst einstellte, dass uns diese Menschen etwas wegnehmen möchten. Doch viele Flüchtlinge, die ich getroffen habe, sprachen gutes Englisch. Man kann die Leute doch fragen, warum sie hier in Wien sind, was sie antreibt und woher sie ihr Handy haben. Nach den ersten zwei Sätzen käme auch der letzte

Wutbürger darauf, wie unfassbar dumm es ist, auf diese Leute neidisch zu sein, weil sie ein bisschen Unterstützung erhalten, und noch dümmer, vor ihnen Angst zu haben.

Deshalb haben wir uns entschieden, Aufklärungsarbeit zu leisten. Es fehlte eindeutig an echten Informationen für all die Ängstlichen im Land. Wir haben ein knappes Konzept entworfen: Wenn Menschen wissen würden, warum ein Flüchtling zum Flüchtling wurde, wie sein Leben früher ausgesehen hat und was seine Träume und realen Perspektiven sind, dann bekämen sie die Möglichkeit, den Flüchtling in einem anderen Licht zu sehen. Als einen Menschen, dessen Chance auf ein schönes Leben durch den verdammten Krieg in Frage gestellt wurde.

Wir haben einen eigenen Channel mit Refugee-Storys auf die whatchado-Webseite gestellt. Sowohl Flüchtlinge erzählen dort ihre Lebensgeschichten, als auch Menschen, die sich als Freiwillige am Bahnhof engagiert hatten. Wir haben extra drei Leute für die Kameraarbeit und die Videoproduktion gesucht, ehemalige Flüchtlinge mit positivem Asylbescheid, die Arabisch oder Persisch sprechen konnten, und sie für drei bis sechs Monate eingestellt. Wir wollten eine Perspektive geben und Arbeitsplätze schaffen. Nach kurzer Zeit hatten wir knapp siebzig sehr bewegende Videos online. Sie sind wirklich ein guter Weg, die eigene Sicht auf Flüchtlinge zu überprüfen. Sehr viele Menschen haben sich das angesehen, und Prominente haben darüber im Fernsehen erzählt. Es war schön, das zu beobachten.

Die Videos haben wir natürlich privat finanziert und neben dem Tagesgeschäft produziert und dazu auch die eigene Webseite www.refugeestories.eu erstellt. Es war intern bei uns nie ein Thema, ob wir damit etwas verdienen oder nicht. Draußen allerdings schon. Ich wurde oft gefragt, welchen Business-Impact die Aktion hätte. Wir hatten mehrere 100 000 Zugriffe auf die Seite und haben sogar extra Geld in die Hand genommen, um die Refugee-Storys auf Facebook zu promoten. Die Frage nach dem Business habe ich als völlig unangebracht empfunden: Wenn Flüchtlinge am Bahnhof stehen und die Hälfte der Bevölkerung sagt, sie habe Angst vor ihnen, dann will ich kein Geld verdienen, sondern einen Beitrag leisten, damit diese Stimmung sich ändert. Das ist Zivilcourage, die jeder klardenkende Mensch in diesen Wochen im Rahmen seiner Möglichkeiten gezeigt hat. Wir haben die Aufgabe zu reflektieren, was wir für eine Generation sein wollen. Ich möchte in einer Generation leben, die ihre Probleme selbst in die Hand nimmt und nicht auf den großen Messias wartet, der sie mit dem Zauberstab löst.

5.
MACH DICH ERSETZBAR

Coaching-Zone
Warum auch der beste Chef nicht
alles wissen muss

Zu meinen Führungskräften sage ich immer: Ihr seid wie Fuß-
ballcoaches. Auch ein Fußballcoach war vielleicht einmal der
beste Fußballer der Welt und hat alle Tore geschossen. Als Coach
aber steht er am Seitenrand, gibt sein Wissen weiter, schaut, dass
der Spieler besser wird und ihn hoffentlich einmal übertrumpft.

Deshalb habe ich Menschen für diese Aufgabe ausgewählt,
bei denen ich das Gefühl hatte, dass sie bereit sind, mit ihrem
Team etwas aufzubauen, das größer ist als sie selbst. Menschen,
die nicht so egoistisch besetzt sind, dass jeder wissen muss, dass
sie der Boss sind, wenn sie in einem Raum sitzen. Menschen,
die sich als Betreuer der Gruppe sehen und schauen, dass das
Team die Lösung findet. Menschen, die sich selber eher raus-
nehmen.

Einmal habe ich jedoch danebengegriffen und jemanden
ausgewählt, der nicht zugelassen hat, dass sich jemand in seinem Team besser auskannte als er. Wenn es interne Entschei-

dungen oder coole Ideen gab, hat er sie immer als seine eigenen verkauft. Sein Team war angepisst. Ich habe dann länger mit ihm darüber gesprochen und gemerkt: Er hatte Angst, dass ich ihn nicht mehr brauche, wenn sich seine Leute besser auskennen als er. Dabei hat er nicht bedacht, dass immer jemand das Team führen muss – vielleicht nicht mehr mit einer inhaltlichen Fachkompetenz, aber als »People Manager«.

Der People Manager sollte nur Leute einstellen, die in seinem Bereich besser sind als er selbst oder sich eines Tages dahin entwickeln. Wenn du mit deinem Team zusammensitzt und du derjenige bist, der alles weiß, auf dem neuesten Stand ist und sich am besten auskennt, dann hast du alles falsch gemacht. Setz dich mit deinen Leuten zusammen, und lass dir erklären, was die nächsten Schritte sind. So haben die Leute auch die Chance, sich weiterzuentwickeln. Wenn der Marketingleiter mehr Ahnung hat als der Social-Media-Mann – dann rennt da etwas falsch. Wenn der Zuständige für Printwerbung weniger Ahnung von Printpreisen hat als sein Chef, dann stimmt doch etwas nicht.

In den Unternehmen, in denen ich gearbeitet habe, habe ich oft Führungskräfte gesehen, die Angst hatten, Mitarbeiter aufzubauen, die sie eines Tages ersetzen könnten. Das gilt nicht nur für große Konzerne, sondern für alle Teams da draußen. Es ist wichtig, den Teamleitern klarzumachen, dass sie ihren Job erst dann gut gemacht haben, wenn sie in der Sache auch ersetzbar sind. Dieses Ersetzbarmachen bedeutet nicht, dass sie als Menschen ersetzbar sind oder es sonst keine Aufgaben für sie gibt. Sondern dass sich sie sich trauen, zu sagen: »Ich weiß es noch nicht, aber ich hab die richtigen Leute, die es wissen.« Das gebe ich Führungskräften weiter: Deine Hauptaufgabe ist, dich ersetzbar zu machen – dann machst du die richtigen Schritte.

Das aufzubauen war schwierig, weil ich auch Leute hatte, die gerade erst von der Wirtschaftsuni kamen. Sie waren zwar frisch in ihrem Kopf, weil sie noch nicht so viel Joberfahrung hatten. Doch wenn es um das Thema Führung ging, sind sie komplett in diese alten Muster reingefallen. »Ich muss der Boss sein. Ich weiß das.«

Einer unserer Teamleiter war jung, voll motiviert und hat an unsere Vision geglaubt. Doch er hat immer gesagt »Ich muss das ownen, wenn ich das nicht owne, bin ich eine schlechte Führungskraft.« – »Ownen«, das ist neudeutsch für »ich muss alles kontrollieren« und wurde eine Zeitlang mantramäßig bei Start-up-Events gepredigt. Dieser Teamleiter war jung und un- verbraucht, hatte sich aber eine hierarchische Denke an der Uni angeeignet. Und war persönlich beleidigt, wenn einer seiner Mitarbeiter sich besser auskannte als er. Sein Team war es dann auch, das sich am langsamsten von allen entwickelte. Von ihm haben wir uns dann getrennt. Als er weg war, haben wir aus dem Team heraus eine Führungskraft entwickelt, die gesagt hat: »Das mache ich für mein Team. Und ich hoffe, dass mein Team mich in einem Jahr nicht mehr braucht.« Ihr Team hat sich exponentiell am schnellsten entwickelt, auch bei der Wei- terbildung der Mitarbeiter oder der internen Entwicklung.

Wenn CEOs über ihr Team schimpfen – dass es zu langsam und nicht innovativ genug ist –, dann sollte ihnen klar sein: Der Fisch fängt am Kopf zu stinken an.

Ein zweites Mal loslassen
Wie ich drei Jahre daran arbeitete,
mich ersetzbar zu machen

Stell dir vor, Eltern bekommen ein Kind und wollen es nicht mehr loslassen. Dann wohnt dieses Kind mit 30 Jahren immer noch zu Hause und will jede Woche Taschengeld. Mit einer Fir- ma ist es ähnlich: Man gründet nicht nur, um sich selbst geiler zu finden. Eigentlich ist das Unternehmen erst dann erfolgreich, wenn das System von selbst beginnt, sich um die anfallenden Aufgaben zu kümmern, und nicht immer einen Aufseher braucht, der mit Zuckerbrot und Peitsche den Leuten sagt, was sie zu tun haben. Wer diesen Schritt verpasst, koppelt die Halbwertszeit des Unternehmens an seine eigene.

Reinhard Töglhofer, Manager bei Sun Microsystems, hat mir diesen wichtigen Ratschlag mitgegeben: Wenn du als Gründer die Reife hast, dich selbst zu ersetzen, wenn es dem Projekt zugutekommt, dann ist das Unternehmen nachhaltig aufgestellt. Egal, was du aufbaust, klammere dich nicht daran. Denn immer, wenn Menschen sich an Dinge klammern, können sie sich nicht frei entfalten.

Ich bin nach der Gründung von whatchado sofort drei Wochen auf Urlaub gefahren. Da waren einige sehr sauer auf mich. Ich würde es aber sofort wieder tun. Drei Wochen Kuba. Ohne Handy. Es war himmlisch. Ich habe sie alle allein gelassen. Unser Investor Hansi hat ganz schön verblüfft geschaut. Ich habe ihm gesagt: »Wenn ich in drei Wochen zurückkomme, und die Bude steht immer noch, dann haben wir alles richtig gemacht. Besser wir testen es jetzt als dann mit hundert Mitarbeitern.«

Das habe ich jedes Jahr gemacht. Ich war zweimal für drei Wochen weg. Weil ich die Ruhe gebraucht habe und schauen wollte, wie der Laden ohne mich funktioniert. Und siehe da: Nach dem zweiten Mal waren wir ohne mein Zutun in den Medien oder hatten neue Kunden. Vielleicht war das ein bisschen zu radikal. Wir waren alle sehr jung, und wir hatten zu Beginn viele Berufsanfänger bei uns. Sie haben mich wirklich für verrückt erklärt. Doch was wäre gewesen, wenn ich einen Unfall gehabt hätte? Beide Hände und den Kiefer gebrochen und drei Monate lang unfähig zu sprechen oder zu schreiben – was dann?

So habe ich im Laufe der Zeit gemerkt: Ja, der Laden funktioniert auch ohne mich. Zwar hat es meinem Ego immer gutgetan, wenn ich als Chef letztgültige Entscheidungen treffen durfte. Aber letztlich ist das ein Armutszeugnis. Wenn drei Leute in meinem Büro stehen, alle um die 30, alle studiert, und eine Entscheidung von mir wollen, obwohl es ihr Fachgebiet ist, dann läuft irgendwas schief. Ich habe dann gelernt, dass wir das steuern können. Unsere Mitarbeiter durften erst zu Jubin und mir kommen, wenn sie drei Lösungsvorschläge für ein Problem hatten, die nicht aufgegangen waren, und sie deshalb eine konkrete Frage hatten. Das hat unsere Kultur verändert.

Am Anfang haben mir das Chefsein und das operative Geschäft Spaß gemacht – bis zu den ersten zwanzig oder dreißig Mitarbeitern. Nur irgendwann sitzt du vier Stunden in einem Managementmeeting, und anderen Leuten gefällt genau das – dir aber nicht. Ich konnte schon als Kind nicht stillsitzen. Als Erwachsener fiel mir das noch schwerer. Und anstatt es mir einzugestehen, habe ich mir eingeredet, dass ich da Woche für Woche durchmuss, weil ich ja der Chef bin. So ein Blödsinn. Ich muss gar nichts. Wenn ich mich zu etwas zwinge, wird es nicht gut. Meine Stärke ist es, auf der Bühne zu stehen, Kunden und Medien von whatchado zu überzeugen und Menschen zu inspirieren oder neue Projekte für whatchado aufzubauen. Diese Außenrolle habe ich aber gleichzeitig mit meiner internen, operativen Rolle ausgeübt. Das hat mich fast zerrissen. Ich bekam jeden Tag hunderte von E-Mails und musste interne Entscheidungen treffen, war aber die ganze Zeit draußen unterwegs.

So sehr ich wusste, wie wichtig es ist, sich ersetzbar zu machen, so schwer fiel es mir, als es so weit war. Ich hätte ziemlich früh entscheiden können, dass ich jemanden aufbaue, der die operative Rolle übernimmt. Ich hätte Jubin wahrscheinlich ein Jahr früher das komplette operative Business überlassen sollen. Nur habe ich mir damals eingeredet, dass ich als CEO alles schaffen und jonglieren können muss.

Ende 2014 war einer meiner ehemaligen Mitschüler plötzlich an zweifachem Organversagen verstorben, und ein anderer war aufgrund einer Gehirnblutung ins Koma gefallen. Beide Schicksalsschläge passierten innerhalb weniger Wochen und brachten mich zum Nachdenken. Gezwungenermaßen begann ich, wieder mehr auf meinen Körper zu hören – es war höchste Zeit.

Mein Körper zeigte mir bereits wochenlang den Mittelfinger, nicht nur die rote Karte. Ich klagte über Kurzatmigkeit, meine Verdauung stellte sich gegen mich, und eine durchgeschlafene Nacht wurde zu einem Wunsch ohne Erfüllung. Mein Körper schrie mich quasi an: »Du kannst mich mal! So mache ich mit dir nicht mehr weiter.« Ich hatte plötzlich dieselben Symptome wie Jahre zuvor bei meinem Burnout.

Am Anfang des neuen Jahres haben wir aus der kritischen Situation heraus gesagt: So kann es nicht weitergehen. Ich wusste, wenn ich draußen bei einigen Konferenzen nicht auftrete, schadet das unserem Business. Aber wenn ich nur draußen bin, können intern keine Entscheidungen fallen. Jubin sah dieses Problem auch und wollte unbedingt einen Wechsel in der Führung. Mir schwebte vor, dass er irgendwann ebenfalls CEO wird, um die operativen Aufgaben auf zwei Schultern zu verteilen. Ich dachte mir: »Dann sind wir beide eben die Chefs.« Doch es kam ziemlich schnell heraus, dass es für das Unternehmen keinen Sinn macht, zwei operative Leiter zu haben. Dann ging die Diskussion erst richtig los.

Weil es mir körperlich weiterhin schlecht ging, hatte ich das tiefe Bedürfnis, mich für ein paar Tage zurückzuziehen. Plötzlich war Jubin in der Situation, niemanden um Rat fragen zu können. Ich war außer Gefecht. Er trug die Verantwortung zum ersten Mal wirklich alleine. Ich habe drei Jahre lang versucht, Jubin zu zeigen, was in ihm steckt. Ich wusste vom ersten Tag an, dass er den Laden auch ohne mich stemmen würde. Nur wollte er das nicht wahrhaben. Und als es so weit war, da ist er über sich hinausgewachsen. Er hat die Dinge mit den Augen eines Chefs gesehen, der die finale Verantwortung trägt, und diese Rolle angenommen. Und er wollte sie in Zukunft auch alleine ausfüllen.

Wir haben uns schlimm gestritten. Ich wollte nicht loslassen. Den Kindern in den Schulen erzähle ich immer, dass sie nichts tun sollen, was sich nicht richtig anfühlt. Wenn ihnen der Atem stockt, dann sind sie auf dem falschen Weg. Meine Verlobte Anna sagte in dieser Situation zu mir, dass ich meine eigenen Leitsätze nicht mehr lebe.

Dieser Satz hat etwas in mir gelöst. Ich konnte loslassen und endlich wieder durchschlafen.

Als ich wieder aufwachte, war ich immer noch in whatchado verliebt. Ich werde dem Unternehmen immer verbunden sein und alles tun, damit es ein Erfolg bleibt. Nur operativ am Drücker zu sein, das entspricht nicht meiner Persönlichkeit. Ich wusste, dass ich nicht alle Bereiche zur selben Zeit gut und passend bespielen kann. In den Monaten, bevor ich den CEO-Titel zurücklegte, hielt ich mich wieder für einen absoluten Versager. Der Druck war über die Maße gestiegen. Ein Mensch sollte eine Aufgabe nur so lange erfüllen, wie er das Gefühl hat, es richtig zu machen. Ein Titel allein um des Titels Willen ergibt keinen Sinn.

Jubin und ich einigten uns dann im Frühjahr 2015 darauf, dass er die CEO-Rolle übernimmt, ich aber gleichzeitig in der Geschäftsführung bleibe. Er ist der operative Leiter, ich bin nach wie vor Mitgründer und Initiator. Ab jetzt konzentrierte ich mich ganz auf die Vertretung von whatchado nach außen und den Aufbau neuer Ideen. Lucanus Polagnoli kümmert sich als dritter Geschäftsführer weiterhin um Finanz- und Investorenthemen.

Zugegeben – als wir diese Entscheidung trafen, war mir noch nicht voll bewusst, was das für mich bedeutet. Erst bei der

Besprechung mit meinem Team spürte ich, wie ich zitterte. Ich freute mich, weiterhin Verantwortung für das Unternehmen zu tragen, aber nichts mehr alleine entscheiden zu müssen. Ich war so happy, whatchado ab jetzt nach außen zu vertreten, ohne ein schlechtes Gewissen zu haben, intern zu fehlen. Doch als ich aussprach, dass ich den CEO-Posten weitergebe, war es so, als würde ein Kind zu Hause ausziehen, und mir sind plötzlich Tränen in die Augen gestiegen. Ich habe gemerkt, dass dieser Moment alle mitgenommen hat.

Nach dem Meeting bin ich in den Zug gestiegen, um zur ContentDay-Konferenz nach Salzburg zu fahren. Im Zug habe ich begonnen zu weinen. Nach drei Stunden Fahrt war ich wirklich fertig und hatte meinen Tränenvorrat komplett ausgeschöpft. Ich hatte das Gefühl, etwas Wichtiges verloren zu haben. Dieser Moment des Loslassens war einer der härtesten meines Lebens. Ich wollte mich von Anfang an ersetzbar machen. Und als es dann passiert ist, hat es verdammt wehgetan. Das eigene Ego ist doch wesentlich stärker, als man denkt. Doch plötzlich hatte ich wieder Zeit zum Denken, nur erkannte ich das zu diesem Zeitpunkt noch nicht. Ich kann heute viel stärker steuern, was in meinem Leben passiert. Damals war es ein ständiges Müssen. Jetzt fließt es.

Kurze Zeit, nachdem ich den CEO-Posten abgegeben hatte, war ich in Claudia Stöckls Radiosendung »Frühstück bei mir« zu Gast, mit der sie wöchentlich über eine Million Menschen erreicht. Zwei Stunden später bin ich dann zu einem zehntägigen Schweigeseminar in ein buddhistisches Kloster gefahren. Die ersten Tage ließen mich die Gedanken über die Firma nicht los. Ich hockte dort im Lotussitz und hatte keinen Input von außen. Keine E-Mails, kein Handy, keine SMS, kein Buch – und ich spürte, wie sehr mich alles mitgenommen hatte. Ich habe zu meditieren begonnen. Am vierten Tag habe ich Ruhe gefunden. Alles war plötzlich gut.

Vor fünf Jahren hat kein Mensch auf whatchado gewartet. Jetzt gibt es Leute, die sagen: »Danke, dass es euch gibt.« Meine Mitgründer und Kollegen würden das nicht aufs Spiel setzen. Und mein Ziel bei der Gründung war gewesen, mich ersetzbar zu machen. Um das zu erkennen, hatte ich dreieinhalb Jahre gebraucht – wäre ich reflektierter gewesen, hätte ich es auch vorher geschafft.

Das darauffolgende Jahr war eines unserer besten. Ich war draußen stärker als je zuvor, wir hatten mehr Presse, zusätzliche Reichweite im Business-Umfeld und sehr erfolgreiche Folgeinvestments und haben ein eigenes Education-Team aufgebaut. Ich konnte frei aufspielen. Jubin hatte intern alles im Griff und baute das Team so auf, wie er es wollte. Bei unseren gemeinsamen Auftritten haben wir uns die Bälle zugespielt. Wenn es um whatchado geht, dann sind wir eine Einheit. Und whatchado blüht weiter auf.

Nach dem Schweigeseminar bin ich drei Wochen lang mit dem Rucksack durch China gereist. Damit sich das Unternehmen an den Wechsel gewöhnen und ich mich lösen konnte. Ich musste Distanz entwickeln und mir überlegen, was das Wichtigste für mein Kind ist. Und das waren nicht meine Wünsche, sondern jene des Kindes. Fast zwei Jahre später kann ich sagen, dass es die beste Entscheidung meines Lebens war, mich ersetzbar zu machen, auch wenn es alles andere als leicht war. Ich kann es jedem raten. Es hat mich freigemacht. Ich bin stärker. Ich war noch nie so gut wie heute. Also wenn mich jemand fragt: »Ali, wie hast du dich entwickelt?« Dann sage ich: »Es waren nicht die Management-Coachings. Es war zu lernen loszulassen.«

Alles hängt zusammen
Warum Zufälle der einzig wahre rote Faden sind

Das Berufliche vom Privaten zu trennen, das ist mir nie gelungen. Wenn in einem der beiden Bereiche etwas Bedeutendes vorfällt, dann wird es Auswirkung auf mein gesamtes Leben haben. Eine strikte Trennung zwischen beiden Bereichen zu behaupten, täuscht meiner Meinung nach nur darüber hinweg, dass man Probleme damit hat, Prioritäten für das eigene Leben zu definieren.

Ändert sich irgendetwas im eigenen Körper? Hat man andere Zellen, nachdem man die Schwelle seines Büros überschritten hat? Nein! Du bist noch immer derselbe. Wenn du am Morgen aufs Klo gehst, bist du eins zu eins dieselbe Person wie diejenige, die am Abend vielleicht vor zwanzig Führungskräften steht und sie schult. Ich kann nicht zwischen diesen Welten trennen. Wenn ich in der Früh mit meiner Freundin streite und eine Stunde später in einem Meeting Leute motivieren soll, wird das sicher nicht so gut klappen. So authentisch muss ich bleiben. Ich will mich nicht selbst belügen. Ich will kein Clown sein. Wenn ich am Abend erfahre, dass einer meiner Freunde verstorben ist, kann ich kaum am nächsten Morgen freudestrahlend ins Büro gehen. Ehrlichkeit bedeutet, sich selbst einzugestehen, dass es einem beschissen geht, wenn es einem beschissen geht. Das will ich auch im Unternehmen kommunizieren dürfen. Nur aus dem Grund, damit meine Kollegen wissen, wann sie mich gut belasten können und wann sie besser einen Bogen um mein Büro machen.

Alles im Leben wirkt sich auf alles aus. Privates strahlt ins Berufliche und umgekehrt. Die Welt kennt keine klare Trennung zwischen Tag und Nacht, alles fließt ineinander, und deshalb kann das beim Menschen auch nicht klappen. Und das ist auch gut so. Stell dir vor, du beschimpfst jemanden, der dich mit seinem Mercedes schneidet, währen du gerade mit dem Fahrrad zu Arbeit fährst. Drei Tage später siehst du denselben Menschen wieder, allerdings als Key Account Manager eines großen Kunden. »Privat habe ich Sie beschimpft, aber jetzt machen wir business as usual?« Nein, das wird nicht klappen.

Alles, was ich ins Leben einzahle, kommt mit fetten Zinsen zurück. Und diese Zinsen machen mein Leben so lebenswert und überraschend, im Guten wie im Herausfordernden. Ein Vortrag in Linz führte zu einem Millioneninvestment. Der Weg dorthin war gepflastert mit zufälligen Begegnungen und Gesprächen, bei denen ich zum Teil nicht einmal dabei war. Der Zufall hat mich von einem zum nächsten geleitet – und ich habe mich leiten lassen.

Aber die schönste Geschichte über die tiefen Verbindungen des Lebens ist meine Begegnung mit Anna, meiner Verlobten. Ich stand in einem Kaffeehaus, sehe sie und denke mir: meine Traumfrau. Ich habe mir eine Tasse Kaffee bestellt, mich hingesetzt, und sie schaut zu mir herüber und sagt, dass sie mich kennt. Sie erzählt, dass sie sich vor einigen Monaten bei whatchado beworben hat. Warum hatte ich das nicht mitbekommen? Wir verabschieden uns. Im Büro lasse ich unsere Assistentin alle Datenbanken nach einer brünetten Anna durchsuchen. »Ja, hier ist ihre Bewerbung. Du hast sie damals abgelehnt.«

Anna hatte sich initiativ beworben und war bei einem Vorstellungsgespräch bei uns gewesen. In den Teams haben wir damals niemanden gesucht. Deshalb ging die Bewerbungsmappe zum Management: »Das ist eine tolle Bewerberin. Braucht ihr jemanden?« Doch auch wir hatten keinen Bedarf. Daraufhin bekam Anna von unserer Assistentin eine Absage, natürlich eine sehr nett formulierte. Ein paar Monate später begegnen wir uns in diesem Kaffeehaus. Noch ein paar Monate später sind wir verlobt.

Doch erst vor ein paar Wochen bin ich dahintergekommen, wie das alles zusammenhängt.

Als die whatchado-Webseite am 27.06.2011 online ging, hat sich am nächsten Tag eine Firma bei uns gemeldet, McDonald's. Ihr kennt die Geschichte bereits. McDonald's beschäftigte damals eine externe PR-Agentur. In dieser PR-Agentur sah eine Mitarbeiterin zufällig den Bericht über whatchado im ORF. Sie gab McDonald's am nächsten Tag den Tipp, sich bei uns zu melden. Diese Mitarbeiterin war eine von Annas besten Freundinnen, Susi. Daraufhin wurde McDonald's Kunde bei uns, wir gründeten whatchado, Anna bewarb sich, und wir hatten ein Thema im Kaffeehaus. Wenn whatchado zu irgendetwas gut ist, dann, dass ich meine Traumfrau so kennengelernt habe.

Im Leben kann man nichts voneinander trennen. Der eine nennt es Karma, der andere Schicksal. Der Nächste nennt es die große Welle, die uns alle umfasst. Wenn ich gehässig und verachtend zu einem Menschen bin, kann ich mir sicher sein, dass das auf mich zurückfällt. Wenn ich andere zu guten Taten inspiriere, dann kommt auch dies wieder zu mir zurück.

Alles hängt zusammen. Wir haben nur die Achtsamkeit verloren, um die Zeichen richtig zu deuten. Die Geschichte meiner Verlobung mit Anna und mein Wiedersehen mit Jubin und Stefan, unsere Gründung – das waren alles keine Zufälle, sondern der Lauf des Lebens. Wenn ich ein pessimistischer Grantler wäre, hätte die Welt mir nicht so viel gegeben. *What goes around, comes around.* Deshalb versuche ich, jeden Menschen mit Respekt und auf Augenhöhe zu behandeln. Weil alles, was ich im Leben mache und wie ich mit meinen Mitmenschen umgehe – das zahlt in diese Welt ein.

UND WAS MACHST DU SO? – DIE SIEBEN WHATCHADO-FRAGEN

WARUM DEINE GESCHICHTE MEHR ÜBER DICH VERRÄT, ALS DU DENKST

Im Lauf der letzten Jahre haben wir bei whatchado (www.whatchado.com) tausende Lebensgeschichten auf Video aufgezeichnet. Es war erstaunlich, dass viele Menschen vor ihrem Interview dachten, dass sie nichts zu erzählen haben. Nach dem Interview waren die meisten verblüfft, sich wieder an all das zu erinnern, was sie in ihrem Leben geleistet und welche Hürden sie genommen hatten, um der Mensch zu werden, der sie heute sind.

Die sieben whatchado-Fragen zielen darauf, die Lebensgeschichte eines Menschen anhand seines Karriereverlaufs darzustellen. Dabei sollen jedoch die Emotionen und die Abzweigungen, die das Leben erst lebenswert gemacht haben, nicht vergessen werden. Wie oft hast du in den letzten Jahren über deine Geschichte nachgedacht und reflektiert, wie du zu dem wurdest, der du heute bist?

Nimm dir Zeit und beantworte dir die sieben whatchado-Fragen. Du wirst überrascht sein, wie viel dir wieder einfällt. Wenn du fertig bist, lies dir selbst deine Antworten laut vor und beobachte dabei, wie sie auf dich wirken. Bis du zufrieden, fühlt es sich authentisch an, oder hast du eher das Gefühl, du hättest gerade einer fremden Person zugehört?

Die sieben whatchado-Fragen, die sowohl ein Profifußballer wie David Alaba als auch ein Azubi aus Ingolstadt oder der ehemalige österreichische Präsident beantwortet haben, sind:

1. Was steht auf deiner Visitenkarte?
2. Worum geht es in deinem Job?
3. Wie sieht dein Werdegang aus?
4. Ginge es auch ohne deinen Werdegang?
5. Was ist das Coolste an deinem Job?
6. Welche Einschränkungen bringt der Job mit sich?
7. Welche drei Ratschläge würdest du deinem 14-jährigen Ich geben?

Und jetzt bist du dran!

1. Was steht auf deiner Visitenkarte?

Diese Frage ist die einfachste und gut zum Aufwärmen. Es geht ganz darum, zu sagen, wer du bist und was deine Jobbezeichnung ist.

2. Worum geht es in deinem Job?

Hier kannst du erklären, was du den ganzen Tag machst. Was ist dein Aufgabengebiet, wo fängt es an, wo hört es auf? Welche Tätigkeiten nehmen die meiste Zeit in Anspruch? Es geht weniger um das klassische Blabla aus der Stellenanzeige, sondern darum, dass du einfach erzählst, wie ein typischer Arbeitstag bei dir aussieht.

3. Wie sieht dein Werdegang aus?

Bei dieser Frage geht es darum, nicht nur die verschiedenen Stationen deines Lebenslaufs zu erklären, sondern die Dinge zu erwähnen, die dein Leben außerdem beeinflusst haben. Auch wenn sie es nicht in den offiziellen Lebenslauf geschafft haben – hier kannst du ganz ehrlich zu dir sein.

4. Ginge es auch ohne deinen Werdegang?

Als Kind denkt man oft, es gibt nur einen Weg zum Ziel oder nur eine Karriereleiter zum Job. Nach über 6000 Interviews bei whatchado wissen wir mittlerweile, dass mehr als 80 Prozent der Werdegänge in Europa eher Zickzack-Verläufen entsprechen. Bei dieser Frage geht es darum, darüber nachzudenken, welche Voraussetzungen du gebraucht hast, um genau zu diesem Job zu kommen – und ob dieser Job auch mit einem komplett anderen Werdegang ausübbar wäre.

5. Was ist das Coolste an deinem Job?

Hier sollst du nicht erzählen, wie toll dein Firmenwagen ist, sondern beschreiben, welche Dinge dich antreiben oder deine Augen funkeln lassen, wenn du an deinen Job denkst. Stell dir vor, du hattest gerade einen sehr langen Tag hinter dir, der dich richtig ausgelaugt hat. Welche Dinge müssten passiert sein, damit du sagst: »Genau deshalb mache ich diesen Job, egal wie hart der Tag war!« Bei dieser Frage müssen die meisten Menschen etwas nachdenken, wenn sie nicht etwas Oberflächliches antworten wollen, das normalerweise von ihnen erwartet wird. (Wie zum Beispiel: »Wir haben so ein tolles, dynamisches und innovatives Team.«) Hier geht es darum, ehrlich zu sich selbst und authentisch zu sein.

6. Welche Einschränkungen bringt der Job mit sich?

Diese Frage führte anfangs bei den whatchado-Kunden zum größten Widerstand. Die wenigsten Menschen sind es gewohnt, offen und ehrlich über Dinge zu sprechen, die weniger rosig aussehen. Doch es ist ungemein wichtig, gerade bei dieser Frage ehrlich zu sein, um sich klarzumachen, auf was man sich bei einem Job einlässt. Denn sonst gibt es zwangsläufig eine Enttäuschung, die manchmal sogar bis zu einer inneren Kündigung geht.

7. Welche drei Ratschläge würdest du deinem 14-jährigen Ich geben?

Diese Frage ist meine absolute Lieblingsfrage, weil sie uns an unsere Kindheit erinnert. Stell dir vor, du würdest in eine Zeitkapsel steigen, in der Zeit zurückkreisen und vor deinem 14-jährigen Ich aussteigen. Dein 14-jähriges Ich starrt dich mit großen Augen an, und du hast die Chance, dir selbst drei Ratschläge für dein Leben mitzugeben. Sie können jedes Thema betreffen – nicht nur karriererelevante Tipps. Immer wenn unsere Interviewpartner bei dieser Frage ehrlich zu sich selbst sind, kommen die schönsten und berührendsten Ratschläge ans Licht, die man so niemals erwartet hätte. So hat uns Gerd Höfner, CEO von Siemens India, den Ratschlag gegeben, sich immer auf das Hier und Jetzt zu konzentrieren, indem er einen Satz aus dem Kinder-Animationsfilm *Kung Fu Panda* zitierte: »*Yesterday is history, tomorrow is a mystery, but today is a gift and that's why it is called the present.*«

Dank

Der größte Irrtum meines Lebens war, in jungen Jahren zu denken, dass ich alles alleine kann. Und dass ich auch alles alleine können und machen muss. Uns wird in der Schule so oft eingetrichtert, unsere Fehler auszubessern, dass wir unsere Stärken dabei fast vergessen. Was, wenn wir ein Leben führen würden, bei dem wir uns unserer Stärken bewusst wären und wir bei dem, was wir nicht können, durch Menschen Hilfe bekämen, die genau das mitbringen, was uns fehlt? Was wäre das für ein schönes Leben.

Umso dankbarer bin ich für meine Lebensbegleiter, die genau das ausgleichen, was mir nicht in die Wiege gelegt wurde. Im Laufe meines Lebens bin ich Menschen begegnet, die mich dazu brachten, ein Leben zu leben, in dem ich letztlich das machen kann, das ich als meine Bestimmung empfinde.

Es stimmt, wir Menschen können wirklich alles tun, was wir wollen. Nur ist diese Reise niemals von Einsamkeit geprägt, sondern gesäumt mit Menschen, die aus dem Schwarzweiß der eigenen Möglichkeiten ein Potpourri voller Farben machen.

Ich weiß, dass whatchado, die whatchaSKOOL, dieses Buch und all die Schritte davor ein Spiegelbild derjenigen Menschen sind, die dazu beigetragen haben, Träume wahr werden zu lassen. Euch will ich danken, und ich tue es in der Reihenfolge, in der meine Finger es tippen:

Gerhard, dafür, dass du mir als Kind meine Flügel gezeigt hast, als ich nicht mal wusste, dass ich zum Fliegen geboren wurde.

Wolfgang Bliem, Barbara Hämmerle und Stefan Kühne, dafür, dass ihr an uns geglaubt und uns angetrieben habt, den Bildungsmarkt zu verändern, als uns viele andere für verrückt erklärt haben.

Evi Roseneder, dafür, dass du in der schnellen Businesswelt mit all ihren Komplexitäten die Offenheit und Neugierde an den Tag legst, die simplen und wichtigen Dinge dieser Welt zu sehen. Und dafür, dass du dazu beigetragen hast, dass wir die whatchaSKOOL viel weiter raustragen können, als wir es je für möglich gehalten hätten.

Lucanus Polagnoli, dafür, dass du mich an meine Grenzen gebracht hast, und dafür, dass wir beide immer noch stehen und uns umarmen können. Es war nicht immer leicht, doch ich bin dankbar, dass die Dinge so gekommen sind, und froh, dass du damals zu uns gefunden hast.

Kambis Kohansal-Vajargah, dass du den irren Weg mit uns gegangen bist, als noch nichts da war.

Stefan, Jubin und Manuel ... ihr wisst, dass ich euch liebe, Jungs!

Matthias Westhoff, der uns, ohne es zu wissen, auf den nächsten Level gebracht hat und dem ich auf ewig dankbar sein werde.

Andi Tschas, dafür, dass ich mit dir, egal ob in Wien oder in New York, den größten Spaß habe, und danke, dass du 2011 an uns geglaubt hast.

Markus Jahn, dafür, dass du mir den Spiegel hingehalten hast, daran zu glauben und zu leben, was ich mein bisheriges Leben unbewusst in mir trug.

Allen Journalisten und Reportern, die unsere Geschichte erzählt haben und dazu beigetragen haben, dass wir Menschen erreicht haben, die wir ohne euch nicht berührt hätten. Ich danke euch vom tiefsten Herzen!

Katzi & Hermann, meine Dreamicon Valley Jungs, danke dafür, dass ihr mir beigebracht habt, nicht nur innerlich zu träumen, sondern das laut in die Welt zu schreien.

Manuel Gruber, dafür, dass du bereits 2011 mitgeholfen hast und beim ORF-Fernsehbericht so getan hast, als wärst du ein echter Interviewpartner für whatchado.

Niki Ernst, dafür, dass du mir meinen Traum erfüllt hast, in San Francisco auf der TEDx Konferenz sprechen zu können.

Allen Kunden und Kooperationspartnern von whatchado, die dabei mithelfen, Berufsorientierung wieder sexy zu machen und denen zu helfen, die die diese Hilfe besonders brauchen.

Ursula Riegler, für deinen Mut, whatchado als erstes Unternehmen Österreichs einzusetzen, als uns alle anderen noch für eine Eintagsfliege hielten.

Martina Kapral, dass du mich immer wieder an die wichtigen Dinge erinnerst und an mich geglaubt und mir geholfen hast, meine Stimme zu finden.

Nathalie Karre, danke auch dir!

Oliver Stoldt, dafür, dass du mir die Tür in die große Welt aufgestoßen hast, und danke für den sanften Druck, dieses Buch Realität werden zu lassen.

Melanie Hübner, dafür, dass du mit mir mitfieberst, wenn allen anderen die Nerven durchgehen.

Verena Nowotny, dafür, dass du in uns das internationale Potential gesehen hast, während andere dachten, dass wir es niemals aus Wien herausschaffen.

Roman Rafreider, dafür, dass deine Anmoderation so cool

war, dass unser ORF-Bericht wie der perfekte PR-Coup wirkte. Das ganze Team ist dir dankbar!

Peter Launsky-Tiefthal, danke dafür, dass Jubin und ich whatchado vor der UNO in New York präsentieren durften und du uns immer gepusht hast.

Niko Alm, dafür, dass du mir die Chance gegeben hast, ich selbst zu sein, und du mich niemals gebremst hast.

Selma Prodanovic, dafür, dass du in uns etwas gesehen hast, das wir noch nicht zu wagen glaubten.

Claus Raidl, Brigitte Ederer und Familie Püspök, dafür, dass ihr mit uns den Weg der nachhaltigen Entwicklung gegangen seid und uns mit eurer Erfahrung immer dann helft, wenn uns als Gründer fast die Nerven durchgingen.

Nicole Ehrlich-Adam und Hilde Umdasch, dafür, dass ihr aus dem Herzen entschieden habt und uns vertraut.

Erfan Mahlodji, dafür, dass du mich seit unserer Kindheit daran erinnerst, die Dinge nicht immer zu ernst zu sehen, und mich immer wieder dazu zwingst, auch einfach mal »nur auf einen Kaffee« mit dir zu gehen. Bro, ich liebe dich!

Hansi Hansmann, dafür, dass du tagtäglich zeigst, dass es kein Widerspruch ist, menschlich und unternehmerisch zu handeln. Dafür, dass du 2011 an Stefan, Jubin, Manuel und mich geglaubt hast, als wir das Wort Unternehmen nicht mal buchstabieren konnten. Dafür, dass du uns Mut gemacht hast, wo andere Risiko und Scheitern gesehen haben.

Gerald Hüther, dass du dir damals Zeit für mich genommen hast und mich als Mentor begleitest.

Mama, danke, dass du mir niemals das Gefühl gegeben hast, nicht gut genug zu sein. Danke, dass ich immer – egal, welchen Mist ich gebaut hatte – wusste, dass alles schon irgendwie gutgehen wird.

Papa, danke, dass du immer für mich da warst, und danke für all die Geschichten, mit denen du mich nachts, als ich als

Kind nicht schlafen konnte, in den Schlaf begleitet hast. Danke, dass du immer für mich da warst, auch wenn ich es nicht zu schätzen wusste.

Amelie, dafür, dass du mich beim Schreiben des Buches nicht nur als Lektorin, sondern auch schon fast psychologisch begleitet hast. Danke, dass du mir zugehört hast, als ich nicht mehr weiterwusste, und dass ich immer das Gefühl hatte, wir beide rocken das.

Jürgen, dafür, dass Econ und du an mich glaubt. Es passiert nicht jeden Tag, dass man in so jungen Jahren die eigene Geschichte erzählen kann. Danke, dass du mit deiner frischen Art, deinem Witz und deiner Zuversicht dafür gesorgt hast, dass ich gerade diese Zeilen schreibe. Danke auch für deine ehrlichen und geradlinigen Feedbacks, die mich dazu brachten, zu wachsen, wo ich meine blinden Flecken nicht kannte.

Jubin, dafür, dass es nie langweilig wurde und jeder Streit für mehr Sonne als Schatten sorgte. Danke, dass wir immer noch stehen.

Stefan, dafür, dass wir beide immer noch unser Superhelden-Game spielen, und dafür, dass du darauf schaust, dass unser Herz immer an der richtigen Stelle schlägt.

Manuel, dafür, dass du immer darauf achtest, dass wir authentisch bleiben, und mit mir das Fernweh teilst.

An alle whatchado-Helden, die jemals daran mitgearbeitet haben, diese Idee in die Welt hinauszubringen. Ohne euch wären wir nur vier gutaussehende Jungs mit einer genialen Idee gewesen. Mit euch wurden wir zu dem Team, das auch nach fünf Jahren immer noch vor Neugierde, Kreativität, Energie und bester Naivität strotzt. Ihr seid die Superhelden, die sich Superman und Batman ihr Leben lang als Partner gewünscht hätten.

Anja, dafür, dass du mein zweites Gehirn bist und in den schwierigsten Phasen die Ruhe hast, die mir fehlt. Ich weiß, wenn du dabei bist, wird alles gut.

Drei Menschen, von denen ich mit Fug und Recht behaupten kann, dass diese mir bei jedem geschriebenen Wort das Gefühl gaben, nicht alleine zu sein. Als frischgebackener Autor ist jedes Wort ein Balanceakt zwischen Freiheit und der Angst, komplett falsch zu liegen. Mit euch wusste ich immer, ihr lasst nicht zu, dass ich komplett danebenliege:

Jochen, wo immer du gerade auch bist (wahrscheinlich Brasilien), danke dafür, dass du meine Texte und meine Sprache immer wieder hinterfragt hast und mir geholfen hast, meine Gedanken aus meinem Kopf zu bekommen.

Sonja Tautermann, dafür, dass du mir geholfen hast, meine Gedanken zu sortieren, als ich schon dachte, dass ich sie niemals in die richtige Reihenfolge bekommen würde.

Bastian Kellhofer, dafür, dass du beim Schreiben dieses Buchs mein Gegenpart warst, mir die harten Fragen gestellt hast und dafür gesorgt hast, dass ich auch über die Passagen geschrieben habe, die ich jahrelang unterdrückte. Danke für die langen Abende voller philosophischer Diskurse und dafür, dass du dir nie zu schade warst, meine geschriebenen Worte in Frage zu stellen, und mir meine Testpassagen kritisiert hast, wenn du das Gefühl hattest, ich sei nicht ehrlich genug. Am meisten danke ich dir dafür, dass du dir immer wieder die Zeit genommen hast, mit mir Schritt für Schritt meine Geschichte zu durchleuchten, auch wenn ich nicht immer tief graben wollte. Danke, dass du von Anfang an bis zur letzten Sekunde mein Begleiter warst und heute einer meiner liebsten Freunde bist.

Danke an all die Menschen, die mir immer wieder sagten, dass etwas nicht geht. Ihr wart es, die mich motiviert haben, zu beweisen, dass es keine Grenzen gibt.

Danke an all die Kinder und Lehrer, die mir zeigen, dass man niemals damit aufhören darf, das Richtige zu tun.

Anna ... dafür, dass du dich auf diesen wahnsinnigen Perser eingelassen hast, der denkt, er kann die Welt retten. Danke, dass du zu mir stehst und wir gemeinsam Wege gehen, von denen ich vorher nicht mal wusste, dass diese existieren. Ich liebe dich.

Danke an alle, die ich nicht erwähnt habe! Es tut mir schlicht und einfach leid. Es gibt einfach nicht genug Platz für alle. Ihr wisst, wer ihr seid, und mein Dank gilt auch euch.

Platz für Notizen

Platz für Notizen

Platz für Notizen

Liebe Leserin, lieber Leser,

Ich empfinde große Dankbarkeit, dass Sie dieses Buch gelesen haben. Ich hoffe, ich habe in Ihnen etwas ausgelöst. Vielleicht habe ich Sie auch nur an etwas erinnert, das Sie bloß vergessen hatten.

Ich freue mich sehr, von Ihnen zu lesen und zu erfahren, was meine Worte in Ihnen bewegt haben und wünsche Ihnen bis dahin und darüber hinaus eine wunderbare Lebenszeit.

In großer Dankbarkeit,
Ali Mahlodji

www.ali.do · hi@ali.do

René Borbonus

Respekt
Wie Sie Ansehen bei Freund und Feind gewinnen

Gebunden mit Schutzumschlag.
Auch als E-Book erhältlich.
www.econ.de

Die Wiederentdeckung einer vergessenen Tugend

Egoismus und Intoleranz greifen in unserer Gesellschaft zunehmend um sich. Ob im Kampf um den Arbeitsplatz oder bei familiären Auseinandersetzungen – immer mehr Menschen verfolgen rücksichtslos die eigenen Interessen. Doch wer beruflich und privat langfristig etwas erreichen will, der muss seinen Mitmenschen mit Respekt begegnen.

Der Kommunikationsexperte René Borbonus zeigt, wie man mit Selbstbeherrschung, Konfliktfähigkeit und Überzeugungskraft auch in schwierigen Situationen besteht. Nur wer lernt, mit anderen respektvoll umzugehen, wird am Ende selbst Respekt und Anerkennung gewinnen – und so leichter seine Ziele erreichen.

Econ

Carl Naughton

Neugier

So schaffen Sie Lust auf
Neues und Veränderung

Gebunden mit Schutzumschlag.
Auch als E-Book erhältlich.
www.econ.de

Neugier ist erlernbar

Neugier ist eine unserer wichtigsten Eigenschaften.
Neugierige Menschen sind offener für neue Erfahrungen, lernen schneller, arbeiten gewissenhafter, haben
mehr positive soziale Erlebnisse, sind erfolgreicher und
leben länger. Aber Neugierhemmnisse führen dazu,
die Suche nach neuen Informationen früh zu beenden
und in Stereotypen zu denken. Doch die gute Nachricht lautet: Neugier ist erlernbar.

Das erste populäre Buch zu einer entscheidenden
menschlichen Eigenschaft.

»Ein Buch, das neugierig macht.«
Harvard Business Manager, April 2016

Econ